Nueva Internacional
UNA REVISTA DE POLITICA Y TEORIA MARXISTAS

NUMERO 5   1999

Contenido

Acerca de la portada   *3*

En este número
Nuestra época es la de la revolución mundial
Jack Barnes y Mary-Alice Waters   *13*

Manifiesto de la Juventud Socialista   *45*

El socialismo: una opción viable
José Ramón Balaguer   *61*

DOCUMENTOS PROGRAMÁTICOS DEL PARTIDO
SOCIALISTA DE LOS TRABAJADORES

   El imperialismo norteamericano
   ha perdido la Guerra Fría
   Jack Barnes   *94*

   La estrategia comunista para
   la construcción del partido hoy
   Mary-Alice Waters   *357*

Índice   *391*

DIRECTOR: Martín Koppel

DIRECTORES CONTRIBUYENTES: Jack Barnes, Sigurlaug Gunnlaugsdóttir, Carl-Erik Isacsson, Steve Penner, Ron Poulsen, Jean-Louis Salfati, Samad Sharif, Jonathan Silberman, Mike Tucker

Nueva Internacional se edita en colaboración con Mary-Alice Waters, directora, y Steve Clark, subdirector, *New International*
Michel Prairie, director, *Nouvelle Internationale*
Catharina Tirsén, directora, *Ny International*

Los artículos que aparecen aquí también se pueden obtener en inglés, francés y sueco. Las cuatro publicaciones se pueden obtener por medio de Pathfinder Press en www.pathfinderpress.com.

Foto de la portada: Andrea Brizzi. Las reproducciones del mural se hacen con autorización de la editorial Pathfinder Press.

Diseño de la portada: Eva Braiman

Copyright © 1999 por New International
All rights reserved. Derechos reservados conforme la ley.

ISSN 1056-8921
ISBN 978-0-87348-887-7
Impreso y hecho en Canadá
Manufactured in Canada
Novena impresión, 2017

ACERCA DE LA PORTADA

IRÓNICO, ¿NO ES CIERTO? En Europa oriental, las víctimas del comunismo tumban imágenes de Marx y Lenin; en la capital norteamericana de las artes, se alzan sus retratos [y] Fidel Castro se yergue sobre la Carretera Oeste", escribió el demagogo derechista Patrick Buchanan en su columna publicada a nivel nacional a fines de noviembre de 1989. El virulento comentario de Buchanan era una referencia al Mural de Pathfinder —el cual ilustra la portada y contraportada— que días antes, el 19 de noviembre de 1989, había sido inaugurado en Nueva York.

En realidad, no tiene nada de "irónico", como podrán comprender bien los que hayan leído "El imperialismo norteamericano ha perdido la Guerra Fría", la resolución aprobada en 1990 por el Partido Socialista de los Trabajadores y presentada en este número de *Nueva Internacional*.

Buchanan estaba respaldando un llamamiento provocador a atacar el mural, lanzado el mismo día de la inauguración. La edición del 19 de noviembre del *New York Post* había publicado un editorial encabezado "Abajo el mural: Allí merece estar". Tachando el mural como una "estrafalaria celebración del totalitarismo", el editorial concluyó con su verdadero mensaje, incitando a la acción: "Hay que quitar el mural".

Un escuadrón ultraderechista respondió a esos llamamientos unas semanas más tarde, manchando el mural con cinco bombas de pintura la noche del 20 de diciembre. Varios artistas respondieron para reparar los daños. Y a partir de ese día, el mural, y el Edificio de Pathfinder en cuya pared exterior estaba el mural, fue defendido —exitosamente— veinticuatro horas al día por voluntarios que se turnaban cediendo una noche de sueño cada tantas semanas para formar parte de brigadas que montaban guardia.

El hecho del mural completado, y su impacto, pescaron desprevenida a la derecha, que al final nunca logró responder de forma eficaz.

MUCHOS DIRIGENTES revolucionarios y comunistas que se abordan en este número, y cuyos escritos y discursos los publica y distribuye Pathfinder, aparecen en el mural. Este se pintó en el muro de seis pisos del lado sur del Edificio de Pathfinder en el bajo Manhattan. El mural fue producto de la labor conjunta de trabajadores y jóvenes comunistas y de artistas de todo el mundo que ofrecieron su talento y su tiempo, y que además ayudaron a recaudar los fondos necesarios para comprar la pintura, armar el andamiaje y cubrir otros gastos. El acto de estreno del 19 de noviembre atrajo a unas cuatrocientas personas: artistas, partidarios de la Revolución Cubana y de la lucha antiapartheid en Sudáfrica, estudiantes y trabajadores, entre ellos sindicalistas en huelga contra la aerolínea Eastern y miembros del sindicato de mineros UMWA que apoyaban la reñida huelga contra la compañía de carbón Pittston. Esta obra de arte, cuya realización tardó dos años y medio, fue realmente la expresión —parafraseando el Manifiesto Comunista— de "una lucha de clases existente, de un movimiento histórico que se está desarrollando ante nuestros ojos".

El elemento central del mural es una enorme imprenta, con las palabras del presidente cubano Fidel Castro —"La verdad no solo necesita ser verdad, sino también ser divulgada"— impresa en un rollo de papel. La imprenta está tirando libros en los que aparecen los principales retratos. Comenzando desde la esquina superior izquierda del mural, y siguiendo una "S" invertida yendo hacia abajo por el frente y por la contraportada de este número, los lectores verán los siguientes retratos:

Carlos Marx y **Federico Engels**, los dirigentes fundadores del movimiento obrero comunista moderno (pintores: Aldo Soler, Cuba; Marjan Hormozi, Irán);

Los cinco dirigentes centrales de la Internacional Comunista (de izquierda a derecha), **Gregorio Zinóviev, Nicolás Bujarin, León Trotsky, V.I. Lenin,** y **Carlos Rádek** (pintor: Malcolm McAllister, Nueva Zelanda), *yendo ahora a la contraportada;*

El dirigente socialista y obrero norteamericano **Eugene V. Debs** (pintor: David Fichter);

Mother Jones (Madre Jones), organizadora del sindicato de mineros UMWA (pintora: Eva Cockcroft);

Rosa Luxemburgo, dirigente internacionalista del movimiento obrero en Alemania y Polonia (bosquejo de May Stevens, pintado por Mike Alewitz);

El dirigente de la lucha por los derechos de los negros y autor **W.E.B. Du Bois** (pintor: Seitu Ken Jones), *volviendo ahora a la portada;*

El dirigente revolucionario nicaragüense **Augusto Sandino** (pintor: Arnoldo Guillén, Nicaragua); Los dirigentes obreros y comunistas norteamericanos **Farrell Dobbs** y **James P. Cannon** (pintor: Bob Allen); **Carlos Fonseca,** dirigente fundador del Frente Sandinista de Liberación Nacional de Nicaragua (pintor: Arnoldo Guillén, Nicaragua); El luchador por los derechos de los negros y dirigente revolucionario **Malcolm X** (pintora: Carole Byard); **Ernesto Che Guevara,** comunista nacido en Argentina y dirigente de la Revolución Cubana (pintor: Ricardo Carpani, Argentina); **Maurice Bishop,** principal dirigente de la revolución granadina (Maxine Townsend-Broderick); **Thomas Sankara,** dirigente del gobierno revolucionario en el país africano occidental de Burkina Faso (pintores: Lynne Pelletier, Quebec; Luis Perero); El dirigente del Congreso Nacional Africano y posteriormente presidente de Sudáfrica **Nelson Mandela** (pintor: Dumile Feni, Sudáfrica); y **Fidel Castro,** principal dirigente de la revolución socialista cubana (pintor: Aldo Soler).

Desde los "jóvenes hulleros" reunidos a la entrada de una mina, al pie del mural (niños trabajadores explotados por los magnates del carbón en Pennsylvania a comienzos del siglo XX, algunos de los cuales participaron después en las sangrientas luchas para sindicalizar la industria del carbón); hasta el estandarte de batalla que el guerrero maorí Te Kuti portó al combatir a los colonizadores británicos de Nueva Zelanda, que se ve al tope del mural; y los trabajadores y campesinos combatientes que van escalando los clásicos del marxismo: el mural presenta las luchas del pueblo trabajador en los últimos 150 años. Entre las multitudes se hallan los retratos de

Detalle del Mural de Pathfinder con escenas de la revolución china y la lucha independentista india; manifestantes sudafricanos antiapartheid; activistas pro derecho al aborto en Estados Unidos; varios de los mártires de Haymarket en Chicago; los dirigentes revolucionarios mexicanos Emiliano Zapata y Pancho Villa; Louise Michel, comunera de París; el dirigente indígena norteamericano Leonard Peltier; John Brown, Sojourner Truth y Harriet Tubman, luchadores antiesclavistas en Estados Unidos; la independentista puertorriqueña Lolita Lebrón; el mártir republicano irlandés Bobby Sands; el revolucionario del siglo XIX Augusto Blanqui y Joseph Weydemeyer, colaborador de Marx; los dirigentes del Partido Socialista de los Trabajadores Joseph Hansen y Evelyn Reed; Patricio Lumumba, líder de la lucha de liberación del Congo; Leonard Matlovich, activista pro derechos de los homosexuales; "Big Bill" Haywood y Frank Little, dirigentes de los Obreros Industriales del Mundo (IWW); y muchos otros.

otros dirigentes obreros y combatientes por la liberación nacional y la justicia social del mundo entero. Algunos pueden verse más claramente en el detalle que aparece en la página opuesta.

Ochenta artistas —todos voluntarios— de veinte países participaron en la creación del mural. Muchos pintaron escenas de las luchas obreras y de liberación nacional de sus propios países o retratos de los dirigentes de esas luchas.

El primer director del proyecto del mural fue Mike Alewitz; y el trabajo lo dirigió hasta su conclusión Sam Manuel, quien cortó los listones en el acto de inauguración del mural en 1989. Manuel siguió como director después de esa ceremonia, supervisando el trabajo para restaurar las partes del mural dañadas por los derechistas, librando una lucha disciplinada —aunque inevitablemente insuperable— contra los efectos de la intemperie, y se mantuvo en contacto con los artistas y otras personas cuyos esfuerzos colectivos permitieron la realización del mural.

El mural permaneció sobre el Edificio de Pathfinder siete años, atrayendo a visitantes, a grupos de turistas y a reporteros de toda América del Norte y del resto del globo. Desde el comienzo recibió el apoyo, y a menudo la admiración, de trabajadores y residentes del barrio de Manhattan que dominaba. Literalmente lo vieron millones de personas que conducían hacia el norte sobre la transitada Carretera Oeste, o que disfrutaban cruceros turísticos bordeando la costa de Nueva York. Varias de las personalidades incluidas en el mural que no pudieron visitarlo les solicitaron a otros que sí habían logrado apreciarlo directamente que se lo describieran en detalle.

Se puede adquirir un afiche a todo color del Mural de

Pathfinder en www.pathfinderpress.com.

Ya para 1996 el mural había perdido su colorido y la superficie subyacente se había descompuesto a tal punto que era imposible reparar ante los efectos del sol y los cambios climáticos. Además, el muro que cubría había sufrido de forma similar y requería de reparaciones estructurales.

Tras una celebración enfrente del Edificio de Pathfinder en junio de 1996 —en la que participaron artistas y otras personas que habían contribuido a su realización, así como trabajadores, jóvenes y vecinos— y como parte del proceso de restaurar el muro sur, se cubrió el mural con paneles protectores de color crema. Esa superficie ahora invita a una nueva generación de trabajadores socialistas, en una futura coyuntura de la lucha de clases, a organizar la próxima representación artística de Pathfinder, la editorial que nació con la Revolución de Octubre.

La imagen del mural que envuelve la portada de este número de *Nueva Internacional* fue posible gracias a la labor colectiva de Eva Braiman, diseñadora de la portada, y Toni Gorton, que ofreció consultas inapreciables. Ellas colaboraron con los directores mientras trabajaban turnos opuestos en fábricas en ciudades diferentes. Los trabajadores del taller de la Pathfinder tomaron el diseño y, con gran esmero en la calidad, lo transformaron en la revista que ahora usted tiene en sus manos.

Los directores desean expresar su aprecio por todos estos esfuerzos, los cuales van a contribuir a llevar este número de *Nueva Internacional* a manos de trabajadores, agricultores y jóvenes alrededor del mundo. Esperamos que sea un tributo digno de aquellos que crearon y defendieron el mural, y de quienes hoy montan guardia del sitio que servirá para el próximo.

Steve Clark
septiembre de 1998

AGRADECIMIENTOS

La publicación de este número de *Nueva Internacional* fue posible gracias a la labor meticulosa que le dedicaron voluntarios en muchas ciudades de Norteamérica después de sus horas normales de trabajo y estudio. El grupo de traductores incluyó a Virginia Angeles, Alejandra Aránovich, Róger Calero, Hilda Cuzco, Paul Coltrin, Roberto Kopec, Xochitl Leal, Blanca Machado, Ruth Nebbia, Selva Nebbia, Andrés Pérez, Francisco Picado, Alejandra Rincón, Duane Stilwell y Mirta Vidal.

Además, Luis Madrid tradujo y revisó una parte considerable de los textos, y ayudó a organizar a los traductores voluntarios.

Martín Koppel
abril de 1999

Ceremonia de bienvenida del 17 de octubre de 1997 en Santa Clara, Cuba, para enterrar los restos de Ernesto Che Guevara y otros seis guerrilleros de Bolivia, Cuba y Perú, caídos en la campaña boliviana de 1966–67. "El internacionalismo revolucionario es la ola del futuro y no el último vestigio de una época del pasado. Este futuro estará marcado por luchas de clases, revoluciones populares, movimientos de liberación nacional y guerras civiles". (De "El imperialismo norteamericano ha perdido la Guerra Fría")

EN ESTE NÚMERO

NUESTRA ÉPOCA ES LA DE LA REVOLUCIÓN MUNDIAL

por Jack Barnes y Mary-Alice Waters

"Hoy no podemos pensar claramente acerca del mundo a menos que nos encaminemos hacia una organización juvenil. ¿Por qué? Porque además de la experiencia, composición y continuidad obreras, sin las cuales toda organización comunista se descarrilaría políticamente, también hay momentos en la historia en que hay tantas cosas que cambian tan rápidamente que hasta los mejores luchadores se desorientan a menos que rompan con los hábitos mentales que desarrollaron en el pasado y vean el mundo a través de los ojos de una nueva generación que recién comienza a despertarse a la vida política".

ESTAS PALABRAS del artículo principal del número 4 de *Nueva Internacional*[1] son también un aspecto fundamental del "Manifiesto de la Juventud Socialista", el primer documento en este número. Dicho documento fue redactado por miembros del capítulo de la

---

1. "La marcha del imperialismo hacia el fascismo y la guerra", por Jack Barnes, publicado en el número 4 de *Nueva Internacional*, fue debatido y aprobado por los delegados al congreso nacional del Partido Socialista de los Trabajadores en 1994.

Juventud Socialista en Los Angeles, California, en abril de 1998. Es producto de varias discusiones del capítulo, en el transcurso de las cuales escribieron unos apuntes de trabajo con el fin de aclarar para beneficio propio el carácter y la actividad de su organización y la necesidad de su relación política con el Partido Socialista de los Trabajadores, el partido comunista de vanguardia de la clase obrera en Estados Unidos.

La brevedad, claridad y frescura del documento dan muestra de la labor ardua y del esfuerzo colectivo que le dedicaron los autores, así como prueba de su perspicacia.

El "Manifiesto" —nombre que pronto le dieron otras personas— fue el centro de la discusión en una conferencia regional de la costa oeste de la Juventud Socialista, celebrada en San Francisco el 5 y 6 de septiembre de 1998, y auspiciada por los capítulos de la JS en California. A instancias del Comité Ejecutivo Nacional de la Juventud Socialista, los conferencistas emitieron una convocatoria para el tercer congreso nacional de la organización, a celebrarse en Los Angeles del 4 al 6 de diciembre de 1998. Llegaron a la conclusión de que los capítulos de la Juventud Socialista a nivel nacional debían comenzar la labor de promover el congreso debatiendo el manifiesto junto con el "Organizador de la Juventud Socialista", aprobado por el segundo congreso de la Juventud Socialista en marzo de 1997. En este número también se publica la primera sección de ese documento.

E<small>L "MANIFIESTO DE LA JUVENTUD SOCIALISTA"</small> destaca de qué se trata este número de *Nueva Internacional:* comprender la envergadura de los cambios políticos, económicos y sociales que le están dando una nueva forma a nuestro mundo, y forjar el tipo de partidos obreros cuyas unidades sean capaces de *actuar* de una manera políticamente centralizada, con rapidez y eficacia, al enfrentar los imprevisibles retos y oportunidades creados a diario por el acelerado desorden mundial del capitalismo.

Sin la trayectoria que el Manifiesto de la JS le plantea a la nueva generación que recién comienza a acercarse políticamente a la clase obrera, los demás documentos de este número aún podrían tener mérito histórico y analítico. Pero solos no constituirían una estrategia comunista para la actualidad. El marxismo es una guía a la práctica revolucionaria. Como expresaron concisamente los fundadores del movimiento obrero moderno hace más de 150 años: no se trata de interpretar el mundo sino de cambiarlo.

Por lo menos desde principios de 1997, han ido creciendo las oportunidades para que las organizaciones de trabajadores comunistas y de jóvenes actúen juntos de acuerdo a lo presentado en las páginas que siguen. Continúan acumulándose las pruebas de que la clase trabajadora en Estados Unidos y en la mayoría de los países imperialistas ha emergido del período de repliegue político que ocurrió después del breve y salvaje ataque imperial contra el pueblo de Iraq en 1990–91, que resultó desmoralizador, ya que en gran medida no fue impugnado. A todo nuestro alrededor hay señales de renovadas acciones defensivas: huelgas más numerosas que reflejan la tenacidad y resistencia de las filas aguerridas del movimiento obrero; un aumento notable de confianza y decisión por parte de mujeres que ocupan trabajos industriales; el creciente peso del liderazgo negro en las batallas sindicales y luchas de los pequeños agricultores; el repunte del movimiento independentista puertorriqueño; un mayor número de actividades en defensa de los derechos de los inmigrantes. Estos fenómenos preparan el fortalecimiento del liderazgo obrero en estas luchas y aumentan la posibilidad de que los sindicatos "act[úen] conscientemente como centros de organización de la clase obrera defendiendo los intereses amplios de su plena emancipación".[2]

Es en momentos como éste, sobre todo, que el partido de vanguardia de la clase obrera y los jóvenes de disposición revolucionaria que buscan construir un movimiento juvenil proletario deben marchar juntos, ahondando su comprensión y organizando su trabajo en el marco de la historia y de la marcha del movimiento comunista moderno. Es un requisito para llevar a cabo de manera eficaz el trabajo de masas y el reclutamiento a ambas organizaciones: no a largo plazo sino hoy. Es la única forma de implementar una trayectoria proletaria, respondiendo de manera oportuna —sin titubeos o abstenciones políticos, o errores ultraizquierdistas— a la acelerada resistencia engendrada por las crecientes crisis del capitalismo.

"La teoría no es un dogma o un pagaré. Es la generalización viva de la marcha de una clase, de las lecciones políticas estratégicas que nuestra clase ha aprendido con sangrientos sacrificios y luchas", afirma el documento citado por la Juventud Socialista en su manifiesto. "Estas lecciones son el recurso más valioso del movimiento comunista, nuestras armas más preciadas. La incorporación de estas lecciones a la práctica política cotidiana y semanal

---

2. De "Los sindicatos: su pasado, su presente y su porvenir", el documento sindical de fundación del movimiento comunista. Redactado por Carlos Marx para ser debatido y aprobado por la Primera Internacional en 1867, aparece en inglés en el libro *Trade Unions in the Epoch of Imperialist Decay* (Los sindicatos en la época de la decadencia imperialista; Pathfinder, 1990).

de un movimiento comunista organizado a nivel mundial es lo que permite, a la hora de las horas, que millones de comunistas individuales piensen y actúen con disciplina para hacer lo que sea necesario".

Esta es la trayectoria que plantea el Manifiesto de la Juventud Socialista, y que la JS seguirá al preparar el tercer congreso nacional de su organización en Los Angeles. Por eso su manifiesto merece ocupar el lugar principal en esta edición de *Nueva Internacional,* y merece la atención de toda persona de disposición revolucionaria, independientemente de su edad y de sus años de experiencia política.

"El imperialismo norteamericano ha perdido la Guerra Fría", el documento destacado en este número de *Nueva Internacional,* fue debatido y aprobado por los delegados al 35 congreso nacional del Partido Socialista de los Trabajadores en Estados Unidos, celebrado del 8 al 12 de agosto de 1990. El Comité Nacional del Partido Socialista de los Trabajadores presentó la resolución ante los delegados del congreso. Cuando las ramas del partido en todo Estados Unidos y las organizaciones comunistas en otros países discutieron y debatieron esta resolución, se iban desencadenando día a día los sucesos históricos que marcaron el fin de los regímenes estalinistas en toda Europa oriental y la Unión Soviética, así como la desintegración del poder de los aparatos de los Partidos Comunistas en aquellos países. Los gobernantes imperialistas habían empezado a proclamar con bombos y platillos la derrota del comunismo y el albor de un "nuevo orden mundial" —incluso el fin de la historia misma— que supuestamente los encaminaba hacia el control indiscutible a la cabeza del mundo. Precisamente en momentos en que los delegados al congreso del PST realizaban sus deliberaciones, el gobierno norteamericano inició una campaña hacia la guerra contra Iraq que cinco meses más tarde culminó en seis semanas de bombardeos masivos y devastadores, una invasión de 100 horas de ese país, y la matanza de unos 150 mil hombres, mujeres y niños iraquíes.

LOS PLANES de corregir y publicar rápidamente la resolución adoptada en el congreso de agosto de 1990 se tuvieron que aplazar temporalmente. Esto se debió a que las ramas y las fracciones sindicales del Partido Socialista de los Trabajadores así como los capítulos de la Alianza de la Juventud Socialista, junto a los comunistas en otras partes del mundo que compartían las conclusiones políticas de ese documento, se orientaron hacia las tareas inmediatas para hacer campaña contra la guerra que se acercaba. Sin embargo, el imperialismo norteamericano demostró ser incapaz de lograr sus objetivos en la guerra contra Iraq. La "gran coalición" orquestada bajo la batuta del presidente George Bush comenzó a desintegrarse cuando aún tronaban los cañones, lo que obligó a los gobernantes norteamericanos a detenerse antes de que lograran establecer el protectorado que necesitan en esa región. El desenlace de la Guerra del Golfo fue una de las primeras confirmaciones notables del conflicto interimperialista cada vez más agudo que habría de caracterizar al mundo posterior a la Guerra Fría, tocando un acorde grave en medio de las odas a la hegemonía estadounidense en el nuevo orden mundial. Las consecuencias de ese desenlace para el capital financiero norteamericano se siguen desarrollando hasta la fecha.

El hecho de que "El imperialismo norteamericano ha perdido la Guerra Fría" se publica en *Nueva Internacional* unos ocho años después de ser redactada y aprobada no fue algo previsto ni deseado. Pero quizás sea fortuito que se publique ahora. Lo que aparece aquí no ha sido redactado de nuevo a la luz de una óptica retrospectiva: se publica según apareció en el *Boletín de Discusión* del Partido Socialista de los Trabajadores en mayo de 1990, incorporando los cambios decididos por los delegados al congreso que aprobó el documento. La resolución se ha revisado únicamente para eliminar repeticiones, digresiones y ambigüedades innecesarias, y para añadir notas sobre hechos y referencias que con el correr del tiempo han perdido su actualidad o claridad. Hoy, sin embargo, leemos el documento con ojos diferentes. La perspectiva de apenas unos breves años nos permite apreciar la enormidad de las consecuencias de la derrota histórica que sufrió el imperialismo, y la velocidad con que han cambiado y están cambiando algunas de las piedras angulares de la política mundial en la época posterior a la Segunda Guerra Mundial.

• Lejos de producirse el "fortalecimiento relativo del capital financiero alemán dentro del sistema imperialista" y de formarse una Unión Europea "dominada cada vez más por el capital financiero alemán" —tendencias a largo plazo señaladas por la resolución— la burguesía alemana y su moneda anteriormente sólida, el marco, han sido debilitadas política y económicamente a raíz del traumático intento durante nueve años de tragarse y digerir el estado obrero en Alemania oriental. La resolución señala acertadamente las múltiples contradicciones que serían inherentes a la reunificación de Alemania que se avecinaba. Pero no llegó a señalar las consecuencias probables, ya que éstas contrastaban tanto con la época anterior, caracterizada por una aguda separación entre las Alemanias "oriental" y "occidental", así como una prolongada ola de expansión capitalista. Niveles de desempleo no vistos en Alemania desde la víspera de la investidura de Hitler como canciller del Tercer Reich, una creciente polarización política y el ascenso de corrientes fascistas, y la mayor vulnerabilidad del capital financiero alemán ante las consecuencias desestabilizadoras de la desintegración económica de Rusia: son éstas algunas de las manifestaciones más visibles de la nueva realidad en la Europa capitalista.

Este debilitamiento relativo de la burguesía alemana frente a sus rivales, especialmente Francia imperialista, ha sido el cambio más grande ocurrido en la política mundial desde que se redactó la resolución. Junto al descenso acelerado de Tokio durante gran parte del mismo período, este fenómeno ha cambiado la idea falsa pero popular —que para 1990 llegaba a su cenit entre los comentaristas burgueses— de que Alemania y Japón, con sus respectivos "milagros económicos", eran los "verdaderos vencedores" de la Segunda Guerra Mundial. Sin embargo, solo una nueva matanza interimperialista, de la que salgan victoriosas nuevas potencias, podrá cambiar la correlación de fuerzas establecida por los resultados de la última guerra mundial. Y ya se va preparando dicha contienda.

Nunca debemos de olvidar que el verdadero vencedor en la Segunda Guerra Mundial no solo fue el capital financiero norteamericano, que en gran parte surgió sin rivales entre las clases gobernantes imperialistas. El "siglo norteamericano" no fue más que una lastimosa y falsa ilusión de los liberales de Washington —que quedaron asombrados— debido al jaque mate que la clase obrera impuso a nivel internacional, el otro vencedor en aquella conflagración mundial. El triunfo del pueblo trabajador obedeció al hecho de que la dictadura del proletariado en la Unión Soviética, aunque débil y deformada, no fue destruida. Los trabajadores de la Unión Soviética, a un enorme costo material y humano, con el apoyo de trabajadores y agricultores a nivel mundial, repelieron la invasión imperialista y comenzaron a reconstruir. Perduraron los cimientos económicos establecidos por la Revolución de Octubre de 1917. Y las naciones y los pueblos oprimidos de Asia, Africa y América Latina aprovecharon el momento creado por el debilitamiento del sistema imperialista para desatar poderosas luchas de liberación nacional que cambiaron el rostro de la política mundial y la correlación de fuerzas de clases a nivel internacional en detrimento del capital financiero.

• La primera guerra en el continente europeo en casi cincuenta años aún no había comenzado en 1990. Pero por siete años ya, desde principios de 1991, esta guerra ha venido ardiendo a fuego lento algunas veces, estallando en llamas otras, por las tierras de Yugoslavia y a través de los Balcanes.

El gobierno de Estados Unidos se ha establecido —sobre los huesos y la sangre del pueblo yugoslavo— como la principal potencia "europea". Conforme las clases capitalistas nacionales rivales de Europa, arropadas con la bandera de Naciones Unidas, se fueron desgastando en sus intentos vanos de desplazarse mutuamente como la "vencedora" en las nuevas guerras balcánicas, Washington desplegó su bandera de la OTAN en 1994 e intervino decisivamente. A pesar de sus justificaciones demagógicas, el objetivo de los gobernantes norteamericanos no es frenar las "depuraciones étnicas" o imponer la "democracia", sino establecer la supremacía estadounidense en Europa y crear las condiciones que algún día faciliten la restauración de relaciones sociales capitalistas en todo el estado obrero yugoslavo.

• Las crecientes tensiones en el seno de la reaccionaria alianza de la OTAN, que resultan de "la intensificada competencia interimperialista y los cambios de alineamiento", según destaca la resolución, no han disminuido sino que se han acentuado. Sin embargo, bajo la mano rectora de una clase gobernante norteamericana que está lejos de ser unánime frente a las consecuencias fatídicas de su trayectoria, la OTAN está siendo ampliada para abarcar contradicciones aún más explosivas; su centro de gravedad se va desplazando marcadamente hacia el este. En todo su perímetro, el cerco en torno al estado obrero ruso se va apretando: desde Europa central, pasando por el Cáucaso rico en petróleo y penetrando Asia por el histórico Camino de la Seda en el sur. Este anillo de fuego será atizado hasta convertirse en llamas ardientes cada vez con más frecuencia, conforme las potencias capitalistas busquen fomentar sus intereses. Se multiplicarán las fuerzas fuera de control que se desencadenarán. Esta es la verdadera perspectiva en los albores del siglo XXI.

Paso a paso, el imperialismo norteamericano se prepara, con la más sobria conciencia, para lo que está convencido que tarde o temprano se deberá hacer. Lo que fue iniciado por la Revolución de Octubre de 1917 en Rusia no se puede borrar de la historia con sutilezas. El capitalismo solo puede establecerse en aquellas tierras mediante una contrarrevolución sangrienta. El pueblo trabajador en la antigua URSS tendrá que ser enfrentado directamente. Si bien debilitado y traicionado por décadas de malgobierno por la casta burocrática de oportunistas, asesinos y otros parásitos antiobreros —ahora fragmentados en un sinnúmero de campos en pugna—el poder estatal de la clase obrera aún tiene que ser derrocado por la fuerza de las armas.

Según afirma la resolución, "Los estados obreros y sus cimientos de propiedad proletarios han resultado ser más fuertes que las castas".

• En agosto de 1990, aún existía el armazón de la Unión de Repúblicas Socialistas Soviéticas. Mijail Gorbachov era presidente de la Unión Soviética y secretario general del Partido Comunista. El régimen de Moscú aún trataba de justificar su legitimidad alegando representar la continuidad de la Revolución de Octubre de 1917 dirigida por los bolcheviques. Nada de lo anterior es parte de la realidad actual.

LA DESINTEGRACIÓN de las castas burocráticas, su abandono de toda pretensión de hablar en nombre del comunismo o de representar los intereses de la clase obrera y de sus aliados a nivel internacional, ha eliminado una enorme barrera que durante décadas les impidió a muchos luchadores revolucionarios encontrar el camino al marxismo. Millones, en cambio, fueron desviados hacia un rumbo que en realidad era una negación contrarrevolucionaria de aquello por lo que habían luchado los dirigentes históricos del movimiento obrero moderno, entre ellos Marx, Engels y Lenin. Sin embargo, hoy día ni el tambaleante presidente ruso Boris Yeltsin y sus colaboradores ni sus rivales de otras facciones —ni hablar de quienes los imitan en las distintas ex repúblicas soviéticas— tienen la capacidad de influir y desorientar a ningún combatiente revolucionario en ninguna parte del mundo.

Junto a este obstáculo también desapareció el pegamento que por décadas permitió estructurar el sector denominado ampliamente como "la izquierda" en todo el mundo. Desde que los estalinistas iniciaron la "estrategia" del Frente Popular a mediados de los años treinta, "la izquierda" ha derivado su línea y coherencia políticas —y a menudo sus recursos—, a partir de su identificación y lealtad a las castas realmente existentes que dominaban los estados obreros. La fuerza atractiva de la realidad existente era enorme. De ahí la crisis de "la izquierda" que se propagó por el mundo cuando, como dijo el presidente cubano Fidel Castro, "un día no aparec[ió] el sol ni a las 6:00 de la mañana, ni a las 7:00, ni a las 10:00, ni a las 12:00".[3] Nuevamente empezó a ponerse a prueba el temple de todos aquellos que se reclamaban socialistas o revolucionarios, prueba que hoy se profundiza y se amplía.

Las corrientes que se reclaman revolucionarias ya no pueden culpar de nada ni atribuirle nada a ninguna potencia en el movimiento obrero —que no sean ellos mismos— de lo que resulten capaces de hacer, dirigir y llegar a ser.

• A principios de 1990, los superinflados mercados de valores y de bienes raíces japoneses recién se habían desplomado. Apenas hoy —tardíamente, y en tonos de temor creciente— se empieza a reconocer en ciertos círculos de la opinión pública burguesa el hecho de que esto marcó el comienzo de una crisis deflacionaria mundial. Contrario a las expectativas, la recuperación nunca ocurrió. La crisis solo ha seguido acentuándose.

Ocho años más tarde, al mismo tiempo que se expan-

---

3. Discurso al congreso de la Unión de Escritores y Artistas de Cuba, noviembre de 1993. Ver "La defensa de Cuba, la defensa de la revolución socialista cubana" por Mary-Alice Waters, en el no. 4 de *Nueva Internacional*, pág. 41.

de la "crisis asiática" y que el colapso internacional del sistema bancario capitalista se vislumbra amenazador en el horizonte, no hay nadie que sepa si en realidad ya estamos viviendo lo que pronto se reconocerá universalmente como el primer año de una nueva depresión mundial. ¿Se recordará 1998 como un nuevo 1929? Importará poco si la respuesta es sí o no. Lo incontrovertible es que estamos presenciando los últimos esfuerzos, desesperados e inútiles, por parte de los gobernantes capitalistas de impedir lo inevitable.

Y lo que viene será más devastador para los trabajadores a nivel mundial que las consecuencias de 1929. Esta vez tendrá proporciones verdaderamente globales.

DURANTE LA DEPRESIÓN MUNDIAL de los años treinta, las relaciones sociales capitalistas eran marginales en la mayor parte de Asia y Africa coloniales, e incluso en partes de América Latina. Para la inmensa mayoría campesina bajo el colonialismo, las consecuencias económicas y sociales de la superexplotación colonial significaba vivir al filo de la navaja. Pero la subsistencia y la supervivencia ocurrían en gran medida al margen del mercado capitalista mundial, y a menudo las condiciones de vida para la mayoría de los trabajadores del mundo no empeoraron cualitativamente con la Gran Depresión. Hoy día, el capitalismo ha penetrado la agricultura en estos países de una forma más profunda, y en muchos de ellos se ha desarrollado una clase obrera industrial asalariada que no siempre es pequeña.

Ahora son infinitamente más vulnerables los pueblos de la Unión Soviética, protegidos en los años treinta de los embates de la depresión mundial por las conquistas revolucionarias de octubre que sentaron las bases económicas de la propiedad nacionalizada y la economía planificada.

Los destinos de los trabajadores en todas partes están ligados mucho más estrechamente a los mecanismos del mercado capitalista mundial. Apenas empieza a verse frustrada la esperanza de un mañana mejor.

Este mundo del siglo XXI, nacido prematuramente en las últimas horas del siglo XX, puede resultarles bruscamente desorientador a muchos cuya vida y conciencia fue moldeada por el tumulto y las consecuencias de la Segunda Guerra Mundial. Sin embargo, para la generación que hoy se incorpora a la vida política, es el único mundo que ha conocido.

Para todos nosotros, "El imperialismo norteamericano ha perdido la Guerra Fría" supone tareas y perspectivas prácticas que coinciden bien con la creciente resistencia obrera de hoy y ponen de relieve político las fuerzas que van a definir las batallas titánicas que se avecinan. Sobre todo, nos explica —a pesar de la propaganda burguesa— por qué las posibilidades históricas a favor de la clase trabajadora a nivel internacional no se han debilitado sino que se han fortalecido.

"Un eje de conflicto entre La Habana y Washington ocupará el centro de la política mundial en los años noventa. Es la manifestación más directa del conflicto internacional entre el imperialismo y la dictadura del proletariado".[4]

Con la implosión de las castas, los regímenes y los

---

4. De la segunda parte de "El imperialismo norteamericano ha perdido la Guerra Fría".

partidos burocráticos de Europa oriental y la Unión Soviética, los mandatarios imperialistas estadounidenses anticipaban que el gobierno de trabajadores y agricultores en Cuba se volvería una presa fácil. No lograron entender —como tampoco lo han logrado entender desde la época de la guerra revolucionaria contra la dictadura batistiana— que la dirección de la revolución en Cuba no es una variante tropical del estalinismo, sino un partido verdaderamente revolucionario e internacionalista que es cuerpo y alma del pueblo trabajador cubano.

Los gobernantes estadounidenses anticipaban que la caída repentina y brutal del nivel de vida en Cuba —resultado del cese súbito en 1990–91 de los acuerdos comerciales favorables con los estados obreros en la Unión Soviética y Europa oriental, que representaban el 85 por ciento del comercio exterior de Cuba— sometería por el hambre al pueblo trabajador cubano, o que por lo menos crearía condiciones favorables para derrocar al gobierno revolucionario.

La perspectiva política mundial presentada por José Ramón Balaguer, dirigente del Partido Comunista de Cuba, en "El socialismo: una opción viable", publicado en este número, confirma lo errado de esta perspectiva.

"En las actuales condiciones internacionales se reafirma para nosotros que el socialismo es un imperativo", dijo Balaguer a los participantes de la conferencia internacional "El socialismo hacia el siglo XXI", celebrada en La Habana del 21 al 23 de octubre de 1997. "No solo [es el] resultado lógico del desarrollo de las fuerzas productivas a escala internacional, sino además [es la] única alternativa para garantizar la supervivencia humana".

Refiriéndose al "derrumbe del socialismo en Europa del Este y la URSS", Balaguer observó que "no es la verdad socialista la que falló". Más bien lo que ahí ocurrió "significó el desmoronamiento de un tipo de marxismo dogmático y vulgar, que en esos países alcanzó fuerza de teoría oficial, enterrando muchos principios centrales de nuestros clásicos y elevando a carácter de ley universal tesis que solo servían para justificar posiciones políticas y que apenas contaban con aval científico".

LA CONFERENCIA INTERNACIONAL de representantes de partidos políticos en la que habló Balaguer, y donde participaron algunos de los directores de *Nueva Internacional,* entre ellos los autores del presente artículo, fue auspiciada por el Comité Central del Partido Comunista de Cuba.

Fue una de las diversas actividades celebradas en los últimos dos años que confirmaron que la Revolución Cubana se ha sobrepuesto a los peores días de lo que denominan el Período Especial: la crisis económica y política precipitada por la desintegración repentina de los gobiernos y partidos con los que habían mantenido los más estrechos vínculos por más de un cuarto de siglo. Una crisis que, por supuesto, fue agravada intencionalmente por la guerra económica que los gobernantes estadounidenses libran contra Cuba.

Entre otras actividades se han realizado:

• El quinto congreso del Partido Comunista de Cuba, celebrado en La Habana del 8 al 10 de octubre de 1997, que reafirmó la trayectoria política de la revolución, entretejiendo la continuidad entre el proceso de rectificación iniciado a mediados de los años ochenta y la política del Período Especial. Entre otras decisiones aprobadas por los delegados, el congreso reforzó la dirección del partido, reduciendo decididamente el tamaño del Comité Central de 225 a 150 miembros, a la vez que incorporó a unos 50 nuevos miembros de las generaciones más jóvenes que asumieron responsabilidades directas de liderazgo cotidiano en las esferas más diversas. El congreso reflejó la realidad de que la transición de liderazgo en Cuba, tema de muchas especulaciones por los enemigos externos de la revolución, no es algo del futuro sino es un proceso actual.

• La conmemoración en el otoño de 1997, y durante todo ese año, del 30 aniversario de la campaña revolucionaria librada por Ernesto Che Guevara y sus compañeros en Bolivia, reafirmó el internacionalismo proletario que ha sido y sigue siendo cuerpo y alma de la Revolución Cubana.

• La solemne y unificadora bienvenida a casa a lo que el presidente cubano Fidel Castro describió en octubre de 1997 como la brigada de refuerzo de Che, cuando los restos mortales junto a las "ideas inmortales" de Che y sus camaradas retornaron a Cuba, para "reforzarnos en esta difícil lucha que estamos librando hoy para salvar las ideas por las cuales tanto luchaste, para salvar la revolución, la patria y las conquistas del socialismo, que es parte realizada de los grandes sueños que albergaste".

• El auspicio en agosto de 1997 del Festival Mundial de la Juventud y los Estudiantes, con 12 mil participantes, por parte de la Unión de Jóvenes Comunistas y otras organizaciones juveniles de Cuba, como parte de la batalla política para atraer y encontrar a la nueva generación de luchadores que alrededor del mundo se ven atraídos al ejemplo de la Revolución Cubana.

• La "Declaración de los mambises del siglo XX", iniciada en febrero de 1997 por los generales de las Fuerzas Armadas Revolucionarias y firmada por 250 mil oficiales y tropas, así como también, en los meses posteriores, por más de 5 millones de cubanos. Vinculándose a la continuidad de los mambises —los luchadores por la independencia de Cuba a fines del siglo XIX que combatieron el coloniaje español— la declaración repudia los intentos burdos e insultantes del presidente estadounidense William Clinton de fomentar divisiones entre los oficiales y soldados de las fuerzas armadas con ofertas de ayuda a cambio de que derroquen al gobierno revolucionario mediante el cual los trabajadores y campesinos de Cuba ejercen su poder político.

• La bienvenida ofrecida al papa Juan Pablo II en su visita de estado en enero de 1998, durante la cual la dirección revolucionaria sentó, ante los trabajadores del mundo entero, un ejemplo de cortesía tanto hacia los creyentes religiosos como hacia los no creyentes, a la vez que asumió la ventaja moral a nombre del proletariado y dijo la verdad al mundo entero sobre el papel histórico de la jerarquía de la Iglesia Católica como instrumento de oscurantismo científico, prejuicios raciales, la opresión de la mujer, la conquista colonial y la esclavitud, y la reacción en todas sus formas. La visita del papa fue un acontecimiento del que los trabajadores de Cuba surgieron con más confianza en sí mismos y en su dirección y con mayor certeza de que su clase, y no la de los representantes del capitalismo ni del feudalismo, será la portadora de la cultura en el progreso de la humanidad.

• El 17 congreso de la Central de Trabajadores de Cuba (CTC) celebrado del 27 al 30 de abril de 1996, que reflejó la confianza demostrada por la clase trabajadora en Cuba al ejercer tanto su peso directo en la definición del futuro de la revolución como su capacidad para superar los enormes obstáculos al incremento de la producción ante las condiciones impuestas por el Período Especial. Como lo expresaron las tesis aprobadas por los delegados, la clase trabajadora organizada de Cuba se reunió para decidir lo que podía hacer "para garantizar en cualquier circunstancia el poder revolucionario de los trabajadores, por los trabajadores y para los trabajadores".

"Algún día tendremos que erigir un monumento al Período Especial", dijo Fidel Castro a los delegados del congreso. Al hacer frente a los desafíos de los años más difíciles de la revolución, la clase trabajadora cubana ha surgido fortalecida y con más confianza que en cualquier otro momento desde que se inició el Período Especial.

CADA UNO DE ESTOS sucesos requirió de recursos materiales y liderazgo apreciables, que no hubiese sido posible movilizar durante los momentos más oscuros (tanto literal como metafóricamente) del Período Especial. En su conjunto, según comentan bromeando los cubanos, demuestran claramente que la revolución ya salió de la "unidad de cuidado intensivo": que ya no es necesario dedicarle hasta el último aliento exclusivamente a la batalla por la supervivencia.

El pueblo trabajador cubano ahora puede darse el lujo de dirigir parte de sus energías a pensar en la recuperación y a cómo impulsar la lucha revolucionaria internacional en el mundo de hoy.

"El socialismo hacia el siglo XXI" fue quizás la reunión más importante de esta índole celebrada en La Habana en más de treinta años: desde las iniciativas internacionales de liderazgo de los años sesenta que culminaron en la conferencia de la Tricontinental en enero de 1966 y el encuentro de OLAS (Organización Latinoamericana de Solidaridad) en agosto de 1967.

Por supuesto que las condiciones políticas en ese entonces eran muy distintas. El ejemplo heroico de los vietnamitas en su lucha de liberación nacional impulsaba a millones de personas en todo el mundo hacia la acción, al profundizarse y extenderse el odio a la guerra criminal del imperialismo norteamericano contra los pueblos indochinos. En toda América Latina surgía una ola de lucha antiimperialista, en cuya cresta estaba la Revolución Cubana. Estallaba por todo el mundo árabe el apoyo al pueblo palestino y a su lucha contra el despojo por parte del estado de Israel. Las fuerzas atraídas en ese entonces por la iniciativa de La Habana eran considerablemente mayores. En su gran mayoría eran jóvenes y estaban listos para la acción.

Sin embargo, y a pesar de las disparidades políticas, son similares el papel y peso objetivos de las iniciativas de liderazgo tomadas hoy y hace treinta años: para tender la mano por todo el mundo y buscar las fuerzas que estén dispuestas a trazar una estrategia revolucionaria y a aplicarla.

En la presentación de apertura de Balaguer ante los delegados, no se habló de que Cuba u otras fuerzas revolucionarias del mundo hubiesen sufrido una tragedia. No hubo lamentos sobre la globalización, ni acobardamiento ante la correlación de fuerzas de clases que ha permitido la aplicación de políticas neoliberales por toda América Latina. Al contrario, hubo una examinación científica de la lucha de clases mundial en los últimos años del siglo XX —con la vista puesta en las luchas venideras que la realidad imperialista va engendrando— y un programa que constituye un punto de partida necesario y suficiente para la acción revolucionaria:

- No, a toda variante de las teorías de la globalización y el superimperialismo que lleve a subestimar la lucha por el poder estatal contra nuestras burguesías respectivas. "El socialismo no aparecerá en la perspectiva histórica por una modernización de la sociedad actual, sino por una revolución de sus estructuras dominantes. En este sentido, el planteamiento de la toma del poder sigue constituyendo un requisito básico".

• Sí, a la perspectiva política de la rectificación y del Período Especial, en contraposición al "modelo de dirección de la economía, copiado en buena medida de la experiencia soviética . . . que desviaba la construcción del socialismo hacia derroteros nada revolucionarios".

• No, a toda política de alianzas que no se estructure "desde, por y para los de abajo", o que exija que los revolucionarios renuncien a "la convicción y la firmeza de principios".

• Sí, a la lucha por tomar la ventaja moral, por "demostrar no solo la posibilidad y viabilidad del socialismo, sino también su deseabilidad. . . . Asumimos el socialismo como la única y verdadera opción para moralizar las relaciones sociales", expresó Balaguer. "No se puede cejar en el empeño por demostrar, en el plano teórico y en el plano práctico, su clara superioridad en la plasmación de los más altos valores humanos: justicia, igualdad, equidad, libertad, democracia, respeto a los derechos humanos, soberanía nacional, solidaridad. Esa sociedad sigue siendo una alternativa clara no solo al capitalismo, sino también a las frustradas experiencias de Europa del Este y la URSS".

La resolución del Partido Socialista de los Trabajadores, "El imperialismo norteamericano ha perdido la Guerra Fría", destaca que "la dirección del Partido Comunista de Cuba es la primera desde los bolcheviques en darle una orientación comunista al desarrollo de un estado obrero". Al mando del gobierno cubano, y ante las implacables presiones económicas, políticas y militares del imperialismo norteamericano, ha mantenido una orientación revolucionaria por cuarenta años.

"Este 'factor subjetivo' —el carácter genuinamente internacionalista de la vanguardia proletaria que dirige al estado obrero en Cuba— constituye el resultado y el aporte *objetivos* más importantes de la Revolución Cubana". Este hecho es aún más cierto hoy que en 1990. Ha aumentado —no disminuido— el peso objetivo en la política mundial del único ejemplo vivo de una dictadura proletaria combativa y confiada, con una dirección de combate fogueada que ha demostrado su capacidad año tras año por más de cuatro décadas. Para los combatientes revolucionarios alrededor del mundo, no basta reconocer que el imperialismo realmente ha perdido la Guerra Fría. Eso por sí solo no les permite a los revolucionarios trazar un camino. También necesitan el ejemplo vivo de Cuba.

Esta es la realidad tanto para las nuevas generaciones de luchadores de disposición revolucionaria dentro de Cuba como para los jóvenes del resto del mundo. La verdadera historia de la revolución —la historia de los hombres y mujeres que derrocaron a la dictadura batistiana, que obligaron al imperio yanqui a recular en Playa Girón y durante la "crisis de los misiles" de octubre de 1962, y que cumplieron misiones internacionalistas como voluntarios, desde América Latina hasta Africa, Asia y el Medio Oriente— constituye un vínculo imprescindible en la continuidad revolucionaria que se debe trazar.[5]

La estrategia de intentar construir el socialismo en un

---

5. Para leer un ejemplo impactante, ver *Secretos de generales*, entrevistas por el periodista cubano Luis Báez a 41 altos oficiales de las Fuerzas Armadas Revolucionarias (La Habana: Si-Mar, 1996), distribuido por Pathfinder.

solo país —incluso en un país tan extenso y con tantos recursos como la Unión Soviética, ya no se diga una isla caribeña con un legado histórico de siglos de dominio colonial e imperialista— únicamente puede significar el abandono del internacionalismo proletario, la desmoralización y desmovilización de la vanguardia combativa de los trabajadores, así como la derrota segura. Pero los trabajadores comunistas no aceptan ningún límite *a priori* sobre la capacidad del pueblo trabajador cubano de resistir y sobrevivir, de resistir al enemigo imperialista hasta que lleguen las brigadas de refuerzo de la lucha de clases internacional, de defender los cimientos de su poder estatal, y de seguir fortaleciendo su internacionalismo y promoviendo sus intereses de clase.

Esta es una cuestión práctica y no analítica, en la que influye mucho el propio ejemplo de Cuba.

"Una ofensiva patronal de más de diez años no ha logrado desplazar al movimiento obrero del lugar que ocupa en el centro del escenario político en Estados Unidos".

Estas palabras iniciales de "El imperialismo norteamericano ha perdido la Guerra Fría" colocan en una perspectiva histórica la creciente resistencia de los trabajadores en Estados Unidos en 1989–90, ante la embestida antisindical que caracterizó el período en que se redactó la resolución. El punto culminante de esas batallas defensivas fue marcado por dos huelgas que coincidieron y se entrelazaron: la huelga de veintidós meses del sindicato mecanometalúrgico IAM contra la aerolínea Eastern iniciada en marzo de 1989, en el transcurso de la cual las filas del sindicato lograron llevar al odiado patrón Frank Lorenzo a la quiebra y luego a la liquidación, para no permitir que su aerolínea funcionara sin sindicato; y la huelga de once meses contra la empresa Pittston, resuelta en febrero de 1990, y que dio al traste con la campaña de los magnates del carbón para destruir el sindicato minero UMWA en los yacimientos carboníferos de la región oriental del país.

Estos reñidos conflictos —en que las filas dejaron sentir su peso en el liderazgo huelguístico— y el ejemplo que sentaron para todo el movimiento obrero, presagiaron batallas de clases aún más grandes a realizarse a principios de los noventa. Los trabajadores comunistas, organizados en las fracciones sindicales industriales del Partido Socialista de los Trabajadores —que habían participado en las luchas de la Eastern y la Pittston y se habían visto transformados por ellas—, anticipaban con confianza las oportunidades para responder conforme se desarrollaran nuevas pruebas, mejor preparados como fracción de la vanguardia combatiente de la clase trabajadora.

COMO INDICA LA RESOLUCIÓN, parecía vislumbrarse el fin del tercer período de "los días de perros" de la historia del movimiento comunista en Estados Unidos. Este período se había iniciado con el repliegue del movimiento obrero tras la profunda recesión de 1981–82. Continuó durante toda la fuga en desbandada que solo se comenzó a superar con la resistencia ofrecida por los obreros empacadores de carne del Medio Oeste del país en 1985–86. Coincidió con los duros golpes que el imperialismo les asestó a los avances revolucionarios en Nicaragua, Granada y otros países.

Sin embargo, contrario a lo que se esperaba al aprobarse la resolución en 1990, los días de perros de la clase trabajadora en Estados Unidos (y en la mayoría de los países imperialistas) duraron seis años más. Los preparativos bélicos y la guerra asesina organizados por Washington contra Iraq entre agosto de 1990 y marzo de 1991 caracterizaron el conjunto de la política durante más de un año.

El desenlace de la guerra fue un desastre para Washington, pero el patrioterismo y triunfalismo que promovieron los gobernantes de Estados Unidos antes, durante y después del ataque contra Iraq —desatados mayormente sin oposición—, menguaron la combatividad de la clase trabajadora durante más tiempo de lo que duró la propia guerra.

La economía capitalista estadounidense cayó en una recesión durante los ocho meses de preparativos bélicos y guerra. La posterior fase ascendente del ciclo económico fue tan lenta que el nivel oficial de desempleo siguió aumentando durante el primer año de la "recuperación". Se acumulaban pruebas de que al capitalismo le esperaba una crisis deflacionaria mundial.

El movimiento obrero se vio marginado; se prolongó el repliegue.

Sucedió que las batallas de la Eastern y de la Pittston prepararon a los trabajadores comunistas en el período inmediato: no para mayores huelgas defensivas y otras batallas obreras, sino para la prueba de la guerra imperialista. El número 1 de *Nueva Internacional*, "El ataque de Washington contra Iraq: los cañonazos iniciales de la tercera guerra mundial", documenta con qué éxito pasaron esa prueba las organizaciones comunistas de todo el mundo, al llevar a cabo una campaña disciplinada y centralizada en los centros de trabajo, en los barrios obreros, en los sindicatos y en los recintos universitarios contra la brutal guerra orquestada por Washington.

Después de la guerra de Iraq, los trabajadores comunistas supieron responder al reto de aplicar en la práctica su comprensión del mundo que se venía perfilando. La guerra en Yugoslavia, la "crisis del peso" en México, el ascenso político de Patrick Buchanan y el carácter de su incipiente corriente fascista en Estados Unidos, el reto de construir organizaciones juveniles comunistas ante los primeros indicios de renovada lucha por los jóvenes: todos estos elementos formaron parte de la realidad política que se desarrolló en el lustro posterior a la aprobación de la resolución que aquí se presenta. Dichos elementos son los que se abordan en el libro de próxima publicación por la editorial Pathfinder, *El desorden mundial del capitalismo*.

Desde principios de 1997 se vienen acumulando las pruebas de que los días de perros ahora sí van quedando atrás. Los indicios de resistencia —desde la Caterpillar hasta las aerolíneas, desde la huelga de los trabajadores de la United Parcel Service (UPS) en 1997 hasta la huelga de cinco semanas de los obreros de la General Motors en 1998, los cambios entre los mineros del carbón, los esfuerzos de organización del sindicato de trabajadores agrícolas UFW en los campos de California, así como las nuevas formas de iniciativas de liderazgo desplegadas por trabajadores que son negros y mujeres en las fábricas: todos éstos dan fe de las crecientes oportunidades para que los trabajadores comunistas se orienten al trabajo de masas a un nivel que simplemente no había sido posible por unos cuantos años.

La primera parte de la resolución de 1990, titulada "El movimiento obrero permanece en el centro del escenario político", puede leerse ahora, no con la salvedad de que las condiciones son distintas, de que mucho de lo afirmado en ella quizás no sea una guía útil para la acción en la actualidad, sino con la confianza de que se confirma lo contrario.

El Mural de Pathfinder, de seis pisos de alto, del cual aparece una reproducción en la portada del presente número, se inauguró en noviembre de 1989 en el centro de Manhattan, a pocas cuadras del centro financiero mundial del imperialismo norteamericano. Apenas unos días después de la caída del Muro de Berlín, cuando los señores capitalistas del mundo pretendían convencernos a todos de que habían salido victoriosos en una batalla histórica contra los trabajadores del mundo, se inauguró dicha obra de arte que celebra el pasado, el presente y el porvenir de las luchas libradas por la clase trabajadora moderna y sus aliados en el camino hacia la emancipación.

Esa coincidencia fue un accidente de la historia, pero el simbolismo no pudo haber captado mejor la realidad de nuestros tiempos. Lo que representa el Mural de Pathfinder es el tema del presente número de *Nueva Internacional*.

Nuestra época es la de la revolución mundial.

Septiembre de 1998

Los trabajadores y la creciente crisis política de los gobernantes de EEUU

Tres libros para el creciente debate entre trabajadores que buscan un camino para avanzar ante la calamidad económica y social y las guerras del capitalismo mundial.

El historial antiobrero de los Clinton

Por qué Washington le teme al pueblo trabajador

Jack Barnes

Hillary Clinton llama "deplorables" a los trabajadores que rehusaron votar por ella. Donald Trump usa demagogia para tratar de oponer a los trabajadores entre sí. Barnes documenta el afán de lucro del capitalismo norteamericano en el último cuarto de siglo, y las consecuencias para los trabajadores y agricultores, quienes buscan "drenar el pantano" de la política capitalista de siempre.

US$10. También en inglés, francés y persa.

¿Son ricos porque son inteligentes?

Clase, privilegio y aprendizaje en el capitalismo

Jack Barnes

Expone las justificaciones ofrecidas por capas profesionales bien remuneradas que creen que su formación y "brillantez" los califica para "regular" la vida de las masas del pueblo trabajador, ya que no se puede confiar en que nosotros sepamos lo que nos conviene.

US$10. También en inglés, francés y persa.

¿Es posible una revolución socialista en Estados Unidos?

Un debate necesario entre el pueblo trabajador

Mary-Alice Waters

Un "Sí" inequívoco: esa es la respuesta que nos da Waters. Posible, pero no inevitable. Eso depende de nosotros.

US$10. También en inglés, francés y persa.

WWW.PATHFINDERPRESS.COM

MANIFIESTO DE LA JUVENTUD SOCIALISTA

ELLEN BERMAN / MILITANT

La Juventud Socialista y miembros del Partido Socialista de los Trabajadores en San Francisco se unieron a la manifestación del 29 de marzo de 1998 en apoyo a la campaña del sindicato de trabajadores agrícolas UFW para organizar a los trabajadores de la fresa en California. "Hoy día hay más jóvenes que se interesan en la política y que están dispuestos a luchar. Detestan las consecuencias del capitalismo: el racismo, la brutalidad policiaca, los ataques contra los derechos de la mujer, la destrucción del medio ambiente, el desempleo, las guerras y las amenazas de guerra".

MANIFIESTO DE LA JUVENTUD SOCIALISTA

A. ¿Qué significa ser miembro de un capítulo de la Juventud Socialista en Los Angeles que funciona?
1. El contexto político lo da Jack Barnes en *Nueva Internacional* no. 4, "La marcha del imperialismo hacia el fascismo y la guerra".

   a) En el pasado reciente, a los luchadores jóvenes se les hacía más difícil "ver como podían unirse a una fuerza social —la clase trabajadora y el movimiento

---

Este documento fue redactado en abril de 1998 por miembros del capítulo en Los Angeles, California, de la Juventud Socialista. Es una serie de apuntes de trabajo, producto de varias discusiones del capítulo, redactados a medida que los miembros iban aclarando para beneficio propio el carácter y la actividad de su organización y la necesidad de su relación política con el Partido Socialista de los Trabajadores, el partido comunista de la vanguardia de la clase obrera en Estados Unidos.

El "manifiesto", según pronto llegó a denominarse, se convirtió en el aspecto central de la discusión en una conferencia de la región occidental auspiciada por los capítulos de la Juventud Socialista en California, celebrada en San Francisco el 5 y 6 de septiembre de 1998.

Se publica aquí junto con los "Objetivos de la Juventud Socialista", primera sección de un documento titulado "Organizador de la Juventud Socialista", adoptado por el segundo congreso nacional de la Juventud Socialista en Atlanta, Georgia, del 28 al 30 de marzo de 1997.

La conferencia regional de California convocó al tercer congreso nacional de la Juventud Socialista, celebrada en Los Angeles entre el 4 y el 6 de diciembre de 1998, y presentó ambos documentos ante la Juventud Socialista para iniciar la discusión pre-congreso en todos los capítulos.

obrero— que tuviese la fuerza necesaria para efectuar cambios . . . mucho más difícil aún vincularse con una tradición amplia de lucha" en la clase trabajadora (pág. 288–89). Pero hoy día existe un espacio amplio en que puede funcionar la JS como organización juvenil revolucionaria.

b) ". . . hoy día hay más jóvenes que se interesan en la política y que están dispuestos a luchar. Detestan las consecuencias del capitalismo . . . el racismo, la brutalidad policiaca, los ataques contra los derechos de la mujer, la destrucción del medio ambiente, el desempleo, las guerras y las amenazas de guerra . . . Quieren sumarse a cualquier batalla en la que haya resistencia a la opresión y a la explotación" (pág. 293).

c) ". . . intentemos convencer políticamente a todo joven y toda joven rebeldes que podamos, antes de que se comprometan con ideas excéntricas, se vean atraídos a la derecha radical o simplemente con el tiempo se resignen al capitalismo y se hundan en el trabajo cotidiano de la sociedad burguesa" (pág. 306).

d) ". . . estoy planteando algo muy distinto: que hoy no podemos *pensar* claramente acerca del mundo a menos que nos encaminemos hacia una organización juvenil. ¿Por qué? Porque además de la experiencia, composición y continuidad obreras, sin las cuales toda organización comunista se descarrilaría políticamente, también hay momentos en la historia en que hay tantas cosas que cambian tan rápidamente que hasta los mejores luchadores se desorientan a menos que rompan con los hábitos mentales que desarrollaron en el pasado y vean el mundo a través de los ojos de una nueva generación que recién comienza a despertarse a la vida política" (pág. 307–308).

e) La JS intenta comprender el lugar que ocupamos

en este contexto como un verdadero capítulo que funciona y aumenta su nivel de actividad política y reclutamiento.

B. Aumentar la actividad política del capítulo de la Juventud Socialista en Los Angeles

1. Participación política con jóvenes y estudiantes

    a) Brigadas de venta a las comunidades, entradas de fábrica y escuelas: Universidad Estatal de California en Los Angeles (CSLA), Universidad de California en Los Angeles (UCLA), aerolínea United, campaña de venta de suscripciones de puerta en puerta para el *Militant* y *Perspectiva Mundial*.

    b) Trabajo político que plantea "Manos fuera de Iraq": universidades Occidental College y UCLA, y líneas de piquetes.

    c) Serie de clases de la JS: clases semanales en la librería y en Occidental.

    d) Conferencia de bienvenida de Kosova, La Habana y El Cairo: traer a jóvenes interesados a la conferencia para discutir charlas de dirigentes del partido y de la JS, y participación y responsabilidad, incluida económica, por miembros de la JS.

    e) Campaña del Partido Socialista de los Trabajadores: próximas actividades de campaña por los candidatos del PST, uno de los cuales es miembro de la JS en Los Angeles.

    f) Empleos y la proletarización de la Juventud Socialista.

C. La construcción de un capítulo más fuerte de la Juventud Socialista: reclutamiento y contactos

   a) Cómo convencer a jóvenes de una perspectiva obrera: "Aprovechar cualquier oportunidad política. . . .

Unirnos a manifestaciones y otras protestas que ocurran; participar en cualquier muestra de resistencia que ocurra en el trabajo; ir a las universidades y hacer contacto con quien se pueda; diseminar publicaciones socialistas lo más ampliamente posible . . . para presentar la opción socialista . . . [y] basar nuestra actividad en un entendimiento objetivo y considerado de la política

b) y en una forma de organización disciplinada, realizable y proletaria. [De otra forma] vamos a terminar desperdiciando nuestros logros y desorganizando nuestra labor" (pág. 297).

(1) adoptando un enfoque más consciente para participar en la promoción de diversas actividades dirigidas por jóvenes
(2) clases/educación de la JS: arsenales de Pathfinder, el *Militant* y *Perspectiva Mundial*
(3) Trabajo político sistemático y paciente para reclutar nuevos miembros
(4) Mantener el enfoque al interior de coaliciones más amplias de jóvenes y estudiantes

c) Claridad en la definición de la Juventud Socialista
(1) La JS no es una organización del "viraje"*
(2) Reclutamiento político: ¿por la vía rápida o de calidad?

---

* En inglés, la expresión *turn party* (partido del viraje) o, en este caso, *turn organization* (organización del viraje), describe un partido que ha realizado el viraje a la industria, como el que llevó a cabo el Partido Socialista de los Trabajadores a fines de los años setenta, así como un partido cuyo ritmo de trabajo, normas de conducta y entorno político están definidos por el hecho de que la mayoría de sus miembros y dirigentes son obreros industriales y miembros de sindicatos industriales. La expresión, según la han empleado históricamente los dirigentes del Partido Socialista

d) ¿Cómo funciona la JS en relación al partido?
  (1) Trabajo de comités con el PST
  (2) Organización auxiliar y distinta
  (3) Colaborando con camaradas al escribir artículos para el *Militant*
e) Hacer campaña para candidatos del Partido Socialista de los Trabajadores

"Para los jóvenes Marx y Engels, la decisión de unirse a esta organización de revolucionarios fue un paso necesario para verse como protagonistas de la historia que, para ser eficaces en la política, tenían que formar parte del movimiento de vanguardia de una clase" (pág. 300).

---

de los Trabajadores, es en gran medida un sinónimo de partido proletario. La mejor presentación de lo que es un partido del viraje, de lo que hace, y de su continuidad remontándose a través de las generaciones a la fundación del comunismo en Estados Unidos en 1919, se encuentra en *El rostro cambiante de la política en Estados Unidos* por Jack Barnes, especialmente la sección del libro titulada "Construir un partido de trabajadores socialistas".

NOTA DEL TRADUCTOR

OBJETIVOS DE LA JUVENTUD SOCIALISTA

EL OBJETIVO CENTRAL de la Juventud Socialista es participar en la lucha por establecer un gobierno de trabajadores y agricultores que abolirá el capitalismo en Estados Unidos y se sumará a la lucha mundial por el socialismo. La JS busca reclutar a jóvenes luchadores a nuestra perspectiva política, la del socialismo revolucionario. Nos educamos a nosotros y a otros luchadores utilizando la historia y las lecciones de la clase obrera y las aplicamos a las escaramuzas y luchas en pequeña escala que estallan hoy día, como preparativos para las grandes batallas de clases que se perfilan en el futuro. Nuestro programa y actividad políticos parten de 150 años de la lucha de clases moderna y los principios desarrollados por el movimiento obrero revolucionario.

También reconocemos que una organización juvenil no puede dirigir a los trabajadores y sus aliados para derrocar a la clase capitalista y conquistar un gobierno de trabajadores y agricultores. Hace falta un partido revolucionario de masas de tipo leninista. Nuestro trabajo va dirigido a facilitar la construcción de dicho partido. Con este fin, colaboramos y entablamos relaciones fraternas con el Partido Socialista de los Trabajadores, el núcleo de tal partido en Estados Unidos.

La Juventud Socialista es independiente organizativamente y subordinada políticamente al Partido Socialista de los Trabajadores. Nos orientamos hacia el Partido Socialista de los Trabajadores y sus experiencias y continuidad en la lucha de clases, que se remontan a Marx y Engels, al buscar dirección política. El Partido Socialista de los Trabajadores, junto a la Juventud Socialista, integra el núcleo de la vanguardia proletaria en este país. El PST y la JS cuentan con una relación organizativa estructurada y formal, realizada mediante nuestros respectivos Comités Nacionales y sus organismos ejecutivos electos: el Comité Político del PST y el Comité Ejecutivo Nacional de la JS. A nivel local, los capítulos de la Juventud Socialista y las ramas del PST coordinamos nuestro trabajo mediante los organismos directivos electos de los capítulos y las ramas: los comités ejecutivos de estas organizaciones.

La forma en que nos organizamos se desprende de nuestros objetivos políticos. Para realizar nuestras metas con eficacia, la JS debe ser una organización cohesiva y disciplinada. Hemos adaptado el centralismo democrático, utilizado por el partido de vanguardia, a las necesidades de la JS como método para realizar nuestros objetivos.

La democracia es un método para llegar a decisiones, que requieren discusiones, debates y votaciones organizados. Las posiciones adoptadas por voto mayoritario son las posiciones que todos los miembros de la JS llevan a cabo de manera centralizada. El voto mayoritario es un aspecto fundamental del centralismo democrático. La minoría puede mantener sus desacuerdos y plantearlos en el momento apropiado dentro de la organización, pero está obligada a atenerse a la decisión mayoritaria y la JS realiza actividades políticas de forma unida y con un propósito común. Esto mantiene tanto la democracia interna como la capacidad de la organización de actuar de forma unitaria. Esto se basa en un acuerdo fundamental con el programa y los principios políticos de la JS, sentando las bases de la disciplina.

La condición de miembro se basa en estar de acuerdo

con los principios de la JS y en participar activamente en el trabajo de la organización. Las responsabilidades de los miembros incluyen la asistencia a las reuniones semanales del capítulo, el pago de la cuota mensual y la realización del trabajo del capítulo semanalmente.

AMPLÍE su biblioteca revolucionaria

El desorden mundial del capitalismo
Política obrera al milenio
JACK BARNES

La devastación social y las crisis financieras, el carácter más tosco de la política, la brutalidad policiaca y los actos de agresión imperialista que crecen a nuestro alrededor: todos son productos, no de un mal funcionamiento del capitalismo, sino de su funcionamiento normal y reglamentado. Sin embargo, el futuro puede ser cambiado a través de la lucha unida de trabajadores y agricultores conscientes de su capacidad de transformar el mundo.
US$25. También en inglés y francés.

El capitalismo y la transformación de África
MARY-ALICE WATERS, MARTÍN KOPPEL

Un recuento de la transformación de las relaciones de clases en este país de África Central a medida que se integra más profundamente al mercado mundial, y al nacer tanto una clase capitalista como un proletariado moderno. El ejemplo de la revolución socialista cubana cobra vida aquí en la colaboración de brigadas de voluntarios médicos cubanos en ese país. Se divisan los perfiles entretejidos de un futuro por el cual luchar hoy, un futuro en el que los trabajadores y agricultores de África tendrán mayor peso que nunca en la política mundial.
US$10. También en inglés y persa.

El aborto: Derecho fundamental de la mujer
PAT GROGAN Y OTROS

Por qué el derecho al aborto es esencial no solo para la lucha por la emancipación plena de la mujer sino también para forjar un movimiento obrero unido y combativo.
US$6. También en inglés.

"Son los pobres quienes enfrentan el salvajismo del sistema de 'justicia' en EE.UU."
Los Cinco Cubanos hablan sobre su vida en la clase trabajadora norteamericana

Desde la policía hasta las cortes, las cárceles y la libertad condicional: cómo el sistema de "justicia" en EE.UU. es "una maquinaria enorme para moler hombres". Cinco revolucionarios cubanos —presos 16 años en Estados Unidos bajo cargos falsos, entre los 7 millones de trabajadores atrapados en el sistema— recurren a su propia experiencia para explicar los estragos humanos causados por la "justicia" capitalista. Y lo que hace que Cuba socialista sea diferente.

US$15. También en inglés, persa y griego.

Cuba y la revolución norteamericana que viene
JACK BARNES

Trata sobre las luchas del pueblo trabajador en el corazón del imperialismo, sobre los jóvenes atraídos a ellas y el ejemplo del pueblo cubano, que muestra que una revolución no solo es necesaria: se puede hacer. Trata sobre la lucha de clases en Estados Unidos, donde hoy día las fuerzas dominantes descartan el potencial revolucionario de los trabajadores y agricultores tan rotundamente como descartaron el del pueblo trabajador cubano. Y de forma igualmente errada.

US$10. También en inglés, francés y persa.

La emancipación de la mujer y la lucha africana por la libertad
THOMAS SANKARA

"No existe una verdadera revolución social sin la liberación de la mujer", explica Sankara, dirigente central de la revolución de 1983–87 en Burkina Faso. Los trabajadores y campesinos en ese país de África occidental establecieron un gobierno popular revolucionario y comenzaron a combatir el hambre, el analfabetismo y el atraso económico impuestos por la dominación imperialista.

US$8. También en inglés, francés y persa.

WWW.PATHFINDERPRESS.COM

50 años de operaciones encubiertas en EE.UU.
La policía política de Washington y la clase obrera norteamericana
LARRY SEIGLE, FARRELL DOBBS, STEVE CLARK

Cómo los trabajadores con conciencia de clase han luchado contra el fortalecimiento del estado de "seguridad nacional" que es esencial para mantener el dominio capitalista.
US$12. También en inglés y persa.

Fighting Racism in World War II
(La lucha contra el racismo en la Segunda Guerra Mundial)
DE LAS PÁGINAS DEL MILITANT

Un recuento de las luchas contra el racismo y el terror de las turbas linchadoras de 1939 a 1945 ante los llamados patrioteros a aplazar la resistencia hasta la "victoria" de Washington en la Segunda Guerra Mundial. Estas luchas ayudaron a sentar las bases para el movimiento de masas por los derechos de los negros en los años 50 y 60. En inglés.
US$25

The Jewish Question
(La cuestión judía)
Una interpretación marxista
ABRAM LEON

Explica que el origen de las justificaciones históricas del antisemitismo radica en la posición social de los judíos como "pueblo-clase" de comerciantes y prestamistas en los siglos antes del predominio del capitalismo industrial. Leon explica por qué los gobernantes adinerados incitan de nuevo el antisemitismo en la época del declive del capitalismo. En inglés y griego.
US$25

El Militante

un semanario socialista publicado en defensa de los intereses del pueblo trabajador

- Cubre batallas sindicales y luchas obreras en todo el mundo por empleos, por condiciones seguras en el trabajo y para organizar a los no organizados.

- Informa sobre luchas contra la brutalidad y casos fabricados por la policía, contra ataques al derecho de la mujer a optar por el aborto, contra deportaciones de trabajadores inmigrantes.

- Explica las causas de la crisis mundial del sistema capitalista y de las incesantes guerras imperialistas en el Oriente Medio y otras regiones, a medida que sigue desmoronándose el viejo orden mundial.

- Promueve la lucha para poner fin a la guerra económica de Washington contra Cuba y para exigir que Washington devuelva Guantánamo a Cuba. Defiende la revolución socialista cubana. Apoya la lucha contra el dominio colonial norteamericano en Puerto Rico.

- Presenta las posiciones del Partido Socialista de los Trabajadores y explica el camino a seguir para que la clase trabajadora tome el poder político de manos de la clase capitalista.

El Militante • 306 West 37th Street, 13th floor • New York, NY 10018

¡Suscríbase hoy!

Nuevos lectores: 12 semanas por $5
6 meses $20   un año $35   2 años $65

WWW.THEMILITANT.COM

EL SOCIALISMO:
UNA OPCIÓN VIABLE

AP-WIDE WORLD PHOTOS

En Cuba, la dictadura batistiana, que era apuntalada por Washington, cayó a principios de enero de 1959, al culminar una serie de triunfos militares del Ejército Rebelde, dirigido por Fidel Castro, y una insurrección y huelga general por todo el país. Arriba, Castro se dirige a los habitantes de Colón el 7 de enero de 1959, un día antes de que su columna llegara a La Habana. "El socialismo no aparecerá en la perspectiva histórica por una modernización de la sociedad actual, sino por una revolución de sus estructuras dominantes. En este sentido, el planteamiento de la toma del poder sigue constituyendo un requisito básico".

EL SOCIALISMO:
UNA OPCIÓN VIABLE

por José Ramón Balaguer

La sociedad capitalista contemporánea

Otra vez vuelven a doblar las campanas anunciando la victoriosa apoteosis del capitalismo, ahora bajo el rótulo de las excelencias de "la globalización", un término de moda que está sirviendo para intentar explicar y justificar muchas cosas. Tanto en los análisis académicos como en los documentos de gobiernos y de organismos internacionales se da cuenta de este intrincado y multifacético proceso, que tiene en la globalización de la economía mundial su eje articulador.

Bajo la idea de una futura "aldea global", que nos trae a la memoria las posturas de comienzos de siglo respecto

---

Discurso de apertura de José Ramón Balaguer Cabrera, miembro del Buró Político del Comité Central del Partido Comunista de Cuba, en el taller internacional sobre "El socialismo hacia el siglo XXI", celebrado en La Habana, Cuba, del 21 al 23 de octubre de 1997. Aparece un reportaje sobre esta conferencia por Mary-Alice Waters, directora de la revista New International, *y por Jack Barnes, secretario nacional del Partido Socialista de los Trabajadores, en* Celebración de la bienvenida a Cuba de la brigada de refuerzo de Ernesto Che Guevara, *distribuido por la editorial Pathfinder. Las notas fueron preparadas por los directores.*

al "superimperialismo",[1] se nos habla de una nueva economía mundo, en la que se viabilizará el ambiente de permanente armonía, entre países y en el interior de ellos, a que habría dado lugar el fin de la Guerra Fría. Más aún, se asume que los estados nacionales casi se han disuelto, y perdido el sentido la soberanía nacional, en virtud de unas tendencias universales que han ido uniformando el funcionamiento del sistema.

¡Es cierto que ha ocurrido un enorme crecimiento del comercio mundial, de los movimientos internacionales de capital, y en especial del capital en forma financiera, a ritmos mayores que el crecimiento de la producción! Tampoco sería necesario reiterar que existe un superior grado de interpenetración de economías nacionales ahora más cercanas por la revolución en los medios de transporte, mucho mejor comunicadas por la revolución en los medios de comunicación y transmisión de información e integradas en una red transnacional, tejida por un capital que

---

1. Karl Kautsky, dirigente de las fuerzas centristas en el Partido Social Demócrata Alemán y de la Segunda Internacional, quien capituló a la burguesía alemana al inicio de la Primera Guerra Mundial, escribió en 1915: "¿No puede la política imperialista actual ser desalojada por otra nueva, ultraimperialista, que en vez de la lucha de los capitales financieros nacionales entre sí introdujese la explotación común de todo el mundo por el capital financiero unido internacionalmente?" El líder bolchevique V.I. Lenin contestó en 1916 que "el verdadero sentido social de su 'teoría' es uno y solo uno: el consuelo archirreaccionario de las masas con la esperanza en la posibilidad de una paz permanente bajo el capitalismo, distrayendo la atención de las agudas contradicciones y de los agudos problemas de la actualidad para dirigirla hacia las falsas perspectivas de una pretendido nuevo 'ultraimperialismo' futuro". (*El imperialismo, fase superior del capitalismo*, en V.I. Lenin, *Obras escogidas* [Moscú: Editorial Progreso], págs. 262–63.)

tiene ahora una movilidad internacional enormemente superior a la de sus bisabuelos del siglo pasado.

Después de todo, el marxismo, desde hace ya mucho tiempo, se había encargado de advertirnos que el crecimiento de un entramado de relaciones económico-internacionales constituye un proceso objetivo del capitalismo. La vocación internacional del capital —uno de sus rasgos definitorios— hizo posible que el dominio capitalista tuviera, como uno de sus ingredientes, el establecimiento de un sistema mundial, el primero propiamente dicho en la historia de la humanidad. Esa misma vocación internacional, ahora asistida por los colosales avances científico-tecnológicos, da como resultado un elevadísimo grado de internacionalización del capital.

¿Pero acaso, como se nos propone con insistencia, la globalización equivale al triunfo universal y definitivo del capitalismo, o a la abolición de las contradicciones entre clases sociales o entre países y regiones, o a la eliminación de las crisis del sistema, o a la cancelación de las transformaciones revolucionarias, o a la inevitable adopción, como camisa de fuerza, por todos los países, de un cierto patrón de conducta en su política interna y externa?

La realidad es ya suficientemente dramática como para echar por tierra tales fantasías de la ideología globalizadora.

Estamos siendo testigos de una situación de crisis del sistema capitalista, que se expresa tanto en una tendencia de largo plazo a bajos ritmos de incremento de la actividad económica, como en un marcado movimiento cíclico que ha incluido profundas caídas a mediados de la década de los setenta y en los inicios de los años ochenta y noventa. La escasez de inversión, el endeudamiento generalizado, las ya insostenibles tasas de desempleo y el deterioro de la tasa de ganancia son solo algunos de los síntomas de la delicada salud del sistema.

No es posible olvidar la volatilidad e inestabilidad que representan enormes masas de capital moviéndose erráticamente, sin regulación efectiva y con enorme capacidad destructiva como para poner en crisis a economías nacionales y gobiernos en pocas horas. La vertiginosa separación de la masa de capital especulativo de la base productiva real, como expresión del estado parasitario del capitalismo, tiene límites.

Por otra parte, la globalización no significa un mecanismo automático de solución de las contradicciones y heterogeneidad que han acompañado al desarrollo del capitalismo, ni mucho menos el fin de la historia. Más bien la desaparición del campo socialista, la revaluación de los aspectos económicos en relación con los políticos en la definición de las estrategias de vinculación internacional por parte de los países industrializados y el desarrollo presente y previsible de los bloques económicos y de la competencia entre ellos, todos estos aspectos en conjunto parecerían estar conformando un nuevo peldaño de la rivalidad interimperialista.

Se ha hecho más evidente que nunca la ley de desarrollo desigual, con la consiguiente tendencia a la reproducción, incluso en escala ampliada, de las diferencias Norte-Sur que históricamente han acompañado al desarrollo del capitalismo. Solo que ahora con unos niveles tan elevados de desarrollo científico-tecnológico que expresan la necesidad de un uso y control social, planteando la contradicción con su apropiación y dominio privados en términos ya no solo de lucha de clases, sino de sobrevivencia de la especie en tanto convivencia en relaciones sociales y en tanto continuidad de la vida en un entorno ecológico sustentable.

Nuestra región latinoamericana y caribeña acompañada de Africa y de una parte de Asia se han constituido en un caso extremo de marginación respecto al dinamismo de la economía mundial, de pérdida de presencia en el funcionamiento global del sistema y de una inserción internacional que en la práctica no ha pasado del simple pago del servicio de la deuda a la banca privada internacional.

Las políticas económicas neoliberales, que tienen como emblema las fórmulas del Fondo Monetario Internacional, han desempeñado un papel indudable en el diseño de este patético cuadro de inseguridad y desigualdad. Se ha homogeneizado a casi todo el mundo subdesarrollado en la misma práctica de privatización total y apertura comercial a cualquier precio, como si fueran las únicas fórmulas posibles de éxito económico. Sin embargo, los que a nivel de discurso las exaltan y proponen desde tribunas de gobiernos, académicas, empresariales y de organismos económicos internacionales se han distanciado de ellas cuidadosamente.

Las consecuencias para el Tercer Mundo de esta capitulación intelectual y política, que ha relegado al olvido los esfuerzos por elaborar teorías y políticas de desarrollo pensadas desde el subdesarrollo y para él, son imposibles de cuantificar pero la tragedia está a la vista: hay demasiada pobreza, hambre e iniquidad en la estela de la privatización y el "sálvese el que pueda" del mercado perfecto.

Hoy se asiste a un distanciamiento abismal entre riqueza y pobreza no solo entre países desarrollados y subdesarrollados, sino en trozos del Tercer Mundo que crecen en todas las economías desarrolladas y se alimentan, entre otras cosas, de una migración de pobres a la que se pretende frenar echando gasolina a las llamas, con racismo, xenofobia y represión.

En 1960 el 20 por ciento más rico de la población mundial recibió ingresos treinta veces más elevados que los del 20 por ciento más pobre. Actualmente el 20 por ciento más rico recibe sesenta veces más. Esta comparación tiene en cuenta la distribución entre países desarrollados y subdesarrollados, pero si se considera la desigual distribución en el interior de los distintos países, entonces el 20 por ciento más rico recibe ingresos por lo menos ciento cincuenta veces superiores a los del 20 por ciento más pobre.

Otra forma de expresar esta tragedia es que el 20 por ciento más rico recibe el 82.7 por ciento de los ingresos totales del mundo, en tanto que el 20 por ciento más pobre recibe el 1.4 por ciento de ellos.

En América Latina, escenario predilecto de la política neoliberal de laboratorio, existen unos 84 millones de indigentes, estadío de pobreza difícil de superar. Esto significa que casi uno de cada cinco latinoamericanos se clasifica, estadísticamente, como indigente después de unos quince años de sostenida aplicación del neoliberalismo, para erradicar la ineficiencia estatal y dejar que el mercado sin controles y la iniciativa privada traigan el desarrollo.

Tampoco la globalización neoliberal puede mostrar en su favor estabilidad política después de la desaparición de la URSS y del llamado socialismo real.

Por el contrario, la fuerte oleada de explosiones étnicas, de disputas territoriales y fundamentalismos religiosos, de desaparición y surgimiento de estados en el fragor de guerras locales, ponen de manifiesto que el triunfo momentáneo sobre el socialismo no eliminó la conflictividad inherente al sistema capitalista, y que ésta sale a flote desde su núcleo profundo de explotación, exclusión e iniquidad, asumiendo formas nuevas, sorprendentes y también formas viejas y peligrosas como el renacer del fascismo.

No se trata solamente de un mundo más inestable, disgregado y más políticamente explosivo que nunca, sino además de la destrucción del medio ambiente. No sería difícil demostrar que depredación ambiental y globalización capitalista neoliberal también marchan inexorablemente unidas, por razones que tienen que ver más con la búsqueda del máximo beneficio del mercado que con el raciocinio.

El derrumbe del socialismo en Europa del Este y la URSS: algunas valoraciones

En estas condiciones no nos cabe la menor duda de que el mundo tiene dos caminos: o la continuidad de la barbarie capitalista, o la búsqueda de alternativas a ese estadío. Para nosotros los cubanos, como para millones de seres humanos la alternativa sigue siendo el socialismo.

No es la verdad socialista la que falló. Erraron quienes tenían la responsabilidad histórica de llevarla adelante, de encauzarla con la creación cotidiana y las experiencias particulares. Es este un tema muy sensible, pues está en juego el futuro de la humanidad.

Sin el ánimo de detenernos en el análisis del derrumbe del socialismo en Europa del Este y la URSS, puedo recordar que el llamado efecto dominó no llegó hasta nuestro país.

La liquidación del socialismo en Europa del Este y la URSS tuvo sus causas históricas, socioeconómicas y políticas que entre nosotros se han ido esclareciendo. Pero algo si ha quedado bien demostrado, y es que ese proceso europeo no significó el fracaso del socialismo como sistema. Tampoco implicó la nulidad del marxismo y del leninismo como guías de nuestra acción. Sí significó el desmoronamiento de un tipo de marxismo dogmático y vulgar, que en esos países alcanzó fuerza de teoría oficial, enterrando muchos principios centrales de nuestros clásicos y elevando a carácter de ley universal, tesis que solo servían para justificar posiciones políticas y que apenas contaban con aval científico.

Todos sabemos que los clásicos no nos diseñaron un esquema de la sociedad socialista; ellos elaboraron tesis fundamentales. El socialismo que sucumbió se había ido alejando del ideal socialista concebido por Marx, Engels, Lenin y otros marxistas. Aquel modelo se extendió en forma de copia mecánica en los países que conformaron el CAME,[2] trasplantándose esquemas, válidos quizás en una realidad, pero no en otras, haciéndose caso omiso a las realidades y tradiciones nacionales.

Cuando se produce la caída del socialismo en Europa y la URSS, llegando a su punto más álgido el proceso de reflujo de las fuerzas revolucionarias en esos países, que tuvo alcance internacional, Cuba transitaba por un proceso de rectificación de errores y tendencias negativas, iniciado en 1986 por la dirección de nuestro partido. Habíamos llegado a la conclusión de que el modelo de dirección de la economía, copiado en buena medida de la experiencia soviética, debía ser sometido a raigales transformaciones.

Aquel modelo, que permeaba toda la vida social cu-

---

[2]. El CAME se fundó en 1949 a iniciativa de Moscú, con el fin declarado de coordinar la política comercial e inversionista de los estados obreros soviético y de Europa oriental. Cuba se integró al CAME en 1972.

bana, nos había conducido a errores y tendencias negativas que desviaban la construcción del socialismo hacia derroteros nada revolucionarios.

Comenzamos un proceso a escala social, que partiendo de la esfera económica trascendió a la vida política del país. Iniciamos un proceso de rectificación y perfeccionamiento de nuestro socialismo desde posiciones socialistas.

El proceso de perfeccionamiento de nuestro socialismo se vio truncado con la desaparición del existente en Europa y la URSS, pues comenzó para nosotros una etapa inédita, al liquidarse un mundo con el que teníamos el 75 por ciento de nuestro comercio exterior y recibíamos el combustible y materias primas básicas para nuestra industria y agricultura, y los financiamientos para el desarrollo, entre otras muchas ventajas. Iniciamos así un período en que adoptamos un conjunto de medidas económicas con el objetivo de salvar la patria, la revolución y el socialismo.

Hoy las fuerzas progresistas asistimos a una nueva situación geopolítica cuando el imperialismo y en especial los Estados Unidos buscan establecer un nuevo orden mundial, donde imperen los principios y valores del capitalismo y en el cual los Estados Unidos impongan un hegemonismo tal que puedan someter al resto de los pueblos a sus decisiones, manejando los designios del mundo a su antojo.

El socialismo como sistema

En las actuales condiciones internacionales se reafirma para nosotros que el socialismo es un imperativo provocado no solo como resultado lógico del desarrollo de las fuerzas productivas a escala internacional, sino además como única alternativa para garantizar la supervivencia humana. La constante agudización de los problemas globales pone hoy en evidencia, más que cualquier otro argumento y a gran escala, la limitación histórica del capitalismo. Resulta evidente que ya hoy son precisamente los problemas globales factores de gran peso a escala mundial para estimular, unidos a las contradicciones internas de clase, la lucha por un nuevo régimen social. Se internacionaliza de forma creciente la contradicción capital-trabajo, lo que obliga a profundizar en el socialismo también más allá de las fronteras y las contradicciones nacionales, y ratifica la vigencia de aquella consigna del marxismo clásico: ¡Proletarios de todos los países, uníos!, que lejos de perder vigencia pudiera ampliarse incluyendo a otros sectores y movimientos sociales que también sufren la barbarie del capital.

Esta aspiración necesariamente trasciende los marcos de clase, los marcos nacionales y se convierte en una necesidad de la comunidad mundial.

Lo anterior no ha de significar reincidir en el viejo error de diseñar un único modelo abstracto de socialismo para todos los países. La aspiración ha de ser la de un socialismo que se desarrolle a partir de las características específicas de cada nación o región.

Ante la generalizada crisis de valores que impera en el mundo, se hace imprescindible, en el diseño de los nuevos proyectos emancipatorios, demostrar no solo la posibilidad y viabilidad del socialismo, sino también su deseabilidad. No habrá cambio social posible si los valores objetivos que dicha modificación ha de generar no son asumidos antes subjetivamente como valores deseables.

Asumimos el socialismo como la única y verdadera opción para moralizar las relaciones sociales, y no se puede cejar en el empeño por demostrar en el plano teórico y en el plano práctico su clara superioridad en la plasmación de los más altos valores humanos: justicia, igualdad, equidad, libertad, democracia, respeto a los derechos humanos, soberanía nacional, solidaridad.

Esa sociedad sigue siendo una alternativa clara no solo al capitalismo, sino también a las frustradas experiencias de Europa del Este y la URSS. Asimismo, es un hecho que los errores, desviaciones y excesos que allí tuvieron lugar bajo el nombre de "socialismo real", unidos al sobredimensionamiento que de ellos han hecho las transnacionales de la información, han devaluado extraordinariamente la imagen del socialismo en las conciencias de los trabajadores y oprimidos del mundo.

Es necesario proyectar una imagen nueva, fresca del socialismo, basada en un diseño de sociedad plena de justicia y libertad que, atendiendo a las particularidades de cada caso, presente una adecuada correlación entre plan y mercado, igualdad y eficiencia, centralismo y democracia, que entrañe una verdadera relación de propietarios en los trabajadores con respecto a los medios de producción, que respete y tome en cuenta las diferencias, que presume el entorno natural, y sea la genuina expresión de la voluntad popular.

Que sea, en suma, lo que destacó el compañero Fidel cuando apuntó: "Para mí el socialismo es un cambio total en la vida de la gente, el establecimiento de nuevos valores, de una cultura nueva, que tiene que estar fundamentado, esencialmente, en la solidaridad entre los hombres y no en el egoísmo y el individualismo".

El socialismo no aparecerá en la perspectiva histórica por una modernización de la sociedad actual, sino por una revolución de sus estructuras dominantes. En este sentido, el planteamiento de la toma del poder sigue constituyendo un requisito básico, aunque asuma formas multivariadas en las condiciones de cada país o región del mundo.

Nunca antes ha sido más necesaria la alternativa socialista, pero la paradoja de nuestros días está en que el capitalismo ha sabido sacar provecho de la derrota reciente, y aún posee un consenso que tiene que ser revertido por las fuerzas de izquierda.

La Revolución Cubana y su desarrollo socialista

En una historia que es memoria viva de acontecimientos trascendentes, jalonados de heroísmo y resistencia, los cubanos primero combatimos contra España para obtener la independencia y despojarnos de la esclavitud colonial, y casi simultáneamente nos enfrentamos a los Estados Unidos para oponernos a sus intervenciones e injerencismos. Patriotismo y antiimperialismo han sido dos formas orgánicas de lucha que han estado presentes en el decursar de la revolución, desde 1868 en que se inicia la primera gesta emancipadora hasta nuestros días.

Martí en su testamento político se adelantó en denunciar el engendro expansionista yanqui, y alertó sobre el peligro que se cernía sobre los pueblos de Nuestra América.[3]

---

3. José Martí, héroe nacional de Cuba, fue un distinguido poeta, escritor y periodista que fundó el Partido Revolucionario Cubano, el cual lanzó la guerra cubana de independencia contra España en 1895. Martí cayó en combate en esa guerra. La frase "Nuestra América" es de Martí, quien había vivido exiliado en Estados Unidos por varios años y comprendía que la lucha independentista cubana formaba parte de la lucha más amplia contra el creciente dominio y saqueo de toda América Latina por el imperialismo norteamericano. En una carta inconclusa que

Largos años, algunos cruciales, de nuestra patria, develan la dimensión de los combates que ha tenido que librar el pueblo cubano contra ese vecino poderoso que no ha cejado en agredirlo, dominarlo, ocuparlo por la fuerza, destruir su riqueza y su cultura, y sin embargo, no ha podido anexarlo a su bandera, y mucho menos rendirlo con guerras económicas, psicológicas o biológicas.

Se van a cumplir cien años de que en su primera guerra imperialista los yanquis despojaron a los luchadores por la independencia de su derecho a gobernarse, impusieron la Enmienda Platt[4] que cercenaba la soberanía del país, y se instalaron por la fuerza en un pedazo del territorio nacional, convertido hasta hoy en una insolente base naval, en Guantánamo.

Obviamente, en la lógica de la conciencia patriótica de los cubanos, el antiimperialismo convirtiose en una

---

comenzó el 18 de mayo de 1895, el día antes de su muerte, y que a menudo se denomina su testamento político, Martí escribió: "Ya estoy todos los días en peligro de dar mi vida por mi país y por mi deber —puesto que lo entiendo y tengo ánimos con que realizarlo— de impedir a tiempo con la independencia de Cuba que se extiendan por las Antillas los Estados Unidos y caigan, con esa fuerza más, sobre nuestras tierras de América. Cuanto hice hasta hoy, y haré, es para eso . . . Viví en el monstruo, y le conozco las entrañas; y mi honda es la de David".

4. La Enmienda Platt fue incorporada por el Congreso norteamericano a una ley de presupuesto militar que promulgó en 1901. El gobierno cubano establecido durante la ocupación militar estadounidense de la isla tras la Guerra Hispano-Americana incorporó las disposiciones de la Enmienda Platt a la nueva constitución cubana. Le otorgó a Washington el derecho de intervenir en los asuntos cubanos en todo momento y de establecer bases militares sobre territorio cubano. Cuba eliminó estas cláusulas de su constitución en 1934, después del levantamiento revolucionario del año anterior.

expresión causal de la defensa de la nación cubana, de su identidad, frente a los peligros de desaparecer como tal.

Cuba socialista rompió con el esquema fatídico del "Destino Manifiesto" en el Hemisferio Occidental.[5] No se le perdona ese desafío histórico que para algunos de sus académicos más notables fue "un error de la política norteamericana con la insurrección bajada de la Sierra Maestra".

El 1 de enero de 1959, por la acción de los guerrilleros en las montañas y los combatientes de las ciudades, se alcanzó el triunfo revolucionario de la insurrección, en medio de la más intensa lucha de clases, pero ahora el poder estaba en manos del pueblo laborioso y su Ejército Rebelde.

La oligarquía y sus partidos se quedaron sin escenario, su prensa sin lectores, y sin que mediara ley alguna, el régimen pluripartidista del bloque burgués latifundista sucumbió definitivamente.

Los líderes de la revolución advirtieron que estaban por llegar los momentos más difíciles y peligrosos de aquel proceso, pues se iniciaban los enfrentamientos con los imperialistas yanquis y la contrarrevolución a su servicio.

En aquellas circunstancias se hizo más necesaria y urgente la unidad de los revolucionarios, quienes acordaron avanzar en la formación del partido único, como la vía

---

5. "Destino Manifiesto" era un concepto promovido por la burguesía norteamericana ascendente a mediados del siglo XIX para presentar la expansión occidental a través del continente norteamericano como el "destino" de la nueva nación. Se preservó y utilizó este término como justificación ideológica para la dominación imperialista norteamericana en América Latina.

para garantizar la unidad del pueblo.[6] La revolución triunfante no solo unió a la nación en torno a su programa de redención nacional y social, sino que desató las fuerzas de la sociedad en capítulos de verdadero heroísmo humano, de entusiasmo sin precedente, de total entrega revolucionaria, factores que daban una caracterización del pueblo que se iba forjando en medio de su propia historia de lucha y combate.

LOS CUBANOS han defendido con firmeza absoluta su soberanía e independencia, su derecho a la autodeterminación, ese principio de universal vigencia para todos los estados, que a Cuba se le quiere despojar con proyectos de transición pacífica al capitalismo. En verdad emplean el terrorismo y otras agresiones en su empeño por imponerla.

La base de sustentación política de la Revolución Cubana no ha cambiado. Lejos de retroceder Cuba sigue transformándose, en medio de la escalada del bloqueo y hostilidad norteamericana, sin renunciar a sus principios de nación soberana que optó por avanzar hacia una mayor justicia social y crear las bases para construir la sociedad socialista.

Enriquecida con la mejor tradición del pensamiento

---

6. Después del triunfo de la revolución, el Movimiento 26 de Julio dirigido por Fidel Castro tomó la iniciativa de integrar a los liderazgos y posteriormente fusionarse con otras dos organizaciones que se habían sumado a la lucha contra el régimen de Batista: el Directorio Revolucionario, basado en el estudiantado, y el Partido Socialista Popular, el antiguo Partido Comunista de Cuba. En 1961 los tres grupos conformaron las Organizaciones Revolucionarias Integradas. Fue el primer paso en el proceso que condujo, en 1965, a la fundación del Partido Comunista de Cuba.

revolucionario, la ideología marxista y leninista brinda sustentación al pensamiento y a la acción de los revolucionarios cubanos y, con el ideario martiano tan universal como nuestro, constituye la fuerza ideológica de nuestro pueblo y de su partido.

Unido al germen socialista que penetró en la raíz fundacional del pensamiento revolucionario cubano, el internacionalismo, expresión de identificación con la lucha de los explotados en otros rincones del mundo, es consustancial a la proyección de la Revolución Cubana. Los ejemplos sobran, pero baste recordar, dos ejemplos hermosos de ese sentimiento en nuestro pueblo, entre tantos: Martí y [Antonio] Maceo[7] no concibieron la independencia de Cuba sin la de Puerto Rico, y la Revolución Cubana respondió a una deuda histórica con los hermanos pueblos africanos.

E<small>N LA TAREA</small> de educar a las nuevas generaciones en estas ideas, la acción y el mensaje internacionalista dejados por Ernesto Che Guevara alcanzan un significado de lección ejemplar e imperecedera.

Patriotismo, internacionalismo y socialismo, ya como tradición histórica, ya como principios de nuestro ideario, se han fundido, transformados en conceptos inseparables que expresan la fuerza de la sociedad que construimos y que defendemos.

Los ideales de dignidad humana, decoro, igualdad social, en síntesis, la aspiración a construir el tipo de sociedad más justa y avanzada de la historia, es el derecho

---

7. Antonio Maceo fue un destacado dirigente militar en las guerras independentistas cubanas contra España. Cayó en combate en 1896.

que reclaman los cubanos, en medio de tanto escepticismo, presiones imperiales y confusiones ideológicas que se advierten en el mundo de hoy.

En las bases y la proyección programática del Partido Revolucionario Cubano, fundado por Martí para organizar la guerra de 1895, se puede advertir un contenido profundamente humanista y de transformación social, al demandar una república "con todos y para el bien de todos".[8] El sentimiento de justicia social estuvo en el centro del pensamiento revolucionario que caracterizó el discurso liberador.

El mensaje redentor de nuestra historia recoge la adhesión ideológica de socialistas de la talla de Carlos Baliño, fundador del partido martiano, y con Julio Antonio Mella del primer partido de los comunistas cubanos.[9]

Aquellos ideales crecieron como fuerza ideológica de la clase obrera y otros sectores progresistas durante la república neocolonial. Cuando triunfa la revolución en 1959, las ideas del socialismo no son ajenas al contenido de aquel proceso histórico, ni a la conciencia de sus máximos protagonistas. Nuestro socialismo no es resultante de un modelo importado; no fue impuesto desde el exterior. La sociedad que construimos parte de la realidad

---

8. José Martí, "Con todos y para el bien de todos", 26 de noviembre de 1891, en *Obras escogidas,* (La Habana: Editorial de Ciencias Sociales, 1992), tomo 3, págs. 8–17.

9. Carlos Baliño, dirigente del movimiento obrero cubano, había sido miembro del Partido Revolucionario Cubano de José Martí, quien luchó por la independencia de Cuba a fines del siglo XIX. En 1925, Baliño fue uno de los fundadores del Partido Comunista de Cuba. Julio Antonio Mella, líder estudiantil de la lucha contra la dictadura de Machado, fue el dirigente fundador del Partido Comunista de Cuba. Fue asesinado en México en 1929 por agentes de Machado.

cubana, del nivel de desarrollo de nuestras condiciones materiales y de la vida espiritual del pueblo.

En la concepción cubana del socialismo ha sido y es fundamental el humanismo revolucionario aplicado creadoramente en cada etapa de acuerdo a las condiciones concretas. Continuamos leales al Che al caracterizar nuestra sociedad como "un sistema marxista, socialista, congruente o aproximadamente congruente, en el cual se pone al hombre en el medio, se habla del individuo, se habla del hombre y de la importancia que tiene como factor esencial en la revolución".[10]

Sin cambiar la esencia socialista, en nuestro país se han introducido elementos capitalistas y de mercado, lo cual significa un riesgo que sabemos afrontar con inteligencia y moderación, sin que nos haya encandilado la engañosa receta del neoliberalismo avasallador.

En las actuales condiciones, a pesar de la difícil coyuntura económica, se mantienen los rasgos esenciales de nuestro socialismo. Se trata de la preeminencia de la propiedad social, de la justicia social y del mantenimiento de políticas que beneficien a las grandes mayorías; la dirección inalterable que ejerce el partido en la sociedad; la estructura y funcionamiento del estado socialista, de las organizaciones de masas en función de promover el desarrollo económico, el mejoramiento del nivel de vida, la reanimación de los programas de desarrollo social. En suma, la lucha por mantener y consolidar los valores de la vida material y espiritual de la sociedad socialista.

Las reformas introducidas en la economía cubana no han significado despidos de trabajadores, privatizaciones, pérdida de la seguridad social, ni cierre de escuelas

---

10. Transcripción de la reunión bimestral del Ministerio de Industrias, 5 de diciembre de 1964.

y hospitales, aunque no hemos ocultado el costo social que el pueblo ha tenido que pagar en términos de privaciones y escaseces de todo tipo. El mercado, al que no rendimos pleitesía, daña determinados valores, fomenta individualismo y no solidaridad, contra lo cual actuamos reforzando la conciencia patriótica y socialista que caracteriza a nuestra revolución.

Para el Partido Comunista de Cuba, la construcción del socialismo se basa también en la búsqueda de la singularidad de cada región o país. En eso y no en la copia están las posibilidades de éxito. Por ello pensamos que no hay un solo y exclusivo camino para construir esta nueva sociedad, y de ahí que respetemos las experiencias de todos, las cuales debemos estudiar para tomar aquello que se ajuste a cada realidad.

En nuestro socialismo el papel de la política, la ideología, la ética, junto a la paulatina atención de la esfera social, en correspondencia con las posibilidades económicas, constituyen momentos del desarrollo dialéctico de la sociedad cubana bien diferente de aquellas sociedades vencidas por las injusticias, desvalorizadas de solidaridad humana, agobiadas de miseria, sometidas a la corrupción política, la ingobernabilidad y víctimas de la brutal opresión del capital transnacional.

Si el socialismo —expresó Fidel— es la ciencia del ejemplo, la ética guía las actitudes de mejoramiento de los hombres y mujeres ante la vida y la sociedad. El Che contribuyó como pocos a ese esfuerzo que Fidel, desde su magisterio, y que el partido en su trabajo orgánico y educativo han desplegado, persuadiendo de que la ética es una trinchera esencial de la resistencia revolucionaria.

Ernesto Che Guevara es el paradigma del perfeccionamiento humano al que aspiramos los cubanos (hay quienes quieren liquidar por la fuerza el ejemplo que ejerce este paradigma). El contribuyó significativamente a analizar, estudiar e interpretar con juicios nuevos, frescos, autóctonos, nuestra revolución, dotándola de pensamientos y acciones que la enriquecen. El concepto hecho realidad de ese hombre nuevo ya lo tenemos como obra impresionante de la revolución, en médicos, maestros, obreros vanguardias del trabajo, en sencillos combatientes, estudiantes, científicos, profesionales e intelectuales, que se inspiran en su obra y lo imitan a diario con grandes gestos de sacrificio y heroísmo. Esos son los que piensan —y tienen razón— de que el Che sigue viviendo entre nosotros.

HAY UNA CUESTIÓN tan sencilla como imposible para el sistema capitalista que el socialismo cubano la sitúa en el centro: "perpetuar la dignidad humana y convertirla, según reclamo martiano, en la ley primera de la sociedad."

Nos enorgullecemos de contar hoy con un pueblo nuevo, en cuyo seno se forjan mujeres y hombres nuevos, no como ideal irrealizable o correspondiente exclusivamente a un futuro lejano, sino como ideal alcanzable mediante la práctica revolucionaria transformadora de la conciencia social.

La unidad revolucionaria ha sido un factor decisivo para llegar hasta aquí. Gracias a estar unido en torno a su partido y a sus líderes históricos, el pueblo cubano ha podido afrontar con resistencia admirable las condiciones impuestas por la desaparición del socialismo europeo y la URSS, recrudecidas con el más criminal y genocida bloqueo.

Nuestra unidad tiene de fundamento un sistema político asentado en los principios más democráticos. Ellos poseen genuino carácter socialista, como son la consulta de las más importantes decisiones políticas, sociales, económicas y jurídicas del estado con nuestra sociedad civil y sus organizaciones, la participación popular en el gobierno a todos los niveles y la elección de los candidatos y representantes del pueblo a sus distintas instancias del Poder Popular. Nuestro partido ni postula, ni elige ni revoca a los elegidos. Todo eso corresponde al pueblo.

Un ejemplo de esta democracia ha sido las elecciones celebradas el pasado domingo [19 de octubre de 1997] y sus resultados,[11] donde mediante su voto el pueblo ha dado un claro respaldo a nuestra revolución, porque el pueblo es el integrante principal de esta revolución.

La democracia es otro elemento que caracteriza y potencia nuestro socialismo. Nada mejor para exponer la esencia de los principios en que se fundamenta nuestra democracia, que las ideas expresadas por Fidel cuando aseveró: "La democracia para mí significa que los gobiernos, primero, estén íntimamente vinculados con el pueblo, emerjan del pueblo, tengan el apoyo del pueblo, y se consagren enteramente a trabajar y a luchar por el pueblo y por los intereses del pueblo. Para mí democracia implica la defensa de todos los derechos de los ciudadanos, entre ellos el derecho a la independencia, el

---

11. El 19 de octubre se celebraron elecciones a las asambleas municipales del Poder Popular, los organismos de gobierno a nivel local en Cuba. El 26 de octubre se realizó una segunda vuelta en los distritos donde ninguno de los candidatos recibió más del 50 por ciento de los votos. Los comicios municipales se celebran cada dos años y medio. Votó un mayor porcentaje de cubanos que en las elecciones municipales de abril de 1995, y el porcentaje de boletas en blanco y anuladas fue menor.

derecho a la libertad, el derecho a la dignidad nacional, el derecho al honor; para mí democracia significa la fraternidad entre los hombres, la igualdad verdadera entre los hombres, la igualdad de oportunidades para todos los hombres, para cada ser humano que nazca, para cada inteligencia que exista".

Esta concepción que ha tomado cuerpo en la Revolución Cubana, nuestros enemigos pretenden desconocerla, y al mismo tiempo quieren imponernos el consabido y agotado esquema de democracia representativa, que no significaría más que un retorno al capitalismo.

En la búsqueda de una salida a la crisis actual

Estimados compañeros:

A lo interno de los países, el panorama político mundial se caracteriza por el descrédito de las instituciones ejecutivas, legislativas y represivas; el aumento de las contradicciones dentro de los partidos y corrientes políticas, que conducen a su fraccionamiento; la desconfianza creciente en los sistemas y procesos electorales; el desgaste acelerado de gobernantes recién electos; el incremento del abstencionismo; la proliferación de escándalos por corrupción; la extensión de la producción y tráfico de narcóticos, el agravamiento de la delincuencia y la violencia institucionalizada; la marginación de amplios sectores sociales; la generalización de la demagogia como recurso para capitalizar la frustración y la desesperación de la población y, otros fenómenos que conducen a lo que algunos definen como "crisis de gobernabilidad". Esta crisis repercute en el auge de los movimientos sociales y populares, así como en el incremento sin precedentes del rechazo al fraude y a la corrupción, en muchas ocasiones sin conducción política partidista.

Como expresión de la preocupación de las élites dominantes por el agravamiento de la situación, proliferan diversas iniciativas para el diseño de un modelo de control social capaz de neutralizar los efectos de la crisis socioeconómica, algunas de las cuales preconizan el mantenimiento del patrón de acumulación neoliberal, mientras que otras pretenden encontrarle alternativas dentro del sistema.

La creciente transferencia de la soberanía y la toma de decisiones hacia los centros del poder mundial y los organismos transnacionales están provocando un vacío de poder en los estados nacionales subdesarrollados y otros muchos de desarrollo medio. La política y sus instituciones se reducen a un sistema bastante homogéneo que hace desaparecer de manera creciente la identidad de los partidos, mientras muchas de las organizaciones de izquierda se ven condicionadas a laborar dentro de "variables" y "normas" que solo les permiten divergencias irrelevantes con los criterios establecidos por el capitalismo.

El poder del estado-nación, uno de los objetivos en pos del cual se realizan las luchas revolucionarias, comienza a devaluarse. Es por ello que constituye una prioridad reevaluar el tema de las luchas por el poder, así como valorar los instrumentos y las formas de participación política de la izquierda en la sociedad. En lo adelante, las luchas revolucionarias tendrán inexorablemente un componente internacionalista y los cambios serán imposibles sin la confrontación con los grupos e instituciones hacia las cuales se transfieren hoy las decisiones.

Al mismo tiempo, el tránsito a la producción intensiva, la concentración y contracción del capital con una creciente expulsión de trabajo asalariado, junto a la fragmentación social y la segmentación cultural y política, auspiciadas por el actual proceso de cambios del capitalismo, están produciendo profundas transformaciones en la composición socio-clasista de nuestras sociedades, que varían la composición de las clases y grupos sociales populares, además de relativizar algunos espacios y fórmulas de acumulación política de izquierda. En la actualidad no se ha producido una expansión de la clase obrera, más bien se potenció una creciente exclusión de fuerza de trabajo, que frecuentemente se convirtió en informales y marginales.

Los partidos progresistas, al igual que el resto de las instituciones políticas y económicas, son vulnerables a los efectos del sistema de relaciones internacionales que se impone, lo que hace más complejas las condiciones necesarias para el éxito de una transformación política, económica y social, imprescindible para superar la dependencia y el subdesarrollo.

La izquierda se enfrenta hoy a una situación cualitativamente distinta, condicionada por la desaparición del llamado "socialismo real", las transformaciones del capitalismo mundial y por las mutaciones provocadas en el seno de las sociedades en las cuales desarrolla sus luchas.

Uno de los temas más importantes en las luchas actuales de la izquierda es el tema de la *política de alianzas,* como condición para articular respuestas frente al neoliberalismo, aunque a cada partido y organización le corresponderá valorar en sus respectivos países y regiones los aspectos a incluir en la articulación de alianzas, en correspondencia con las características y las peculiaridades de sus realidades.

En nuestra opinión, una concertación de las fuerzas revolucionarias con otros sectores alrededor de objetivos de corto, mediano o largo plazo, debería ser un proceso en el que las partes representen, con nitidez meridiana, sus intereses esenciales. No parece ser aceptable renunciar al socialismo o a las posiciones revolucionarias para ser aceptado. De modo que lo primero y lo más importante es definir con qué objetivos y sobre qué bases se puede trabajar en una alianza.

A diferencia de las permanentes "transacciones" de los partidos tradicionales, una alianza donde participan organizaciones revolucionarias no se debe reducir a negociaciones entre élites, líderes y ejecutivos nacionales. De nada sirve adelantar acuerdos que nos debiliten o contribuyan a minar la unidad interna y la estabilidad política de las organizaciones. El aval y la comprensión de las bases es esencial para el éxito; la incorporación de sus criterios e intereses es necesaria y posible. No habrá alianzas sólidas si no cuentan con el aval y la participación de los sectores populares. La esencia de cualquier alianza que pretenda una perspectiva de izquierda es que se estructura desde, por y para los de abajo.

Es LÓGICO QUE CONCERTAR supone una imprescindible negociación, en la que las partes ceden en algunos temas y se favorecen en otros. Pero lo único que para los revolucionarios no es negociable son los principios.

La vía de la claudicación y la renuncia no parece ser la ruta más acertada, ni el derrotero que nos permitiría ser respetados en el marco de las iniciativas que, eventualmente, pudieran surgir. Favorecer alianzas que descansen en la asimilación contribuiría a la desmovilización, pondría en peligro los resultados alcanzados y la existencia misma de las organizaciones revolucionarias. No puede haber oferta política, ni alianza más importante que la convicción y la firmeza de principios.

Si nuestro objetivo inmediato es derrotar al neoliberalismo, es necesario esforzarse para incorporar o influir en todos los que se oponen al modelo y no solo en una parte de ellos. Las alianzas de unos con otros, para excluir a terceros que van en la misma dirección, no hacen sino reproducir a otros niveles las viejas tradiciones de sectarismos que nos muestran tan vulnerables frente a la dominación del imperialismo.

El desarrollo de los conflictos y contradicciones del propio sistema están engendrando una gran diversidad de nuevos sectores sociales y renuevan el perfil de otros, excluidos todos por el modelo, entre los que se van creando las condiciones y las potencialidades para una amplia política de alianzas. Ecologistas y campesinos, los sin tierras y los sin techos, luchadores por la salud y la protección social, sujetos organizados por reivindicaciones de género, religiosas, raciales y étnicas, que poseen autonomía de las mediaciones políticas. También sería importante incluir a una extensa gama de sectores marginados, excluidos y generalmente no organizados, que encierran la posibilidad y la necesidad de crear un nuevo universalismo emancipador.

Por otra parte, se debe observar que el despliegue de las contradicciones del modelo, y en especial su carácter concentrador y excluyente, están modificando las proyecciones de algunos sectores, que antes fueron funcionales a expresiones previas del capitalismo y hoy ya no lo son más. Es el caso de una parte de las capas medias, los pequeños y medianos empresarios, para los que la creciente polarización cierra los espacios de su realización. También se incluyen grupos de militares patrióticos y nacionalistas, así como otros sectores afectados, a los que tendremos que incluir en una propuesta de vocación anti-neoliberal.

En el IV Encuentro del Foro de São Paulo, el compañero Fidel expresó que "derrotar el neoliberalismo sería crear una esperanza para el futuro, preservar condiciones para seguir adelantando, porque el límite de nuestro progreso estaría en el capitalismo, y no habrá progreso humano si éste no se propone rebasar las fronteras del capitalismo, pero eso será tarea de otros momentos, no diría que tarea de otras generaciones. . .". Al tiempo subrayó que para derrotar el neoliberalismo es necesaria la ecuanimidad y la sabiduría, pues solo "sin extremismos de ninguna clase, con una gran amplitud, hablando de unir fuerzas, de realizar alianzas que permitan ganar la batalla contra este enemigo de ahora que es el neoliberalismo, que va a ir creando condiciones sociales tremendas e insoportables", será posible obtener la victoria.[12]

Compañeras y compañeros:

Hace apenas unos días concluyeron las sesiones de nuestro V Congreso del partido. Fue un proceso que comenzó hace meses desde la base, donde se analizaron las tesis fundamentales no solo por los militantes, sino incluso por todo nuestro pueblo. Ha sido además ejemplo de democracia en nuestro partido, cuyas bases propusieron las decenas de miles de candidatos a delegados al congreso y para integrar la candidatura al Comité Central.

El congreso constató que el camino adoptado cuando el IV Congreso en 1991 era el correcto, que la revolución ha sabido resistir, que estamos aquí defendiendo el socialismo y nuestra independencia, dispuestos a conquistar el desarrollo económico del socialismo.

Como se expuso en nuestro congreso, las ideas impe-

---

12. El discurso de Fidel Castro del 24 de julio de 1993 se publicó íntegramente en la edición de *Granma Internacional* del 18 de agosto de 1993.

rialistas están desprestigiadas y no podrán conquistar a nadie. El mundo que quieren imponer es inviable, no tiene porvenir. Podrán comprar, corromper, pero no podrán conquistar el corazón y la mente de los pueblos.

A pesar de las enormes dificultades por las que atraviesa nuestro país, con una guerra económica que el imperialismo norteamericano nos ha impuesto y refuerza cada día más, corroboramos que nuestra recuperación económica está en marcha y es una tendencia irreversible.

Los comunistas cubanos analizamos que, frente a la campaña ideológica que despliega el capitalismo, en torno a la idea de que hay que marginar al estado de toda participación en la economía, lo más revolucionario que podemos hacer es demostrar que una empresa socialista puede funcionar con el máximo de eficiencia.

Como proclamó nuestro primer secretario, el compañero Fidel, la tarea clave del partido para los próximos años es hacer que la ineficiencia sea la excepción y no la regla. Así, los comunistas cubanos proclamamos que trabajaremos por demostrar en la vida, en la realidad, que el socialismo, con la justicia social como elemento consustancial a sus principios, es eficiencia, y que es esa sociedad la única opción viable de los pueblos en búsqueda de su genuina felicidad.

Muchas gracias.

de Pathfinder

MALCOLM X, LA LIBERACIÓN DE LOS NEGROS Y EL CAMINO AL PODER OBRERO

JACK BARNES

Este libro, al sacar lecciones de un siglo y medio de luchas, nos ayuda a comprender por qué la conquista revolucionaria del poder por la clase trabajadora hará posible la batalla final contra la explotación de clase y la opresión racista, y abrirá paso a un mundo basado en la solidaridad humana. Un mundo socialista.

US$20. También en inglés, francés, persa, árabe y griego.

Tomo complementario

EL ROSTRO CAMBIANTE DE LA POLÍTICA EN ESTADOS UNIDOS
La política obrera y los sindicatos

JACK BARNES

Una guía para los trabajadores que buscan forjar el partido necesario para las batallas de clases que vienen, a través de las cuales nos revolucionaremos y se revolucionarán nuestras organizaciones de clase y toda la sociedad.

US$24. También en inglés, francés, persa y griego.

WWW.PATHFINDERPRESS.COM

LAS BATALLAS DE LOS TEAMSTERS

Rebelión Teamster
Poder Teamster
Farrell Dobbs

Farrell Dobbs, joven trabajador que llegó a formar parte del liderazgo de lucha de clases del sindicato de los Teamsters en Minneapolis en la década de 1930, narra la historia de las huelgas y campañas de sindicalización que forjaron el movimiento sindical industrial en toda la parte central de Estados Unidos. Los primeros dos de una serie de cuatro tomos escritos por un dirigente central de estas batallas y del movimiento comunista. US$19 cada uno. *Rebelión Teamster* también en inglés, francés, persa y griego. *Poder Teamster* también en inglés.

Política Teamster

Cómo los Teamsters de Minneapolis combatieron casos fabricados por el FBI, ayudaron a organizar a los desempleados, desplegaron una Guardia de Defensa Sindical para repeler a matones fascistas, lucharon por impulsar la acción política obrera independiente y movilizaron fuerzas contra el ingreso del imperialismo estadounidense a la Segunda Guerra Mundial.
US$19. También en inglés.

Burocracia Teamster

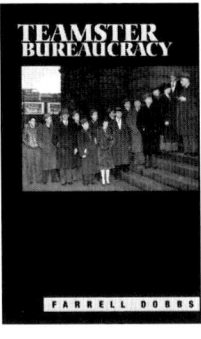

Cómo la clase patronal, respaldada por la burocracia sindical, intensificó los intentos del gobierno de amordazar a militantes obreros; cómo trabajadores montaron una campaña mundial para liberar a 18 dirigentes sindicales y socialistas presos bajo cargos fabricados a raíz del connotado juicio federal de sedición de 1941. En inglés.
US$19

www.pathfinderpress.com

La emancipación de la mujer y la revolución socialista

LOS COSMÉTICOS, LAS MODAS Y LA EXPLOTACIÓN DE LA MUJER
Joseph Hansen, Evelyn Reed, Mary-Alice Waters

Explica cómo los capitalistas aprovechan la condición de segunda clase de la mujer y sus inseguridades económicas para promover los cosméticos y sacar ganancias. Y cómo el ingreso de millones de mujeres a la fuerza laboral ha cambiado irreversiblemente las relaciones entre las mujeres y los hombres.
US$15. También en inglés y persa.

LAS MUJERES EN CUBA: HACIENDO UNA REVOLUCIÓN DENTRO DE LA REVOLUCIÓN
Vilma Espín, Asela de los Santos, Yolanda Ferrer

La integración de la mujer a las filas y a la dirección de la Revolución Cubana fue parte íntegra de la trayectoria proletaria del liderazgo desde el principio. Esta es la historia de esa revolución y cómo transformó a las mujeres y los hombres que la hicieron.
US$20. También en inglés y griego.

WWW.PATHFINDERPRESS.COM

EL IMPERIALISMO NORTEAMERICANO HA PERDIDO LA GUERRA FRÍA

EL IMPERIALISMO NORTEAMERICANO HA PERDIDO LA GUERRA FRÍA

por Jack Barnes

I. El movimiento obrero permanece en el centro de la política norteamericana
 A. Se extiende una dirección surgida de las filas *97*
 B. Respuesta de la burocracia sindical a la continuad ofensiva patronal *113*
 C. Nuevo espacio que el movimiento obrero revolucionario puede conquistar mantener y utilizar *120*

II. El imperialismo norteamericano ha perdido la Guerra Fría
 A. La ofensiva de las clases gobernantes imperialistas en los años ochenta —caracterizada por la política Reagan/Thatcher— ha resultado un fracaso *137*
 B. Se han agudizado las contradicciones económicas y sociales del imperialismo norteamericano *138*
 C. Cambios en los alineamientos imperialistas tras la Segunda Guerra Mundial y la intensificada competencia capitalista *145*

La resolución "El imperialismo norteamericano ha perdido la Guerra Fría" fue debatida y aprobada por los delegados al 35º congreso nacional del Partido Socialista de los Trabajadores en Estados Unidos, celebrado del 8 al 12 de agosto de 1990. El secretario nacional del PST Jack Barnes, su principal redactor, presentó la resolución ante los delegados del congreso a nombre del Comité Nacional. El segundo componente de la resolución, "La estrategia comunista para la construcción del partido hoy", la presentó su redactora, Mary-Alice Waters, como parte del informe sobre la cuarta parte de "El imperialismo norteamericano ha perdido la Guerra Fría".

D. El imperialismo norteamericano ha perdido
  la Guerra Fría *158*
  E. Cambios en la posición que ocupa el poderío militar
  norteamericano *171*
  F. El imperialismo comienza los años noventa
  en una posición debilitada *189*

III. El capitalismo mundial ha sufrido una derrota histórica en Europa oriental y la Unión Soviética
  A. La construcción del socialismo es una tarea política
  revolucionaria de la clase obrera *191*
  B. La lucha por la autodeterminación nacional:
  única vía hacia un mundo sin fronteras *202*
  C. Justificaciones ideológicas estalinistas *212*
  D. La planificación y administración burocráticas
  por las castas en los estados obreros se degeneran
  inevitablemente hacia un sistema
  peor que el capitalismo *222*
  E. Regímenes de crisis permanente
  en los estados obreros deformados *228*
  F. La desintegración de los partidos estalinistas *244*
  G. Nuestra época es la de la revolución mundial;
  la dictadura del proletariado ha resultado ser más
  fuerte que el estalinismo contrarrevolucionario *249*

IV. La reconstrucción de un movimiento comunista mundial
  A. El Partido Comunista de Cuba *261*
  B. La construcción de partidos comunistas
  en los noventa *286*
  C. Una fracción de la clase obrera internacional
  y su vanguardia combatiente *304*
  D. La estrategia comunista para la construcción
  del partido hoy *308*
  E. La lucha por un partido proletario *322*

HALKET ALLEN / MILITANT

Mineros del carbón en huelga contra la Pittston Co. se unen a huelguistas de la aerolínea Eastern el 15 de enero de 1990, durante la celebración del Día de Martin Luther King en Miami, Florida. "Estas luchas han sentado un ejemplo para otros sindicalistas al enarbolar la bandera de la resistencia, de movilizar la fuerza sindical, y de buscar solidaridad y de la unidad".

PRIMERA PARTE

EL MOVIMIENTO OBRERO PERMANECE EN EL CENTRO DE LA POLÍTICA NORTEAMERICANA

A. Se extiende una dirección surgida de las filas
1. Una ofensiva patronal de más de diez años no ha logrado desplazar el movimiento obrero del lugar que ocupa en el centro del escenario político en Estados Unidos.

   a) El movimiento obrero permanece donde ha estado desde la segunda mitad de los años setenta, cuando por sus luchas volvió al centro del escenario político, del cual había sido expulsado casi treinta años antes.

   b) Dos acontecimientos marcaron este cambio para el movimiento obrero en Estados Unidos:
   (1) la huelga del carbón librada en 1977-78 por el sindicato minero UMWA, precedida por las mujeres que se abrieron paso y consiguieron empleos como mineras subterráneas, y luego por la creciente participación del sindicato en el movimiento contra la energía nuclear y a favor del uso seguro de la energía derivada del carbón)[1]; y

---

1. En la huelga nacional del carbón más larga de la historia de Estados Unidos, más de 180 mil mineros en veintidós estados estuvieron en huelga 110 días a partir del 6 de diciembre de 1977. Los mineros del UMWA lograron frustrar los intentos de los patrones del carbón, apoyados por la administración demócrata del presidente James Carter, de asestarle un golpe paralizante al sindicato.

A principios de los años setenta, las mujeres lograron quebrar

(2) el movimiento por la democracia en el sindicato del acero USWA, forjado en torno a la campaña electoral sindical denominada Obreros del Acero Resisten (Steelworkers Fight Back).[2]

2. Tras la recesión de 1981–82 el repliegue del movimiento sindical, ante los embates de la ofensiva patronal lanzada a fines de los años setenta, se convirtió en una fuga en desbandada de los sindicatos.

a) Ante la capitulación de la cúpula sindical a los patrones, los trabajadores comenzaron a huir de la lucha.

---

las barreras a su contratación en las minas. En 1973, de los 6 714 mineros recién contratados, solo uno de ellos era mujer, pero ya en 1979 esa cifra había aumentado a 555 mujeres de los 4 856 contratados (11.4 por ciento). Con la posterior reducción de la fuerza laboral en las minas de carbón, las mujeres han sido despedidas en cantidades desproporcionadas; el porcentaje de mujeres en las minas ha disminuido de un 4 por ciento en su apogeo a fines de los años ochenta al 1 por ciento en 1996.

El 28 de marzo de 1981 —segundo aniversario del accidente en la central nuclear de Three Mile Island en Pennsylvania— unos 15 mil sindicalistas y otras personas opuestas a la energía nuclear participaron en una marcha auspiciada por sindicatos en Harrisburg, la capital del estado. El acto se convocó en una conferencia del Comité Sindical Pro Energía Segura y Pleno Empleo celebrada en octubre de 1980 en Pittsburgh. El sindicato minero tomó la delantera en la organización de esa conferencia, a la que asistieron casi mil sindicalistas y otras personas.

2. Obreros del Acero Resisten se inauguró en 1975 bajo la dirección de Ed Sadlowski, presidente del Distrito 31 del USWA, con el fin de desplazar al régimen incrustado del presidente del sindicato, I.W. Abel. Uno de los problemas fundamentales planteados por esa campaña era la lucha por ampliar la democracia sindical, incluido el derecho de los miembros a votar sobre los contratos. La elección se celebró el 8 de febrero de 1977. Según los resultados oficiales, Sadlowski recibió más del 43 por ciento de los votos.

b) Los miembros aceptaron —y a menudo aprobaron por votación— no solo recortes salariales, concesiones en materia de la salubridad en el centro de trabajo, y la aceleración del ritmo de producción, sino además las escalas salariales de múltiples niveles y diversos estratagemas —tales como el *outsourcing* (contratar a otras compañías para parte de la producción) y el empleo de trabajadores temporales— que profundizaron cualitativamente las divisiones en el seno de la fuerza laboral y de las filas del sindicato.

c) A pesar de estos duros golpes asestados por la ofensiva patronal contra los sindicatos y la clase obrera, y el consiguiente debilitamiento de los sindicatos, los capitalistas

(1) no han logrado aplastar la resistencia de los trabajadores; y

(2) no han mejorado suficientemente su posición competitiva frente a otros capitalistas como para poder sobornar a un sector grande de la clase obrera.

3. Hay creciente resistencia ante los recientes intentos de los capitalistas —especialmente aquellos que cuentan con menos ventajas competitivas en sus industrias respectivas (Lorenzo de la aerolínea Eastern, Douglas de la empresa del carbón Pittston, Currey de la línea de autobuses Greyhound)— de presionar aún más al movimiento sindical y reforzar la tendencia antisindical de principios de los años ochenta.[3]

---

3. Para más información sobre las huelgas de Eastern, Pittston y Greyhound, y otras luchas obreras tratadas en esta sección de la resolución, ver *The Eastern Airlines Strike: Accomplishments of the Rank-and-File Machinists and Gains for the Labor Movement* (La huelga de la aerolínea Eastern: logros de las filas del IAM y del movimiento sindical) por Ernie Mailhot, Judy Stranahan y Jack

a) El primer indicio de esta resistencia —durante el período mismo de la fuga en desbandada— fue la decisión de los patrones de la industria del carbón de recular de una nueva pelea con el UMWA cuando venció el convenio nacional en 1984 y de ofrecerles a los mineros un convenio que no exigía grandes concesiones y que otorgaba aumentos salariales.

(1) Hasta ese momento el UMWA era de todos los sindicatos el único que había logrado impedir el tipo de concesiones cuyo creciente efecto acumulativo caracterizaba la época de la fuga en desbandada.

(2) Esto fue producto del hecho de que a fines de los años sesenta y comienzos de los setenta las filas del UMWA habían empezado a hacer frente a la decaída y degeneración de su sindicato. Mediante un poderoso movimiento por la democracia para las filas sindicales, se enfrentaron a la burocracia corrupta e incrustada y lograron abrir más espacio para la democracia sindical, utilizándola para organizar la fuerza del sindicato contra los magnates del carbón. Así libraron exitosas batallas huelguísticas en 1977–78 y en 1981.[4]

Barnes (Pathfinder, 1991). Frank Lorenzo, Paul Douglas y Fred Currey eran los principales ejecutivos de Eastern, Pittston y Greyhound, respectivamente.

4. A fines de los años sesenta los mineros del carbón comenzaron a movilizarse en protesta contra un desastre en una mina de Farmington, Virginia del Oeste, en el cual perecieron 78 mineros, y a favor de prestaciones médicas y por incapacidad financiadas por el gobierno para las víctimas del "Pulmón Negro", enfermedad causada por la inhalación de polvo de carbón. En 1969 los mineros del sur de Virginia del Oeste pararon labores, exigiendo protección por el Pulmón Negro, y 3 mil mineros marcharon

(3) La relativa fuerza y combatividad del UMWA en la actualidad se explica únicamente por esta exitosa lucha de las filas sindicales, en la cual han conquistado suficiente democracia sindical como para movilizar la fuerza del sindicato contra los propietarios de las minas. En el caso de otros sindicatos, esa encrucijada aún queda por delante.

b) A fines de 1985, miembros del sindicato de la industria alimenticia UFCW iniciaron una lucha contra la aceleración del ritmo de producción, condiciones brutales sin precedentes, y repetidos recortes salariales exigidos por los dueños de la industria empacadora de carne.

(1) Estas batallas recibieron atención nacional debido a la huelga contra la empresa Hormel en Minnesota en 1985–86. Dicha huelga influyó en sindicalistas combativos de toda Norteamérica.[5]

(2) Una ola de huelgas se propagó por las plantas empacadoras de la región norte-central del país a fines de 1986 y durante la primera mitad de 1987, mientras en Watsonville, California, los trabajadores de la industria enlatadora de

---

al capitolio estatal en Charleston. En diciembre de ese año fue asesinado Jock Yablonski, un partidario de estas luchas que le disputaba la presidencia del UMWA al presidente Anthony Boyle. En 1972 Boyle fue derrotado en las elecciones por la lista Mineros por la Democracia, encabezada por Arnold Miller. Posteriormente Boyle fue condenado y encarcelado por el papel que jugó en el asesinato de Yablonski y de su esposa e hija.

5. Ver *La huelga de los obreros de la carne contra la Hormel en Austin, Minnesota, 1985–86* por Fred Halstead (Pathfinder, 1986).

alimentos estaban ganando una importante victoria.

(3) En 1987–88 los obreros de la industria papelera en varias regiones de Estados Unidos libraron una recia huelga de dieciséis meses; mineros del UMWA en las regiones carboníferas del oeste realizaron una serie de huelgas, ganando varias de ellas; y los patrones del carbón, al vencer el convenio nacional en 1988, nuevamente decidieron evitar un ataque frontal contra el UMWA para exigir importantes concesiones del sindicato.

(4) A partir de las batallas de la industria empacadora de 1985–86, esta resistencia, aunque pocas veces logró impedir convenios que hicieran concesiones a la patronal, o evitar la contratación de esquiroles para reemplazar permanentemente a los huelguistas, marcó una ruptura con la fuga en desbandada que se venía dando.

c) En la primavera de 1989 sucedió algo nuevo: mecánicos, maleteros y limpiadores de aviones de la aerolínea Eastern —organizados por el sindicato mecanometalúrgico IAM— lanzaron la primera *huelga nacional prolongada* de la década que los patrones no lograron derrotar o frenar rápidamente.

d) Es más, la batalla de Eastern pronto *traslapó y se entrelazó* con una nueva etapa de la resistencia librada por las filas del UMWA.

(1) La lucha de los mineros de la Pittston fue acogida por las filas de todo el sindicato, quienes lanzaron una nueva ola de huelgas solidarias a mediados de 1989 en un intento de garantizar que los trabajadores de la Pittston no se vieran aislados y derrotados como lo habían sido los

huelguistas del UMWA en la empresa A.T. Massey en 1985.[6]

(2) La huelga de la Pittston fue ganando más y más respaldo de los huelguistas de la Eastern y de otros trabajadores, así como de mineros y sindicalistas de otras partes del mundo, muchos de los cuales visitaron el Campamento de la Solidaridad, centro huelguístico del sindicato en Virginia sudoccidental.

(3) La lucha de los mineros, que obligó a la empresa Pittston Coal a aceptar un convenio a principios de 1990, frustró los intentos de la patronal de aplastar la resistencia del UMWA y convertir la derrota en la Massey en una norma para las regiones carboníferas.[7]

(4) La solidaridad mutua de estas luchas de los miembros del IAM y del UMWA contra la Eastern y la Pittston, junto a otras huelgas recias, fortaleció cada una de estas batallas y reforzó la resistencia de otros trabajadores ante los ataques patronales.

e) Las batallas sindicales desatadas en 1989–90 se produjeron principalmente en industrias

---

6. La A.T. Massey Coal Company se negó a firmar el convenio de 1984 entre el UMWA y la asociación patronal BCOA. La huelga librada por los mineros del UMWA en 1984–85 contra el contrato impuesto por la empresa fue derrotada, y el sindicato fue aplastado en la minas de la Massey.

7. En febrero de 1990 la Pittston Coal firmó un nuevo convenio con el UMWA cobijando a más de 1 900 mineros en Virginia, Virginia del Oeste y Kentucky. Durante los once meses que duró la huelga, unos 40 mil miembros del UMWA en las minas de carbón del este pararon labores en apoyo a la huelga y más de 50 mil simpatizantes visitaron el Campamento de la Solidaridad.

(1) donde condiciones devastadoras —dos o tres rondas de concesiones a los patrones, ataques fuertes contra las normas de seguridad y salubridad en el trabajo, recortes al seguro médico— ponen a los trabajadores entre la espada y la pared;
(2) donde los empresarios, en una posición competitiva muy débil en su ramo, se sienten obligados a imponer condiciones que la cúpula sindical considera imposible venderles a los trabajadores asediados; y
(3) donde la postura de los patrones contiene muchos elementos de un paro patronal, amenazando la existencia misma del sindicato cuando los patrones persiguen su meta de reemplazar permanentemente a los huelguistas con esquiroles.

f) Estas son batallas defensivas, libradas por trabajadores que han resuelto que no les queda otra opción que luchar. Su ejemplo ha tenido impacto a nivel nacional.

(1) Son batallas nacidas de la desesperación, donde los trabajadores inician la lucha con menos probabilidades de ganar que los trabajadores en situaciones relativamente mejores cuyas huelgas buscan mejorar sus convenios (por ejemplo, la huelga de la Eastern en comparación con la huelga de la Boeing).[8]

(2) Por estas razones, el solo hecho de dar la batalla comenzó rápidamente a plantearles retos aún

---

8. Unos 58 mil miembros del IAM en fábricas de la Boeing en los estados de Washington, Oregon y Kansas se declararon en huelga en octubre de 1989, en un momento en que la empresa gozaba de una enorme acumulación de pedidos. Al cabo de 48

mayores a millones de trabajadores.

(a) Capas cada vez más amplias de huelguistas en estas batallas comenzaron a afirmar: "Aquí no luchamos solo por nosotros, sino por todo el movimiento obrero".

(b) Los que se solidarizaron, tanto sindicalistas como otros, dijeron cada vez más: "Vuestra lucha es una lucha por todos nosotros".

(c) El ejemplo que brindan a las filas de otros sindicatos los anima a ir más allá de la solidaridad y declarar, "La próxima vez, lucharemos como ustedes".

g) La huelga de la Eastern, en especial, indicó cómo la parálisis de la burocracia sindical frente a la necesidad de movilizar la fuerza del sindicato, aunque sea tan solo como pieza de regateo con una patronal intransigente, les abre a las filas sindicales un mayor espacio para avanzar y para que se pueda establecer una dirección de las filas.

(1) La cúpula del IAM, al igual que otras burocracias en situaciones similares, recurrió a una demagogia de tono combativo en la primera semana de la huelga. Pero se les cayó la cara de duros cuando el gobierno obtuvo decretos judiciales contra la realización de actos de solidaridad planeados en los ferrocarriles y cuando Lorenzo se acogió a la protección del tribunal de bancarrotas, suspendiendo en la práctica las negociaciones.

(a) Bajo esas condiciones la cúpula sindical quedó

---

días de huelga, Boeing firmó un convenio con un aumento salarial del 10 por ciento en un plazo de tres años, un 19 por ciento adicional en bonificaciones anuales, aumentos por el costo de vida, y la reducción de horas extras obligatorias.

sin ropa como el emperador del cuento; esta cúpula está estructurada para realizar negociaciones intercaladas con amenazas, no para librar combates prolongados.

(b) Los altos funcionarios de la burocracia están demasiado distantes de las filas como para encabezar una lucha, aún como medida de presión para perseguir sus propios objetivos limitados. Asimismo, la oficialidad local, tan roída por la podredumbre y corrupción, es incapaz, en su gran mayoría, de librar una batalla.

(c) Tras varias semanas de huelga, a fin de impulsar su lucha, las filas del IAM avanzaron y llenaron este vacío de liderazgo.

(2) Con el tiempo, comenzó a estructurarse y a ponerse a prueba una dirección surgida de las filas.

(a) Las iniciativas tomadas por esta dirección de las filas, entre la cual había algunos funcionarios locales con actitudes más combativas, dieron a los miembros del sindicato una pequeña muestra de lo que significa *emplear la fuerza sindical* y evitaron que se disipara la energía y voluntad de los huelguistas.

(b) También ejercieron presión sobre la cúpula para que siguiera dedicando recursos sindicales a la lucha y aprobando los pedidos de solidaridad del resto del movimiento sindical.

(3) El hecho de que las actuales estructuras del sindicato no son aptas para librar una lucha, incluso para batallas limitadas destinadas a proteger los propios intereses de la burocracia, es un problema objetivo permanente que la propia cúpula no

puede corregir de manera fundamental.

(a) Esto explica por qué, al aumentar la presión ejercida por la lucha de clases, la burocracia necesita valerse de más activistas de izquierda e integrar a jóvenes luchadores al aparato sindical para mantener su control y evitar que los dirigentes surgidos de las filas concentren su energía en las mejores tácticas para la lucha.

(b) Al mismo tiempo, los luchadores de vanguardia, incluidos los comunistas, han tenido que bregar cada vez más con los intentos de organizaciones antiobreras "de izquierda" tales como la Liga Obrera, que buscan sabotear sus luchas y estrechar el espacio disponible para el surgimiento de un liderazgo de las filas.[9]

h) Si bien la lucha de Eastern y la etapa de la resistencia minera representada por la batalla de Pittston no han señalado una nueva línea estratégica para el movimiento obrero, sí han demostrado cómo las filas pueden encontrar formas de sobrepasar los límites

---

9. Entre 1975 y 1995 el grupo antiobrero llamado Workers League (Liga Obrera, que en 1996 cambió su nombre a Socialist Equality Party, o Partido de la Igualdad Socialista) realizó una campaña de hostigamiento y desorganización dirigida contra el Partido Socialista de los Trabajadores y numerosas actividades sindicales, entre otras, las de los sindicalistas de las huelgas de la Eastern y la Pittston, de la huelga en 1987–88 contra la empresa International Paper, y de la huelga de la empacadora de carne Hormel. Ver *A New Probe by the Workers League against the Communist Movement: Record of an Antilabor Outfit, from the Gelfand Harassment Case to the Campaign against Mark Curtis* (Un nuevo tanteo por la Liga Obrera contra el movimiento comunista: historial de un grupo antiobrero, desde el caso Gelfand de hostigamiento hasta la campaña contra Mark Curtis; Pathfinder, 1995).

de la estrategia sindical de la cúpula y abrirse espacio táctico para emplear la fuerza del sindicato en sus luchas contra la patronal.

(1) Estas batallas han surgido antes de que se cumplan las condiciones mínimas para organizar el núcleo de un ala izquierda de lucha de clases dentro del movimiento obrero, en otras palabras:

(a) antes de que los sindicatos sean suficientemente unidos como para ganar un buen número de huelgas;

(b) antes de generalizarse estas luchas en otros sindicatos y industrias;

(c) antes de que otras luchas sociales y políticas hayan adquirido el tamaño y alcance necesarios para dar un mayor impulso a batallas sindicales; y

(d) antes de que se produzca una radicalización más amplia que ayude a transformar aún más la conciencia social y política de los dirigentes surgidos de las filas cuando pasen por experiencias de combate.

(2) La maduración de estas condiciones abrirá el camino para que los trabajadores combativos rompan con el obstáculo creado por las actuales estructuras podridas de los sindicatos y emprendan una estrategia alternativa para organizar los sindicatos como movimiento social combativo.

i) En el transcurso de las actuales batallas, los huelguistas han puesto a prueba su capacidad de luchar con eficacia dentro de los estrechos límites tácticos que enfrentan. De las filas surgieron dirigentes caracterizados por su decisión, habilidad táctica, constancia y capacidad de ampliar la unidad y la solidaridad.

(1) Otros luchadores reconocen quiénes son los dirigentes surgidos de las filas gracias a la capacidad que éstos demuestran en la huelga
  (a) para ampliar los límites tácticos que heredaron originalmente; y
  (b) para presionar a favor de un mayor uso de la fuerza sindical, al tiempo que evitan enfrentamientos con la cúpula que no pueden ganarse bajo las actuales circunstancias sin que las filas pierdan más de lo que pudieran ganar.
(2) Esta forma de actuar por parte de un liderazgo de las filas es lo *opuesto* de lo que hacen los grupos oposicionistas en los sindicatos (o las publicaciones oposicionistas fuera de los sindicatos) que enfilan sus ataques contra determinados funcionarios sindicales buscando ocupar sus puestos, en lugar de organizar a las filas para utilizar tácticas eficaces que puedan movilizar la fuerza del sindicato.
(3) Los dirigentes entre las filas del IAM en la huelga de la Eastern señalaron un camino destinado a crear la máxima unidad posible entre los huelguistas.
  (a) Forjaron una alianza entre los huelguistas del IAM y los asistentes de vuelo organizados por el sindicato transportista TWU y los pilotos de la asociación de pilotos ALPA que pararon labores durante los primeros meses de la huelga.
  (b) El rumbo que emprendieron los dirigentes entre las filas se *alejaba* de la orientación, promovida por la cúpula, de recurrir al tribunal de bancarrotas, a proyectos para comprar la compañía, y a recambios en la gerencia destinados

a rescatar "nuestra" aerolínea. Las acciones de estos trabajadores dirigentes *apuntaban* a la movilización de las filas del IAM y, mediante ellas, a buscar la más amplia solidaridad sindical para fortalecer *nuestro* sindicato.

(c) Por lo tanto, los huelguistas del IAM no fueron desviados de su rumbo por la primera ruptura grande de la unidad: la deserción de los pilotos y asistentes de vuelo dirigida por la ALPA, que culminó en noviembre de 1989. Esta fue la prueba más grande en la huelga. Al pasar esta prueba, los militantes del IAM en la huelga demostraron conciencia de clase y confianza, y llevaron la batalla para derribar a Lorenzo —y para demostrar que el "lorenzismo" no puede triunfar— a un nivel nuevo y más decisivo entre diciembre de 1989 y enero de 1990.

(4) El análisis y la línea de acción adoptados por el Comité Nacional del PST desde el principio de la huelga en la primavera de 1989 han convergido en la práctica con las conclusiones sacadas por sectores cada vez más amplios de los dirigentes de las filas a partir de sus experiencias en la lucha.

(a) Fue necesario mantener los ataques enfocados en Lorenzo como principal ejecutivo de la Eastern. "Alto a Lorenzo" no era una consigna que pudiera o debiera soslayarse. Solo *pasando por* "Alto a Lorenzo" podían las filas librar la lucha contra el lorenzismo.

(b) El papel del tribunal de bancarrotas consiste en evitar que se disipe el capital social. Un número creciente de los dirigentes entre las filas llegaron a reconocer que el tribunal haría lo necesario para preservar el capital representado por la aerolínea Eastern. Protegería a Lorenzo contra los sindicatos y los acreedores de la Eastern hasta que las consecuencias de la perspectiva propuesta por Lorenzo hicieran peligrar la propia existencia de grandes trozos de capital social. La estrategia de depender de las gestiones del juez o de los tribunales, ante quienes las acciones de Lorenzo podían ser apeladas, no ofrecían un camino para avanzar en la lucha por utilizar la fuerza del sindicato.

(c) Los huelguistas tenían que estar preparados para la creciente probabilidad de que la acción de apoyo a la huelga lanzada por la ALPA se quebrara antes que Lorenzo. Al prolongarse la batalla, más y más sindicalistas entre las filas del IAM comenzaron a ver la inevitabilidad de esto, debido a sus experiencias con los pilotos y funcionarios de la ALPA.

(d) Los huelguistas tuvieron que desarrollar su fuerza e ímpetu fortaleciendo la unidad de los trabajadores de las aerolíneas *y además* traspasando esa unidad, ampliando la solidaridad en el movimiento sindical. Sobre todo tuvieron que ganarse el apoyo de otros miembros del IAM que se veían presionados a desempeñar trabajos afectados por la huelga, así como de trabajadores enfrascados en otras batallas, como los mineros de la Pittston y otros miembros del UMWA. Tuvieron que ir más allá de las fronteras de Estados Unidos, buscando el apoyo de trabajadores receptivos en todas partes del mundo.

(e) Avanzando decididamente por este camino, "haciendo más de lo mismo", sería posible fortalecer a los luchadores entre las filas del IAM, seguir utilizando la fuerza del sindicato para derrotar a Lorenzo y, según ha ocurrido ya, llevar la lucha a una nueva fase, aún no resuelta. Sería posible hacer frente al lorenzismo —con sus convenios esclavizantes y sus refugios de esquiroles— y prepararse para la batalla más difícil: preservar el sindicato y el espíritu de sus cuadros combativos, no la Eastern con o sin Lorenzo.

j) Al librar duras batallas, los trabajadores de la Eastern, Pittston y otras empresas (por ejemplo, en la huelga del sindicato de telecomunicaciones CWA contra la compañía de teléfonos NYNEX, la huelga de los trabajadores de la salud del Distrito 1199 en Nueva York) han impuesto nuevos límites a la norma lorenzista de repetidas concesiones a la patronal y de medidas antisindicales en que "los esquiroles se quedan trabajando y ustedes se quedan sin empleo" (en la aerolínea Continental, la International Paper, etcétera). Ha sido derrotado el intento de Douglas, principal ejecutivo de la Pittston, de generalizar la experiencia de la Massey por toda la región carbonífera.

(1) Estas luchas han sentado un ejemplo para otros sindicalistas al enarbolar la bandera de la resistencia, de movilizar la fuerza sindical, y de buscar solidaridad y unidad más ampliamente.

(a) Han abierto un camino que deberán emular otros trabajadores: no acobardarse ante el creciente estribillo patronal (que no siempre es una amenaza en vano): "O negocian bajo mis condiciones, o la compañía se hunde. O aceptan o se acabó".

(b) Los trabajadores de la Eastern y de la Pittston

de todas formas lucharon, y con ello se ha fortalecido todo el movimiento obrero.

(2) Bajo estas condiciones, el desenlace de las huelgas se mide por cuánto más ganan los trabajadores al *luchar*, no por cuánto la maldirigencia de la burocracia les impide lograr (por ejemplo, Pittston).

(a) Entre más fuerte sea la lucha, más reducida será la brecha entre lo logrado y lo que pudo haberse logrado.

(b) La huelga representa un avance si se libró de tal manera que otros trabajadores y sindicalistas se ven animados a emular esta lucha.[10]

B. Respuesta de la burocracia sindical a la continuada ofensiva patronal

1. La burocracia de la AFL-CIO ha profundizado su colaboracionismo de clases, poniendo más y más énfasis en cómo asegurar que "nuestra" compañía y "nuestra" industria sigan "bien administradas" y rentables.

a) La burocracia ha seguido cada vez más la política de tratar de convertirse en socio menor de los patrones,

---

10. La huelga que los mecanometalúrgicos libraron por veintidós meses contra la Eastern terminó en enero de 1991 cuando la empresa quebró, ocho meses después de publicarse esta resolución. "Finalmente, después de dos años de mantenerse en las líneas de piquetes, los huelguistas de la Eastern obligaron a la otrora poderosa aerolínea a reconocer su derrota, cerrar sus puertas, y rematar sus propiedades", explican los autores del libro de Pathfinder *The Eastern Airlines Strike* (La huelga de la aerolínea Eastern) en el prefacio. "Gracias a la tenacidad de los huelguistas de la Eastern, se le ha asestado un golpe al antisindicalismo. La lucha de los mecanometalúrgicos les ha transmitido a otros trabajadores el mensaje de que es mejor luchar por sus derechos que aceptar pasivamente las órdenes de la patronal".

obteniendo de alguna manera una tajada de las ventajas gozadas por el capital.

b) Esto adopta la forma de proyectos ideados por los funcionarios para que los propios sindicatos inviertan sus fondos de pensiones en bonos y acciones, negocien Programas de Adquisición de Acciones de Empleados (ESOP), y se conviertan en los principales inversionistas en la compra de la empresa.

c) La burocracia con más frecuencia busca formas de asegurarse voz y voto en la selección de "buenos" administradores, y conseguir que algunos funcionarios sindicales ocupen puestos en las juntas directivas y en los comités de acreedores.

d) Los sindicatos gastan un mayor porcentaje que nunca de sus fondos, no solo en abogados y consultores, sino para remunerar los "servicios" de asesores financieros, consejeros para inversiones bancarias y especialistas en la adquisición de empresas. Esto representa una mayor pérdida de fondos sindicales, encima de lo gastado desde hace tiempo en cabilderos en Washington y "comités de acción política" para apoyar a candidatos "amigos" entre los demócratas y republicanos.

e) De tener éxito, la perspectiva de la cúpula les impone a las filas el riesgo de poseer deudas y acciones (cuyo resultado lógico es el "interés" del sindicato en hacer concesiones para "reducir gastos", condicionar los salarios y prestaciones a las ganancias, etcétera), mientras que los privilegios de propiedad siguen en manos de los capitalistas.

2. Esta perspectiva de creciente identificación de los intereses sindicales con los intereses del capital —de buscar una convergencia entre el sindicato y la junta directiva de la empresa— socava aún más el uso de la fuerza sin-

dical y refuerza la política colaboracionista de clases que ha venido debilitando más y más al movimiento obrero durante más de medio siglo.

a) Se negocian convenios con fechas de vencimiento cada vez más lejanas. Los convenios vienen a ser voluminosos documentos jurídicos cada vez más complicados que sirven de manuales operacionales para la gerencia, más que una guía breve y clara para los trabajadores donde estén codificadas las conquistas logradas hasta el momento en su continua lucha contra la patronal.

b) Crecen las diferencias de salarios y condiciones de trabajo entre trabajadores que realizan hombro a hombro la misma tarea. Esto es el resultado de la existencia de múltiples escalas salariales a distintos niveles y pactos que permiten la contratación de una creciente proporción de trabajadores a tiempo parcial y temporales sin protección sindical alguna, o de trabajadores con una posición de segunda clase dentro de los sindicatos.[11]

---

11. Desde 1968, el porcentaje de empleados a tiempo parcial en la fuerza laboral de Estados Unidos ha crecido del 14 por ciento a casi el 20 por ciento; en 1994, el salario medio de los empleados a tiempo parcial era de $6.01 por hora, comparado con $9.36 para los empleados a tiempo completo. Más significativo aun ha sido el incremento en los denominados trabajadores temporeros, que a mediados de los años noventa representaban más del 10 por ciento del crecimiento de la contratación, comparado con un 4 por ciento en los años ochenta y un 2 por ciento en los setenta. El objetivo de las familias gobernantes al desarrollar el empleo "temporal" es de mantener bajos los salarios y acelerar la producción creando un sector creciente de la clase obrera que carece de protección sindical y puede ser contratada y despedida de un día para otro.

c) En lugar de movilizar la fuerza del movimiento obrero para encabezar una lucha social y política a favor de programas sociales financiados por el gobierno federal para satisfacer las necesidades de toda la clase trabajadora de tener seguro médico y pensiones adecuados, la burocracia insiste en recurrir cada vez más a la táctica de negociar, con cada compañía por separado, planes que obligan a los trabajadores a pagar una parte cada vez mayor del costo.[12]

d) Los funcionarios persisten en subordinar los sindicatos a los políticos capitalistas, por lo general del Partido Demócrata.

(1) Al desplazarse a la derecha el marco de la política burguesa en los años ochenta, la burocracia de la AFL-CIO no cejó en apoyar a sus "amigos".

(2) A pesar de las respetuosas atenciones ofrecidas por la cúpula sindical, el Senado y la Cámara de Representantes, ambos controlados por los demócratas, prestan menos atención a la lista de

---

12. Según las estadísticas del Departamento del Trabajo de Estados Unidos, disminuyó el porcentaje de trabajadores a tiempo completo en empresas grandes o medianas que están cobijados por planes médicos auspiciados por la compañía: del 95 por ciento en 1983 al 80 por ciento diez años más tarde. Durante ese mismo período, el porcentaje de estos trabajadores que deben pagar directamente de sus salarios parte del costo de estos planes, aumentó del 54 por ciento al 76 por ciento, mientras que el monto promedio de estos aportes mensuales subió a más del doble. El porcentaje de los jubilados protegidos por un plan médico de un patrón anterior disminuyó del 44 por ciento en 1988 al 33 por ciento en 1993. En 1996 unos 42 millones de habitantes en Estados Unidos —el 17 por ciento de la población— no tenían seguro médico de ningún tipo; el 48 por ciento de los trabajadores con empleo cuyos ingresos están por debajo del nivel oficial de pobreza no cuentan con seguro.

proyectos de leyes laborales y sociales solicitados por la burocracia.

(3) Incluso en términos burgueses, los sindicatos tienen menos influencia política que en cualquier momento desde el surgimiento del CIO (Congreso de Organizaciones Industriales).

e) El fruto de esta evolución es el hecho de que los sindicatos del CIO actúan menos como *sindicatos industriales* —hasta en el sentido limitado de sindicalismo— que nunca antes en su historia.

(1) La creciente aceptación de estructuras salariales de múltiples niveles, subcontratación de trabajadores sin protección sindical y semejantes medidas implica un retroceso hacia las desigualdades y divisiones que caracterizan los gremios de oficios; refuerza una mentalidad aristocrática, antidemocrática y reaccionaria entre una capa de trabajadores.

(2) En lugar de dirigir campañas para organizar el creciente número de empresas industriales no sindicalizadas, la cúpula sindical ha efectuado fusiones con otros sindicatos en sectores completamente diferentes de la fuerza laboral, o ha buscado incorporar al sindicato tanto sectores profesionales como guardias de cárceles y otros elementos que no son parte de la clase obrera, socavando aún más el carácter industrial de los sindicatos.[13]

---

13. Los funcionarios del sindicato automotriz UAW, por ejemplo, han incorporado a la Unión Nacional de Escritores, que se describe como "el sindicato de escritores independientes de todos los géneros", así como la Organización Nacional de Trabajadores de Servicios Legales, una agrupación de abogados y otros empleados de programas de servicios jurídicos financiados por el gobierno de Estados Unidos. El sindicato de empleados públicos AFSCME ha organizado a guardias de prisiones en una unidad

(3) Hoy día las diferencias entre los sindicatos del CIO y los de la AFL (Federación Norteamericana del Trabajo) son menores que nunca: no solo desde fines de los años treinta, cuando se forjaron los sindicatos industriales en grandes batallas obreras, sino incluso desde mediados de los cincuenta, cuando el CIO se fusionó con la AFL y se olvidaron muy pronto de las tan alardeadas promesas de organizar a los trabajadores sin sindicato.

(4) Un ejemplo de las consecuencias de esta evolución es el reciente éxito que ha tenido un grupo de pensamiento pro-patronal, la Asociación Fraterna de Mecánicos de Aeronaves (AMFA), en separar a los mecánicos de la aerolínea Trump Shuttle en el aeropuerto La Guardia del sindicato local del IAM, así como su actual maniobra para robarles miembros al IAM en las aerolíneas Northwest, United y otras. Los burócratas de AMFA llevan a su conclusión "lógica" las divisiones entre trabajadores que los funcionarios sindicales han aceptado en la última década.

---

llamada AFSCME–Correcciones Unidas, que edita un folleto con el título eufemístico *Managing a Prison Disturbance* (Cómo administrar un disturbio carcelario). El presidente del AFSCME, Gerald McEntee, y el secretario-tesorero, William Lucy, escriben en el prefacio a este manual antiobrero: "Para garantizar la seguridad de la comunidad, y para asegurarles ropa, comida y techo a sus familias, los empleados [de las prisiones] trabajan con criminales en un ambiente volátil, en muchos casos con escasos recursos. . . . Esperamos sinceramente que jamás haya que poner a prueba este manual, pero nuestra experiencia con Attica, Santa Fe, Lucasville, Southport, Camp Hill y otros sitios nos ha enseñado que siempre debemos estar preparados".

Pretenden convencer a los mecánicos "calificados" de que les conviene estar fuera de un sindicato que también incluya a trabajadores que "solo" son maleteros y limpiadores de aviones. Los actuales funcionarios electos del IAM no pueden rebatir bien los argumentos de AMFA.[14]

3. La dirección encabezada por Trumka en el UMWA converge con la orientación táctica de la cúpula de la AFL-CIO.

  a) Trumka está apretándoles las clavijas a las filas del UMWA al este y al oeste del Misisipí, tratando de alterar viejos principios de lucha de clases que reflejan el uso de la fuerza del sindicato para defender los intereses de los mineros contra los patrones del carbón (por ejemplo: sin convenio no se trabaja; no a la persecución de sindicalistas; el derecho incondicional de leer y votar sobre todas las propuestas de convenio; y huelgas nacionales —no selectivas— en la industria del carbón).

  b) Esta orientación se ve expresada y acelerada en la creciente incorporación de Trumka a la alta dirigencia de la AFL-CIO.[15]

---

14. En marzo de 1998, AMFA llevó a cabo una exitosa incursión antisindical en la aerolínea Alaska Airlines, ganando los votos de la mayoría de los mecánicos y limpiadores que antes estaban organizados por el IAM. Los trabajadores de rampa y de servicios al cliente en la Alaska Airlines permanecen en el IAM. AMFA además tiene unidades de mecánicos reconocidas por la patronal en las aerolíneas Northwest Airlink y United Express, y continúa con sus actividades antisindicales en Northwest y United, sin éxito por el momento.

15. Richard Trumka fue presidente del UMWA de 1982 a 1995, cuando salió electo secretario-tesorero de la AFL-CIO como candidato de la lista encabezada por John Sweeney, antiguo pre-

c) Si bien la trayectoria de los funcionarios está erosionando el sindicato, no se ha eliminado la fuerza que el UMWA desarrolló gracias a la lucha de los Mineros por la Democracia y a la resistencia de los mineros durante los años setenta y ochenta.

d) Ante todo, la envergadura, determinación e imaginación de la batalla de la Pittston demuestran que los miembros del UMWA gozan de un liderazgo surgido de las filas que puede ser renovado y transformado por nuevas fuerzas al calor de luchas explosivas. Cuenta con suficiente amplitud, capacidad y experiencia como para no permitir que la derrota en la A.T. Massey se generalice. Sigue siendo suficientemente fuerte como para presionar en el sentido contrario: para movilizar la fuerza del UMWA a fin de reforzar el sindicato ante la incesante ofensiva patronal en una mina tras otro, y así, orientarse más ampliamente y afectar el movimiento obrero en Estados Unidos y otras partes del mundo.

C. Nuevo espacio que el movimiento obrero revolucionario puede conquistar, mantener y utilizar

1. Las luchas obreras iniciadas en 1989 con las huelgas de la Eastern y la Pittston, que produjeron nuevos liderazgos de las filas y reforzaron los ya existentes, crean nuevas responsabilidades y oportunidades que los comunistas deben enfrentar y aprovechar al máximo.

    a) Al participar en estas luchas, los trabajadores que somos comunistas debemos combinar dos tareas.

        (1) Actuamos como sindicalistas eficaces, incorporados a las filas combativas y a su dirección

---

sidente del sindicato de empleados públicos SEIU. El UMWA se volvió a afiliar a la AFL-CIO en octubre de 1989.

emergente, cobrando experiencia de combate y profundizando nuestra plena integración a la resistencia obrera.

(2) Hablamos de socialismo con compañeros de lucha, ampliando el número de lectores permanentes y la influencia de los periódicos, libros y folletos comunistas. Utilizamos nuestras campañas, nuestros foros y otras actividades del partido para alcanzar a un público más amplio.

b) Estos dos aspectos del trabajo comunista en los sindicatos divergen durante períodos de reflujo del movimiento obrero; convergen cuando se intensifican las luchas obreras y crecen las oportunidades para el trabajo de masas.

(1) La creciente participación de los trabajadores comunistas como parte de los cuadros entre las filas de estas luchas —cuadros que adquieren una mayor eficacia en el marco de la correlación de fuerzas que no se puede modificar a corto plazo— nos aleja cada vez más de la idea de aceptar cargos en los sindicatos.

(a) El efecto debilitante que estos puestos tienen sobre los militantes se hace más evidente, tanto desde la óptica de impulsar la fuerza del sindicato como de construir el movimiento comunista.

(b) Al mismo tiempo, los funcionarios necesitan más que nunca incorporar a los militantes que van radicalizándose a las estructuras del sindicato para mantener su propia credibilidad y estabilidad.

(2) La evolución y profundización de las luchas sindicales pueden llegar a un momento en que el impacto acumulativo del creciente uso de fuerza

sindical por las filas produzca un salto cualitativo, comenzando así a quebrantar las estructuras existentes del movimiento sindical (como en el caso del Local 574 del sindicato de camioneros Teamsters en Minneapolis a fines de 1934).[16]
(a) No hay manera de saber de antemano cómo se dará este resquebrajamiento. Será producto de una combinación de factores en la lucha de clases: un mayor número de luchas sindicales traslapadas; la participación de un creciente porcentaje de trabajadores tanto sindicalizados como sin sindicato; refuerzos brindados por luchas más allá de los sindicatos (luchas por los derechos de los negros y las mujeres, batallas explosivas libradas por los agricultores, la creciente oposición a las agresiones militares norteamericanas, etcétera) que llevan a más y más sindicalistas combativos a pensar en términos sociales y actuar en términos políticos.
(b) Unicamente bajo este tipo de condiciones

---

16. En *Rebelión Teamster* (Pathfinder, 2004) Farrell Dobbs hace el relato sobre el liderazgo de lucha de clases en el Local 574 de los Teamsters y en las huelgas de 1934 que forjaron un movimiento sindical industrial en Minneapolis. Dobbs fue uno de los principales dirigentes de estas batallas y de las huelgas y campañas de sindicalización que surgieron de éstas a mediados y fines de los años treinta, transformando el sindicato de camioneros en gran parte de la región central de Estados Unidos en un pujante movimiento social. Dobbs, quien más tarde fue secretario nacional del Partido Socialista de los Trabajadores, relata esas batallas posteriores en los libros *Teamster Power* (Poder Teamster), *Teamster Politics* (Política Teamster) y *Teamster Bureaucracy* (Burocracia Teamster).

pueden abrirse oportunidades para que los comunistas formen parte del desarrollo de un ala izquierda de lucha de clases en los sindicatos. Los avances hacia la acción política independiente por parte de la clase obrera coincidirán no solo con una gran expansión de las oportunidades para la propaganda socialista sino con el reclutamiento de trabajadores al partido revolucionario del proletariado.

(c) La medida en que el movimiento comunista aproveche las oportunidades en estas futuras batallas de clases depende ante todo de nuestros previos preparativos políticos y organizativos, comenzando con las luchas de hoy.

2. La huelga de la Eastern es la primera batalla sindical en la que cuadros del Partido Socialista de los Trabajadores han sido partícipes directos y también han organizado una lucha común con trabajadores-bolcheviques en nuestro movimiento mundial para promover la solidaridad internacional.

a) Nuestra participación en las batallas de Eastern y Pittston no solo sirvió de experiencia importante en la lucha de clases para los camaradas que son miembros del IAM en la Eastern y mineros afiliados al UMWA, sino que involucró a todos los cuadros de nuestro movimiento.

(1) Las industrias y los sindicatos donde estallaron estas batallas, y por lo tanto las fracciones industriales del partido que estuvieron más directamente envueltas en ellas, fueron decididas por fuerzas más allá de nuestro control; esta situación continuará.

(a) Los resultados acumulativos de las experiencias y del trabajo práctico de las diez fracciones nacionales desde el comienzo del viraje a la industria sirvieron de preparativos indispensables para lo que hemos afrontado y logrado en el último año.[17]

(b) Por bastante más de una década, nos hemos empeñado en hacer que la resistencia sindical en el seno de la industria del carbón, y nuestra participación en esta resistencia, sean un aspecto central de conquistar el viraje; esto fue decisivo en la tarea de preparar al partido para participar en estas luchas sindicales.

(c) Muchas de las lecciones de estas experiencias están recogidas en los informes y resoluciones contenidos en *El rostro cambiante de la política en Estados Unidos;* la resolución política y el informe sindical de Joel Britton aprobados por el congreso del partido en 1985; y otros informes y artículos contenidos en boletines del partido de los últimos diez años.[18]

---

17. En la segunda mitad de los años setenta, el Partido Socialista de los Trabajadores realizó un viraje a los sindicatos industriales, organizándose para que la gran mayoría de sus cuadros ocuparan puestos de trabajo donde pudieran llevar a cabo actividades políticas entre obreros industriales sindicalizados. Esta labor se estructura mediante las fracciones del partido en los sindicatos industriales. En 1990 el PST tenía fracciones en diez sindicatos industriales, incluido el UMWA.

18. La resolución política de 1985, "La perspectiva revolucionarias y la continuidad leninista en Estados Unidos", aparece en el número 4 de *New International;* también se publicó en español en la edición del 4 de febrero de 1985 de *Perspectiva Mundial*. El informe sindical dado en 1985 por Joel Britton puede hallarse en *Background to "The Changing Face of U.S. Politics"* and *"U.S. Imperialism Has Lost the Cold War"* (Antecedentes de "El rostro cambiante

(d) En las batallas por venir, los cuadros en cada una de las fracciones, así como el partido en su conjunto, van a adquirir más experiencia de combate de clases. En estas batallas el partido será dirigido por los camaradas que se encuentren en medio de la lucha, y mediante estas experiencias de liderazgo político comunista el partido llegará a ser más eficaz en la conducción de todo el trabajo de masas.

(2) Miembros de todas las ramas y fracciones industriales organizaron actividades de solidaridad con las luchas del IAM y del UMWA a través de nuestros sindicatos. Trajimos a compañeros de trabajo, amigos del partido, partidarios activos, miembros de la Alianza de la Juventud Socialista, y trabajadores de otros países para acompañarnos a las líneas de piquetes de la Eastern, al Campamento de la Solidaridad, a los piquetes de huelga de la Greyhound, a mítines de apoyo a los huelguistas de la NYNEX, a los trabajadores de hospitales en Nueva York, a los de prendas de vestir en la planta Domsey en Brooklyn, y a los trabajadores del diario *Daily News* de Nueva York.

(3) Las luchas de la Eastern y de la Pittston fueron una prueba decisiva del hecho que no enfrentamos obstáculos cuando se trata de vender a trabajadores combativos suscripciones y ejemplares del *Militant* y de *Perspectiva Mundial*, o libros y folletos de Pathfinder y ejemplares de *Nueva Internacional;* o cuando integramos toda la gama de campañas y actividades de frente único en las que participa

---

de la política en Estados Unidos" y "El imperialismo norteamericano ha perdido la Guerra Fría"; Pathfinder, 1998).

el partido, a nuestra labor como parte del movimiento sindical. Prueba de ello son los siguientes ejemplos del pasado año:

(a) los resultados de nuestras brigadas de venta de suscripciones en las regiones mineras, así como la venta de nuestra prensa, de libros y folletos de Pathfinder y de ejemplares de *Nueva Internacional* a los huelguistas del IAM en la Eastern y a otros sindicalistas, tanto dentro como fuera de nuestros centros de trabajo;

(b) los encuentros que ayudamos a organizar entre revolucionarios cubanos que visitaban Estados Unidos y huelguistas de la Eastern, mineros del UMWA, luchadores de Watsonville y muchos otros sindicalistas, trabajadores agrícolas y agricultores;[19]

---

19. En abril y mayo de 1990, la editorial Pathfinder organizó una gira de conferencias para el economista cubano Carlos Tablada, autor de *Che Guevara: economía y política en la transición al socialismo* (Pathfinder, 1997). Tablada habló en actos públicos y recintos universitarios en más de veinticinco ciudades y pueblos. Durante la gira, se reunió con dirigentes de la huelga de la Eastern, varios de los cuales compartieron la tribuna con él. Tablada se reunió también con unos veinte obreros de una fábrica de enlatados afiliados al sindicato Teamsters en Watsonville, California; con más de cuarenta obreros textiles sindicalizados en un encuentro en el comedor de una fábrica en Lawrence, Massachussetts; y con miembros de varios otros sindicatos. Unos meses antes, en octubre y noviembre de 1989, el pintor cubano Aldo Soler realizó una gira por Estados Unidos, auspiciada por el Proyecto del Mural de Pathfinder. Soler había viajado a Estados Unidos para pintar los retratos de Fidel Castro y Carlos Marx en el mural, de seis pisos de alto, en el Edificio de Pathfinder en Nueva York (reproducido en la portada de este número). Además de

(c) La participación de luchadores de la Eastern y de la Pittston en actividades de solidaridad con la lucha antiapartheid; y

(d) el creciente número de trabajadores que, por sus propias experiencias en la lucha, entienden lo que está en juego en la lucha contra los cargos fabricados a Mark Curtis[20] y contra los intentos de la Liga Obrera de desbaratar el movimiento obrero.

b) Por nuestra participación en estas luchas hombro

---

sus presentaciones en galerías de arte, universidades y otros sitios, Soler habló ante una reunión organizada por el Sindicato Unido de Trabajadores Agrícolas del Estado de Washington, visitó a mineros del carbón en sus piquetes de huelga en el sur de Virginia del Oeste, y se reunió con dirigentes del movimiento de agricultores en Iowa.

20. En marzo de 1988, Mark Curtis, socialista y miembro del sindicato de la industria alimenticia UFCW, que trabajaba en la fábrica empacadora de la Swift en Des Moines, Iowa, fue acusado falsamente de intento de violación y allanamiento de morada. Curtis fue arrestado y golpeado despiadadamente por la policía de Des Moines pocas horas después de que hubiera salido de una reunión en defensa de diecisiete trabajadores de la Swift —dieciséis mexicanos y un salvadoreño— a quienes la policía federal del Servicio de Inmigración y Naturalización había arrestado en la fábrica durante una redada y amenazado con deportarlos. En septiembre de 1988, Curtis fue declarado culpable y sentenciado a veinticinco años de cárcel. Fue excarcelado bajo libertad condicional en junio de 1996, siete años y medio más tarde, un plazo mucho mayor que el promedio para las personas condenadas por cargos similares en el estado de Iowa. La historia del caso fabricado contra Curtis y la campaña internacional por su libertad se relata en *A Packinghouse Worker's Fight for Justice: The Mark Curtis Story* (La lucha por la justicia de un obrero de la carne: la historia de Mark Curtis; Pathfinder, 1990), por Naomi Craine.

a hombro con otros combatientes, hemos atraído hacia el partido a sectores más y más amplios de trabajadores como amigos que nos respetan, buscan nuestras opiniones, se suscriben al *Militant*, compran libros de Pathfinder y asisten a diversos eventos auspiciados por el partido y mítines o actos de protesta que promovemos.

(1) Debemos prestar especial atención a la labor de reclutar a nuevos miembros entre estos luchadores siempre que sea posible.

(2) Reconocemos también los límites objetivos al ritmo de reclutamiento al movimiento comunista en esta etapa de la lucha de clases; por ahora desarrollamos amigos y partidarios en los sindicatos mucho más rápidamente que nuevos miembros del partido. En una época de creciente radicalización del movimiento obrero, la influencia del partido en los sindicatos conducirá al reclutamiento directo de cada vez más trabajadores.

(3) Hemos aprendido la necesidad de organizar una seria labor de educación en colaboración con cada nuevo miembro para lograr que adquiera una sólida base y comprensión de las conquistas históricas del movimiento obrero internacional.

(4) También hemos aprendido que, así como nuestros cuadros en los sindicatos son una fracción de la clase obrera y del liderazgo surgido de las filas, también somos una fracción de trabajadores combatientes que *necesitan* leer el *Militant* cada semana.

(a) El *Militant* presenta el amplio conjunto de noticias y análisis sociales, políticos y mundiales que nuestra clase necesita para ubicarse como parte de la clase obrera internacional y seguir la marcha histórica de nuestra clase. Es la única manera de estar al día con lo que sucede en el movimiento sindical, precondición para realizar una labor sindical eficaz.

(b) Si el trabajo sindical no conduce a ampliar el círculo de lectores del *Militant* y de *Perspectiva Mundial* entre los trabajadores, así como aumentar la difusión de *Nueva Internacional* y de libros y folletos de Pathfinder, no es trabajo sindical comunista.

3. Nuestras experiencias en las luchas sindicales que comenzaron en 1989, como otros aspectos de nuestra actividad partidista, han sido afectadas no solo por el período de crecientes batallas de clases hacia el cual nos encaminamos, sino por la *existencia semisectaria* de la cual hemos estado saliendo durante los doce años del viraje del partido a la industria. Los errores y debilidades de nuestra participación en las batallas de Eastern y Pittston están marcados por este hecho.

 a) En nombre de participar de lleno en las últimas etapas de la batalla de Eastern, y sin tener plena conciencia de lo que hacíamos, cometimos dos errores sectarios ultraizquierdistas. Reflejaban el criterio equivocado de que en la actualidad nuestro peso dentro de una batalla sindical puede ser un elemento determinante para el desenlace, lo cual creó presiones y distorsiones sobre la valiosa influencia y energía que sí ejercíamos.

 (1) Nos alejamos del tipo de trabajo confiado y nacional de propaganda comunista, en torno a la venta de suscripciones al *Militant*, que era tan posible como importante para impulsar esta resistencia obrera.

(a) De hecho, la venta de más suscripciones al *Militant* a huelguistas del IAM es una vía indispensable que pueden utilizar los cuadros de una organización comunista para ejercer influencia política a fin de impulsar la huelga, y no una desviación de nuestro objetivo de hacer todo lo posible por ayudar a ganarla.

(b) Ante todo, el *Militant* presenta el eje semanal mediante el cual se puede conducir a los luchadores obreros hacia el comunismo, a la vez que permite que los trabajadores comunistas se mantengan políticamente enfocados mientras leen, venden *y discuten* el periódico con sus compañeros de lucha.

(2) En varias ramas centralizamos excesivamente el trabajo de apoyo a la huelga de la Eastern, creando estructuras *ad hoc* en vez de mejorar el trabajo en torno a la huelga a través de las fracciones locales.

(a) Esto nos puso trabas al utilizar y reorganizar las fracciones locales para que fuesen los organismos directivos de este trabajo sindical (siendo el comité ejecutivo el responsable del trabajo cotidiano de apoyo a la huelga de la rama en su conjunto).

(b) A este error contribuyeron analogías inexactas derivadas de la responsabilidad general y nacional que el Comité Timón de Trabajo en la Huelga de Eastern asumía respecto a nuestra fracción de miembros del IAM y a otros camaradas asignados al trabajo de apoyo a la huelga.

b) Nuestros errores en la batalla de Pittston fueron dobles:

(1) Primeramente, durante los meses iniciales de la huelga, nos tardó reconocer y responder al carácter entrelazado del trabajo de solidaridad con las huelgas de Eastern y de Pittston en el movimiento sindical. Teníamos la tendencia de pensar que una orientación hacia la batalla de la Pittston nos desviaría del trabajo de solidaridad con la Eastern, en vez de considerarlo un esfuerzo complementario que fortalecería ambas luchas.

(2) En segundo lugar, a comienzos de 1990, cuando Trumka anunció que estaba pendiente una propuesta de contrato, respondimos correctamente como trabajadores combativos, desde el seno de la huelga, sabiendo que algunos trabajadores de vanguardia habían sido despedidos, que las onerosas multas no serían revocadas, y que ciertas secciones importantes del convenio permanecían sin resolverse. Pero cuando se comenzó a escuchar estas referencias a un posible contrato —en un momento cuando ya estábamos logrando organizarnos para llevar a huelguistas de la Eastern y a otros trabajadores al Campamento de la Solidaridad— caímos en la ilusión de creer que los miembros votarían contra el pacto y continuarían la huelga. Por lo tanto, nos tardó reconocer el carácter y la importancia de la victoria lograda por las filas del UMWA.

c) A pesar de estos errores, que reconocimos y tomamos medidas para rectificar, hay dos errores que el PST *no cometió*, y que como partido de trabajadores-bolcheviques no podría cometer.

(1) No cometimos el error de apartarnos del fragor de estas batallas. Reconocimos su importancia mundial y no solo participamos de lleno en ellas

sino que integramos a nuestro movimiento norteamericano e internacional. Nos enfocamos en lo que estaba en juego con estas luchas, no en sus límites. No impusimos precondiciones (por ejemplo, la democracia sindical o la paralización de la producción) antes de participar en estas batallas, asumir así responsabilidades importantes y convertirnos en la fuente semanal indispensable de noticias veraces sobre estas luchas.

(2) No cometimos el error de orientarnos hacia ciertos individuos en la cúpula del sindicato, en lugar de mantener la vista en las filas que luchan, en los que realmente *son* el sindicato.

d) Es especialmente notable lo que un partido de trabajadores-bolcheviques pudo lograr y aprender como parte de estas luchas obreras, dado que:
(1) solo dos de nuestras diez fracciones sindicales industriales estaban directamente involucradas;
(2) ninguno de nuestros miembros en el UMWA estaban en huelga contra la Pittston;
(3) la mitad de nuestras ramas están en regiones donde no se reflejaban directamente estas luchas de una semana a otra; y
(4) contamos con menos de una docena de huelguistas del IAM en la Eastern, y disponemos de aún menos camaradas que son miembros del UMWA y están trabajando en las minas.

e) Lo que hemos logrado y estamos logrando demuestra el tipo de trabajo comunista que solo pueden realizar las organizaciones que han conquistado o están conquistando el viraje a la industria.
(1) Muestra en la práctica la influencia de que gozan nuestras fracciones sindicales industriales y sus miembros individuales, como parte de un

partido proletario que se basa en el centralismo revolucionario.

(2) Demuestra que al compartir responsabilidades con otros trabajadores combativos a largo plazo —llegando a conocerse, discutir entre sí, y aprender a confiar el uno en el otro— crece la confianza y la disposición de colaborar en torno a luchas futuras.

(3) Comprueba lo indispensable que es actuar no solo como organización nacional, sino como parte de un movimiento comunista mundial, con todas sus partes integrantes envueltas en la vida de la clase obrera mediante sus fracciones sindicales industriales.

(4) Demuestra cómo un partido revolucionario de trabajadores saca fuerza, se renueva y cobra nuevas energías como parte de todo avance de nuestra clase; y cómo esta situación nos encamina hacia la repolitización de nuestro movimiento después de casi una década en que las condiciones objetivas llevaban hacia la despolitización.

f) En el transcurso de estas batallas, los cuadros del PST se han visto transformados.

(1) Lo que hemos logrado como parte de estas luchas, experiencia sin igual desde el inicio del viraje a la industria, coloca al partido en una nueva posición ante la primera ola de batallas de clases más grandes de la próxima década, batallas que no podemos predecir, y que nosotros no iniciaremos.

(2) Pero independientemente de cuándo o cómo lleguen estas luchas, nos integraremos a ellas más rápidamente, con más confianza, y mejor preparados como parte de una fracción de la vanguardia

combativa de nuestra clase —con más trabajadores-bolcheviques avanzando, tomando iniciativas, dirigiendo a su partido más profundamente hacia la acción— gracias a lo que hemos conquistado al formar parte integral de las batallas de la Eastern y de la Pittston en 1989 y 1990.[21]

---

21. La participación en estas batallas obreras fue decisiva en la preparación de los cuadros del Partido Socialista de los Trabajadores para la siguiente gran prueba a la que se enfrentaron, que comenzó cuando esta resolución se aprobaba en el congreso del partido en agosto de 1990. Ese mismo mes, Washington inició la campaña guerrerista en el Golfo Arábigo-Pérsico que culminó a principios de 1991 en el bombardeo de seis semanas y la invasión de cien horas de Iraq, en que fueron masacrados por lo menos 150 mil iraquíes. Para leer una evaluación de los resultados de ese ataque, y de la campaña obrera contra el imperialismo y la guerra realizada por los cuadros del PST y por los comunistas en otros países, ver "Los cañonazos iniciales de la tercera guerra mundial: el ataque de Washington contra Iraq" por Jack Barnes en el número 1 de *Nueva Internacional*.

MARGRETHE SIEM / MILITANT

Manifestación del sindicato Teamsters en Jersey City, Nueva Jersey, durante la huelga contra la compañía de envíos de paquetes United Parcel Service, agosto de 1997. La huelga fue el primer triunfo de una lucha sindical de alcance nacional en Estados Unidos en casi una década. El desenlace de una huelga "representa un avance si se libró de tal manera que otros trabajadores y sindicalistas se ven animados a emular esta lucha".

Los sindicalistas que laboran para la Bremer Vulkan en las ciudades alemana occidental de Bremen (arriba) y alemana oriental de Stralsund ocuparon los astilleros en 1996 para impedir cierres y despidos. "Los pasos que se dan hacia la vinculación del estado imperialista con el estado obrero de Alemania encaminan a la burguesía alemana hacia choques más directos con la clase obrera tanto del Este como del Oeste, al tiempo que facilitan la acción unitaria de la clase obrera en Alemania".

SEGUNDA PARTE

EL IMPERIALISMO NORTEAMERICANO HA PERDIDO LA GUERRA FRÍA

A. La ofensiva de las clases gobernantes imperialistas en los años ochenta —caracterizada por la política Reagan/Thatcher— ha resultado un fracaso

1. Durante la década de 1980, la ofensiva capitalista en los países imperialistas sí asestó duros golpes al movimiento obrero, golpes que tuvieron consecuencias devastadoras para amplias capas del pueblo trabajador.

2. Sin embargo, esta ofensiva no logró ninguno de los objetivos necesarios para sentar las bases de un período sostenido de expansión capitalista y creciente estabilidad social y política, precondiciones para trastrocar la creciente probabilidad de una crisis económica y social mundial:

   a) Los gobernantes capitalistas no lograron invertir la tendencia de la tasa de ganancia de caer.

   b) Resultaron incapaces de quebrar la resistencia de la clase trabajadora al grado necesario para alterar de manera fundamental la correlación de fuerzas entre el trabajo y el capital.

3. También fracasaron los gobernantes imperialistas en sus esfuerzos por estabilizar una base sólida entre la clase media.

   a) Muchos profesionales y otras capas pequeñoburguesas prosperaron mientras los gobernantes capitalistas llevaban a cabo su ofensiva antiobrera.

   b) Sin embargo, para fines de los años ochenta, los aumentos de impuestos, las crecientes tasas de intereses e hipotecas, y la creciente inestabilidad económica golpearon a amplias capas de la clase media así como a trabajadores y pequeños agricultores en los países imperialistas.[1]

4. El agresivo capitalismo de "mercado libre" al estilo de Reagan y Thatcher tuvo su mejor oportunidad en los años ochenta, pero los capitalistas no lograron sus objetivos.

5. No se han dado, sino que aún están por darse, las batallas decisivas entre las clases gobernantes imperialistas y la clase trabajadora.

B. Se han agudizado las contradicciones económicas y sociales del imperialismo norteamericano

1. El principal peligro económico que enfrenta el imperialismo es la creciente posibilidad de un colapso del sistema bancario capitalista internacional, y la depresión y crisis social mundial que este fenómeno desataría inevitablemente.

2. Los diversos elementos de la crisis capitalista mundial —cada uno de los cuales por sí solo o en combinación con otros podría precipitar dicha crisis bancaria internacional— han empeorado durante el breve lapso transcu-

---

1. Una década más tarde, las tasas de intereses en Estados Unidos, el Reino Unido y la mayoría de los países imperialistas habían bajado bruscamente respecto a los niveles de los años ochenta, cuando las tasas hipotecarias habían sido frecuentemente de 10 por ciento o más. No obstante, las condiciones deflacionarias del capitalismo mundial desarrolladas en los años noventa causaron inseguridad entre las clases medias, ya que decayó el ingreso real doméstico para todas las familias salvo las más acomodadas, la tasa de quiebra de los pequeños negocios se mantuvo a niveles históricamente altos, y el gran capital "redimensionó" a mucho personal gerencial de bajo y mediano rango.

rrido desde que el Partido Socialista de los Trabajadores adoptó en agosto de 1988 su resolución política, "Lo que anunció la caída de la bolsa de valores de 1987".[2]

a) Se ha acelerado el debilitamiento del sistema de ahorro y préstamos en Estados Unidos.

(1) Los planes bipartidistas en Washington para rescatar la naufragante red de ahorro y préstamos —a un costo que se calcula ascendería a los 500 mil millones de dólares— señalan la decisión tomada por los capitalistas de tratar de socializar las crecientes pérdidas del sistema bancario y evitar así una peor crisis bancaria.[3]

(2) La aguda crisis del sistema de ahorro y préstamos representa apenas un pequeño indicio de las tensiones financieras que agobian las compañías de seguros, grandes empresas de corredores de acciones y bonos, y agencias hipotecarias y prestamistas semigubernamentales, y que afectan la estabilidad de los precios de tierras y bienes raíces. Lo más importante son las crecientes presiones ejercidas sobre los bancos comerciales mediante todas estas agencias.

b) La deuda del Tercer Mundo sigue siendo enorme, sin posibilidades de que siquiera los países semi-

---

2. Esa resolución aparece en el número 4 de *Nueva Internacional*.

3. El Tesoro de Estados Unidos desembolsó casi 200 mil millones de dólares entre fines de los ochenta y diciembre de 1995, clausurando instituciones de ahorro y préstamos que estaban en bancarrota y reembolsando a depositantes. Se calcula que se pagará 200 mil millones de dólares más a los acaudalados tenedores de bonos de treinta años que el gobierno había emitido para financiar el rescate.

coloniales más fuertes (por ejemplo México, Brasil, Argentina) puedan saldarla.

(1) No obstante las pequeñas ventajas competitivas logradas el año pasado por los bancos imperialistas más fuertes al rebajar parte de su enorme deuda en el Tercer Mundo, los capitalistas aún no han avanzado hacia una solución o hacia la estabilización a mediano plazo de los países deudores.

(2) En Argentina —y últimamente en Brasil— la drástica política deflacionaria impuesta por los gobiernos capitalistas frente a la crisis de la deuda está creando las peores condiciones de depresión económica desde los años treinta.

(3) Una quinta parte de la población mundial, y un porcentaje mucho mayor de los habitantes de los países semicoloniales, sufren los estragos de enfermedades tales como la tuberculosis, la malaria y el SIDA, así como los efectos de la hambruna y de la desnutrición permanente. Estas condiciones sociales han empeorado en la última década por todo el Tercer Mundo, sobre todo en Africa del sub-Sahara, y con pocas excepciones.[4]

---

4. De acuerdo a un informe del Banco Mundial en 1998, casi la tercera parte de la población del Tercer Mundo, junto con Europa oriental y la antigua URSS, vive en condiciones de pobreza, y el porcentaje "sube rápidamente en América Latina y Africa del sub-Sahara". Según el Banco Mundial, la pobreza ha estado disminuyendo únicamente en Asia oriental, "y la crisis financiera en Asia oriental retrasará la reducción de pobreza allí". De hecho, la crisis financiera en Asia amenaza con convertirse en una depresión económica con resultados devastadores. El año después de la erupción de la crisis a mediados de 1997, por ejemplo, el porcentaje de la población de Indonesia (el cuarto país

(4) La probabilidad de un incumplimiento que socave todo el sistema financiero mundial es mayor que en cualquier momento desde que estalló la crisis de la deuda del Tercer Mundo a principios de los años ochenta. En los países deudores son cada vez más probables los levantamientos sociales contra las desastrosas consecuencias de la austeridad y de la canalización de sus riquezas a los bancos imperialistas.[5]

c) Ya alcanza su apogeo la proliferación de bonos y títulos de alto riesgo *(junk bonds)* financiada por las

---

del mundo) que vive por debajo del nivel oficial de pobreza se multiplicó del 11.3 por ciento al 40 por ciento.

5. A fines de 1996 la deuda externa del Tercer Mundo ascendía a unos 2.25 billones de dólares (un billón es un millón de millones), según las cifras del Banco Mundial, comparado con 1.3 billones de dólares a fines de los años ochenta. La deuda externa total de América Latina subió en más del 155 por ciento, a 657 mil millones de dólares entre 1980 y fines de 1996. Los bancos imperialistas presionaron a los gobiernos y a las empresas en Asia a que aceptaran préstamos a corto plazo a un ritmo acelerado en la década de 1990, precipitando la "Crisis Asiática" que comenzó en 1997. A fines de 1997, la deuda externa en Corea del sur alcanzaba más de 150 mil millones de dólares; en Indonesia, 140 mil millones; en Tailandia, 95 mil millones; en Filipinas, 40 mil millones.

"El monto de las deudas incobrables en Japón" —calculado en casi un billón de dólares en julio de 1998— "podría ser la estadística más importante de la crisis financiera asiática", reconoció David Sanger en la edición del *New York Times* del 30 de julio de 1998. "Desde que estalló la crisis, los bancos japoneses han estado tan asediados que casi han detenido sus préstamos en su país y en otras partes de Asia. . . . Esto ha contribuido a una falta de crédito, lo cual ha agravado la recesión —y en algunos lugares la depresión— que abarca desde Corea del Sur hasta Indonesia".

deudas, fenómeno que había caracterizado la expansión del capitalismo desde la recesión de 1981-82.

(1) El tamaño del globo de deudas empresariales en Estados Unidos, como porcentaje de las ganancias empresariales o del producto nacional bruto, es mayor que en cualquier momento desde la Gran Depresión de los años treinta.

(2) Los límites de la continuación de la expansión basada en títulos se manifiestan en el bajón del mercado de bonos de alto riesgo que comenzó en 1989; en la disminución del número y del valor monetario de las adquisiciones apalancadas; y en la persistente inestabilidad de los mercados de acciones, bonos y mercancías.[6]

(3) Sigue estancada la inversión capitalista en fábricas y maquinaria destinada a aumentar la capacidad productiva, permaneciendo —desde los años ochenta— en los niveles más bajos desde el fin de la Segunda Guerra Mundial.[7]

---

6. Durante el miniboom capitalista después de la Guerra del Golfo, la deuda empresarial en Estados Unidos bajó por varios años pero volvió a subir de nuevo a fines de los años noventa. La inversión en bonos empresariales de alta ganancia y alto riesgo —los llamados *junk bonds*— alcanzó un nivel récord de casi 100 mil millones de dólares en el primer semestre de 1998. Esta suma era casi cinco veces la cantidad cambiada cada año entre 1986 y 1989, cuando Michael Milken, pionero de los *junk bonds* en Wall Street, fue encarcelado por dejar a clientes ricos con montañas de bonos incumplidos y sin valor. Los anuncios de fusiones de empresas financiadas por deudas, que también habían decaído a principios de los ochenta, alcanzaron un nuevo apogeo de 973 mil millones de dólares en el primer semestre de 1998, más que el récord por la suma de los doce meses del año anterior.

7. Esta tendencia continuó en los años noventa, a pesar de los

(4) El capitalismo norteamericano es más vulnerable ahora que en el momento del crac bursátil de 1987 a un derrumbe bancario precipitado por una recesión, una explosión de las tasas de inflación e intereses u otras crisis parciales.

d) En 1986 el capitalismo estadounidense experimentó una fuerte contracción económica que por sus efectos fue equivalente a una recesión.

(1) Se devaluó una cantidad suficiente de capital como para

  (a) sentar las bases para un nuevo, aunque lento, crecimiento económico; y

  (b) aplazar la próxima contracción de la economía estadounidense por un lustro más.

(2) La próxima recesión se dará bajo los efectos

---

comentarios en la prensa capitalista acerca de un "boom de inversiones". La cantidad total de plantas y equipos industriales en Estados Unidos ha crecido a una tasa anual del 2 por ciento desde 1980, comparado con una tasa anual del 3.9 por ciento durante las tres décadas anteriores. También ha disminuido desde 1980 la inversión como porcentaje de la renta nacional en los países imperialistas en su conjunto.

"No puede caber mucha duda sobre la opción escogida por la América empresarial de los noventa: el redimensionamiento ha triunfado sobre la reconstrucción", escribió en noviembre de 1996 Stephen Roach, principal economista de la Morgan Stanley, casa inversionista de Wall Street. "Redimensionar significa conformarse con menos: logrando eficiencias al recortar tanto mano de obra como capital. . . . Históricamente, los períodos de acelerada productividad han estado asociados a un aumento en los niveles de empleo". Roach informa que el *hardware* de computadoras representó el 57 por ciento del aumento del gasto de capital entre 1994 y 1997. Pero la abrumadora mayoría de estos gastos se dedica a sustituir equipo obsoleto, no a aumentar la capacidad.

acumulados de una nueva serie de condiciones económicas desestabilizadoras: el deterioro de la crisis bancaria; la mayor burbuja de deudas jamás vista; una persistente inestabilidad del mercado de acciones y bonos; una nueva vulnerabilidad de los pequeños agricultores; y el estancamiento de la inversión de capitales.

(3) Debido al peso de la economía de Estados Unidos en el mundo y el carácter cada vez más integrado del capitalismo mundial, dicha caída podría desencadenar recesiones considerables en otros países imperialistas y causar nuevos estragos en la mayoría de los países semicoloniales. Acelerará la ya creciente competencia y los conflictos proteccionistas entre las principales potencias imperialistas.[8]

3. Todos los elementos de la crisis capitalista arriba mencionados son manifestaciones de la persistente tendencia de la tasa de ganancia de bajar.

a) Esta sigue siendo la tendencia predominante, a pesar de los éxitos cosechados por los patrones durante los años ochenta al prolongar la semana laboral media por primera vez en cincuenta años.

---

8. La economía capitalista norteamericana se hundió en una recesión entre julio de 1990 y marzo de 1991. El primer lustro de la expansión posterior fue caracterizada por el crecimiento más lento de cualquier recuperación del ciclo comercial desde la Segunda Guerra Mundial. El nivel medio de los salarios reales de los trabajadores bajó cada uno de esos cinco años, la primera vez en la historia de Estados Unidos que esto había sucedido durante un ascenso del ciclo comercial. No fue sino hasta 1997 que comenzaron a crecer modestamente los salarios reales, aunque permanecen muy por debajo del nivel de hace un cuarto de siglo en 1973.

b) La disposición de los gobernantes de otorgar concesiones económicas o sociales a la clase obrera está volviéndose más limitada. Están reduciéndose la capacidad del capitalista individual de prever el futuro, ya que cada cual trata de generar la mayor ganancia posible a corto plazo con la esperanza de mantenerse a flote y vencer a sus rivales, a pesar de las consecuencias: mayores deudas, menos fondos dedicados a la investigación y al desarrollo, y fusiones empresariales que persiguen objetivos financieros sin ventajas productivas o comerciales.[9]

C. Cambios en los alineamientos imperialistas de la posguerra y la creciente competencia entre los capitalistas

1. Los cambios en el alineamiento internacional de las fuerzas de clases surgido tras la Segunda Guerra Mun-

---

9. Entre 1992 y 1998, subieron las ganancias como porcentaje de la renta nacional de Estados Unidos, aunque este porcentaje permaneció muy por debajo de la norma del período posterior a la Segunda Guerra Mundial. Esta alza fue en gran medida resultado de la prolongación de la semana laboral y de la intensificación de la reducción de costos por la clase patronal, no de la expansión de la capacidad productiva o de un aumento rápido de los ingresos de ventas. "Los años noventa han sido evidentemente un período de lento crecimiento de ventas", informó el *Wall Street Journal* en un artículo de primera plana el 13 de abril de 1998. "El débil ambiente de ventas provocó medidas que llevaron a las sólidas ganancias reportadas en los años noventa. James Paulsen, principal funcionario de inversiones en la unidad de administración de inversiones de la Norwest Corp., en Minneapolis, afirma que el ejecutivo de los años noventa se convirtió en un 'capitalista de mentalidad contraccionista' que redujo plantillas, agregó computadoras, minimizó inventarios, paró de construir fábricas y eliminó a administradores de nivel mediano".

dial han sido y siguen siendo caracterizados sobre todo por las modificaciones del grado y carácter del dominio económico, político y militar de Washington dentro del sistema imperialista.

2. Los preparativos para la organización de un cuarto *Reich* han colocado nuevamente a Alemania en el centro de la política europea y atlántica, y señalan un cambio fundamental en las relaciones internacionales entre las potencias imperialistas.

a) El entrelazamiento acelerado de las perspectivas monetarias y económicas, los alineamientos políticos y la lucha de clases en la imperialista República Federal Alemana (RFA) y el estado obrero de la República Democrática Alemana (RDA) marca el cambio más grande en las relaciones y los conflictos interimperialistas en Europa y la Alianza del Atlántico. También tiene un mayor impacto que cualquier otro suceso sobre las crecientes crisis económicas y políticas de los estados obreros de Europa central y oriental y sus relaciones con la Unión Soviética.

b) Estos cambios reflejan primero y ante todo el fortalecimiento relativo del capital financiero alemán dentro del sistema imperialista.[10]

---

10. El Muro de Berlín cayó el 9 de noviembre de 1989, ante las crecientes movilizaciones populares a través de la República Democrática Alemana en contra del régimen. En agosto de 1990, el parlamento de Alemania oriental votó a favor de la reunificación bajo las condiciones de la constitución de la República Federal de Alemania. Pero la reunificación formal —que se dio el 3 de octubre de 1990— no significó "el relativo fortalecimiento del capital financiero alemán dentro del sistema imperialista". De hecho, el principal cambio en la política mundial desde que se redactó esta resolución en 1990 ha sido el debilitamiento relativo de la burguesía alemana tanto económica como políticamente

(1) El poderío industrial y comercial del capital financiero alemán es la causa del fortalecimiento del marco y de la creciente influencia del banco central alemán en Europa capitalista y más allá.[11]

(2) Los gobernantes capitalistas de la RFA están dando pasos inexorables con miras a que su

---

en Europa capitalista, especialmente frente a su rival imperialista en Francia. Aunque la resolución señala correctamente las contradicciones que para el imperialismo alemán significa su intento de tragarse y asimilar al estado obrero en el este, no saca la única conclusión consecuente con estos hechos: es decir, las consecuencias rápidas y debilitadoras que se anticiparían para los gobernantes capitalistas de Alemania a raíz de su esfuerzo por unificar a dos estados con relaciones sociales antagónicas.

11. Desde entonces, Bonn ha transferido unos 100 mil millones de dólares por año a Alemania oriental, aproximadamente el 5 por ciento del PIB de Alemania occidental, y el 40 por ciento del PIB de la ex RDA. El gobierno ha dedicado la mayor parte de estos fondos a la indemnización por desempleo y a otras prestaciones sociales, no a la inversión de capitales. El gobierno alemán ha cerrado muchas instalaciones industriales en el este, produciendo un nivel oficial de desempleo que superaba el 20 por ciento a principios de 1998 (y mucho más si no se cuenta los proyectos estatales de empleos mal remunerados cuyo propósito es de mantener ocupada a la gente). En 1997–98 el desempleo en Alemania occidental alcanzó los mayores niveles desde principios de los años treinta, reflejando las presiones sobre el capital alemán y las presiones deflacionarias por toda Europa.

El capital alemán es también más vulnerable que sus rivales imperialistas a los efectos de la creciente crisis en Rusia. A mediados de 1998, el gobierno y otras instituciones en Rusia les debían a los bancos alemanes unos 30.5 mil millones de dólares: más de cuatro veces el monto de las deudas rusas a los bancos norteamericanos, y más del 40 por ciento del conjunto de la deuda rusa a los bancos extranjeros. Un 14 por ciento del capital de los bancos alemanes está expuesto a préstamos a Rusia.

fuerza política y militar mundial corresponda al fortalecimiento de su posición económica frente al imperialismo estadounidense y a sus rivales capitalistas europeos.

c) La rapidez acelerada con que la RFA y la RDA avanzan hacia la unión económica y monetaria socava aún más las posibilidades de: 1) la creciente integración y homogeneización de las naciones capitalistas integrantes de la Comunidad Europea (CE) al acercarse 1992; y 2) frenar las luchas sindicales y obreras en Alemania Occidental, el país clave de Europa capitalista.[12]

(1) El aún mayor predominio económico, político y militar del imperialismo alemán frente a sus rivales europeos (dentro y fuera de la CE) agravará de forma aguda el desequilibrio, los conflictos y las contradicciones que obstaculizan un camino armonioso hacia una Europa capitalista integrada.

(2) También se pretende alcanzar la situación anterior a la Segunda Guerra Mundial cuando el capital financiero alemán dominaba Europa central,

---

12. El declive de Bonn frente a París y a Londres desde 1990 frustró los planes del capital alemán de aprovechar la fuerza del marco para dominar una moneda europea fuerte antes del fin de la década, marcando más decididamente con su huella los asuntos extranjeros y militares de toda Europa. El "euro", que comenzó a utilizarse el 1 de enero de 1999 para denominar las transacciones bancarias y de acciones de bonos, será una moneda más débil y más inestable que el marco, que a su vez se ha debilitado mucho desde 1990. Para el año 2002 debe reemplazarse con billetes de "euros" el marco, el franco francés y otras monedas nacionales. Los gobernantes del Reino Unido, así como de Dinamarca y Suecia, por ahora han decidido mantener su propia moneda nacional.

conforme los gobernantes de la RFA intentan complementar su posición en Europa capitalista estableciendo también una posición ventajosa en sus relaciones económicas con los gobiernos de los estados obreros europeos.

(3) Los pasos que se dan hacia la vinculación del estado imperialista con el estado obrero de Alemania en una unión económica encaminan a la burguesía alemana hacia choques más directos con la clase obrera tanto del Este como del Oeste, al tiempo que facilitan la acción unitaria de la clase obrera en Alemania.

d) Los gobernantes capitalistas de Gran Bretaña resultan menos capaces de confiar en su "relación especial" con Washington como contrapeso al creciente dominio de Alemania en Europa y al continuo declive del imperialismo británico.

(1) La libra esterlina ha sido víctima de las pretensiones de Thatcher, quien durante casi una década había afirmado que los cimientos del capitalismo británico eran más fuertes de lo que realmente eran. Ahora la libra estará ligada más y más al marco alemán que al dólar estadounidense.

(2) La fuerza del capitalismo británico y el apoyo al thatcherismo siguen siendo erosionados por los mayores niveles de inflación y tasas de intereses de Europa capitalista, combinados con la creciente resistencia a los ataques patronales y del gobierno, especialmente frente a un sistema impositivo cada vez más regresivo y oneroso.

(3) La guerra de las Malvinas en 1982, lejos de demostrar que el imperialismo británico sigue siendo una potencia mundial, demostró lo contrario.

Gran Bretaña no podría haber continuado —ni mucho menos ganado— la guerra contra Argentina sin el decisivo apoyo logístico y de inteligencia que obtuvo gracias a la decisión de Washington de poner a la disposición de Londres su poderío aéreo y naval durante el conflicto.[13]

3. Sigue agudizándose la competencia interimperialista (tanto comercial como en la exportación de capital), aumentando con ello las presiones proteccionistas y las consecuentes tensiones y conflictos políticos mundiales.

a) La Comunidad Europea busca acabar para 1992 con todas las barreras internas al comercio, a la mano de obra y al movimiento de capital, y presentar un frente común contra otros rivales imperialistas. En respuesta, los gobernantes de Estados Unidos y Canadá han tomado medidas para crear un bloque similar.[14] Las clases dominantes de Australia y Nueva

---

13. Ante el debilitamiento relativo del imperialismo alemán desde 1990, y la sustitución del marco por el euro, los gobernantes del Reino Unido han buscado preservar la "relación especial" con Washington con renovados bríos a fin de reforzar su posición frente a las potencias rivales en el continente europeo. El gobierno conservador de John Major, en particular, fue el aliado más sólido de Washington en términos militares y políticos durante la Guerra del Golfo en 1990–91, y el gobierno laborista de Anthony Blair fue el partidario de la Casa Blanca de más confianza durante sus nuevas medidas de guerra contra Iraq a fines de 1997 y principios de 1998.

14. Los gobernantes imperialistas de Estados Unidos y Canadá, junto con la burguesía mexicana, inauguraron el Tratado Norteamericano de Libre Comercio (TLC, o NAFTA, por sus siglas en inglés) el 1 de enero de 1994. Este fue precedido por un pacto comercial entre Washington y Ottawa suscrito en enero de 1988. Para leer una explicación del TLC, especialmente el papel que juega en la superexplotación de los campesinos y trabajadores

Zelanda han formado igualmente su propia "zona de libre comercio".

(1) Este creciente proteccionismo, al cerrarles aún más los mercados a los países semicoloniales, agrava su devastación económica.

(2) También repercutirá en divisiones explosivas en el seno de los propios bloques comerciales imperialistas bajo la presión de una u otra crisis económica.

b) La creciente rivalidad interimperialista y las guerras comerciales que de ella surgen se ven ilustradas notablemente por la escalada de ataques que los gobernantes estadounidenses lanzan contra sus rivales imperialistas en Japón.

(1) La embestida proteccionista de Washington ocurre en el contexto del derrumbe del superinflado mercado bursátil japonés en 1990; el declive del valor del yen frente al marco y al dólar; la inestabilidad de los estratosféricos precios de bienes raíces; y los efectos que tienen los precios inflados de alimentos y otros artículos de primera necesidad sobre la extrema desigualdad en la distribución de ingresos. El capitalismo japonés es más vulnerable a las crisis económicas parciales y a las fluctuaciones económicas mundiales que durante los años ochenta.[15]

---

de México semicolonial, ver "La marcha del imperialismo hacia el fascismo y la guerra" por Jack Barnes en *Nueva Internacional* no. 4, págs. 353–60.

15. El capitalismo japonés ha sufrido una crisis deflacionaria durante toda la década de 1990. La bolsa de valores de Tokio se desplomó, de 40 mil a fines de 1989 a menos de 14 mil en agosto y septiembre de 1998. En 1989 las acciones japonesas, en

(2) Al mismo tiempo, el capital financiero japonés sigue comprando fábricas por toda Asia oriental y sudoriental a un ritmo muy acelerado, compitiendo más intensamente con el imperialismo estadounidense por el dominio de los mercados de Asia y la región del Pacífico.

(3) Los ataques proteccionistas contra el capital japonés por parte de sus rivales imperialistas tienen un cariz racista y antiasiático del que se valen los imperialistas norteamericanos, para lo cual cuentan especialmente con la ayuda de la burocracia sindical, y también de los maldirigentes burgueses y pequeñoburgueses entre las nacionalidades oprimidas.

(4) El imperialismo japonés continúa desarrollando sus fuerzas militares (tiene el mayor presupuesto militar de cualquier potencia imperialista aparte de Washington). Al mismo tiempo, carece de un arsenal nuclear o siquiera de la posibilidad de poseer uno a corto plazo, por lo que permanece subordinado al poderío estratégico naval y aéreo de Washington en el Pacífico. [16]

c) La inestabilidad económica y social, así como la pro-

---

términos de dólares, representaban el 45 por ciento de la suma de precios de las acciones en las bolsas del mundo; a mediados de 1998, la cifra había bajado al 10 por ciento. A mediados de 1997 los valores de terrenos en Tokio eran aproximadamente la quinta parte de los precios a principios de la década. La tasa de desempleo es la más alta desde la Segunda Guerra Mundial.

16. Los siete países con los mayores presupuestos militares del mundo en 1996 eran Estados Unidos (265 mil millones de dólares), Rusia (48 mil millones), Japón (45 mil millones), Francia (38 mil millones), el Reino Unido (33 mil millones), Alemania (32 mil millones) y China (32 mil millones).

babilidad de que se intensifique la lucha de clases, están creciendo en todo el mundo imperialista.

(1) Por toda Europa capitalista el desempleo desde la recesión de 1982 se ha mantenido a los niveles más altos del período posterior a la Segunda Guerra Mundial, mientras que han disminuido las tasas de crecimiento económico.[17]

(2) La viabilidad del "modelo sueco" como "alternativa al capitalismo" está más y más en tela de juicio, al hacerse más visible la crisis económica y el conflicto entre las clases en ese país imperialista.

(a) El crecimiento económico en Suecia se ha estancado, la inflación permanece alta, y los niveles impositivos afectan con más fuerza a crecientes capas de la población.

(b) Esto provoca más resistencia entre la clase obrera ante las demandas del gobierno capitalista y de la clase patronal, a pesar de la tasa relativamente baja de desempleo y el salario social relativamente alto en Suecia.[18]

(c) Frente a una Comunidad Europea dominada cada vez más por el capital financiero alemán,

---

17. En abril de 1998, la tasa de desempleo en los países de la Unión Europea se había mantenido por encima del 10 por ciento desde principios de 1993.

18. En Suecia el desempleo subió bruscamente del 3 por ciento a principios de los años noventa al 14 por ciento a principios de 1994, y a principios de 1998 seguía a niveles históricamente altos de alrededor del 8 por ciento. Los gobiernos tanto socialdemócratas como conservadores han buscado atacar las prestaciones por desempleo, las pensiones y otras conquistas sociales de la clase obrera. En Suecia también ha crecido la polarización de clases, con un número creciente de ataques derechistas contra los derechos de los inmigrantes y las libertades civiles.

los gobernantes suecos —que permanecen fuera de la CE— enfrentarán una competencia capitalista muy intensificada.

(3) A pesar de los golpes asestados a principios de los años ochenta contra la lucha por los derechos nacionales del pueblo quebequense, los gobernantes de Canadá han resultado incapaces de socavar de manera fundamental las principales conquistas logradas por Quebec desde la Segunda Guerra Mundial.

(a) Desde fines de 1986, las tentativas de ataque por parte de los gobernantes han enfrentado varias acciones considerables en defensa de los derechos lingüísticos de las personas de habla francesa.

(b) El resurgimiento del apoyo a la independencia de Quebec marca una nueva etapa en la lucha por la autodeterminación nacional en ese país.

(c) Esta lucha se verá entrelazada cada vez más con las luchas de los trabajadores por toda Canadá en defensa de sus intereses de clase frente a la creciente crisis económica y social capitalista.[19]

---

19. Decenas de miles de trabajadores y jóvenes quebequenses participaron en manifestaciones y salieron a las calles en 1995 en apoyo al voto "sí" en un referéndum sobre la soberanía de Quebec. Expresando los crecientes sentimientos independentistas, una de las consignas más populares era "¡Queremos un país!" El "sí" recibió más del 49 por ciento de los votos, y el 60 por ciento de los votos de los miembros de la oprimida nacionalidad quebequense. Unos quince años antes, un referéndum parecido había recibido el 42 por ciento de los votos, incluyendo el 46 por ciento de los votos de los quebequenses.

(4) Nueva Zelanda es el único país imperialista que nunca emergió de la recesión mundial de 1982.

    (a) En medio del profundo y persistente estancamiento económico de los ochenta, los capitalistas de Nueva Zelanda han intensificado su ofensiva antiobrera, que ya en la segunda mitad de la década se había convertido en una fuga en desbandada del movimiento sindical.

    (b) Las consecuencias económicas y sociales para la clase trabajadora fueron particularmente desastrosas para la población maorí y los inmigrantes de las islas del Pacífico.

    (c) Decenas de miles de trabajadores neozelandeses se han visto obligados a emigrar a Australia en los últimos diez años en busca de empleos y salarios que les permita vivir.[20]

(5) En el transcurso de los últimos veinte años, decenas de millones de trabajadores y campesinos de las naciones oprimidas de Africa, Asia, el Pacífico,

---

20. El repunte del ciclo comercial en Nueva Zelanda que comenzó en 1992 (y que en 1998 deceleraba) no frenó la arremetida contra la clase trabajadora. Los gobernantes capitalistas neozelandeses lanzaron una ofensiva contra la negociación colectiva y otros derechos sindicales; recortaron el seguro por desempleo y el presupuesto para la salud pública y educación; y rebajaron los salarios y aumentaron las horas. El desempleo, que según cifras oficiales fue de casi cero durante la mayor parte de los años setenta, alcanzó el 11 por ciento a fines de 1991 y permaneció por encima del 6 por ciento durante la expansión del ciclo comercial. Un estudio publicado en abril de 1996 reveló que una de cada cinco personas en Nueva Zelanda vivía por debajo del nivel oficial de pobreza para una familia de tres personas, y que el índice de pobreza era dos veces y media más alto para los maoríes y tres veces y media más alto para los inmigrantes de las islas del Pacífico.

el Caribe y Centro y Sudamérica han inmigrado a los países imperialistas. Esta histórica ola migratoria es la más grande desde la masiva inmigración a Estados Unidos, principalmente de Europa, antes de la Primera Guerra Mundial.

(a) Este proceso continuará en tanto las leyes del capital sigan creando reservas de trabajadores que puedan ser superexplotados con salarios de miseria y jornadas largas y obligados a aceptar condiciones de trabajo brutales y acelerados ritmos de producción.

(b) Los trabajadores inmigrantes enfrentan sistemáticos ataques racistas y chovinistas, además de ser discriminados por su idioma, situación que los gobernantes capitalistas intentan utilizar para mantenerlos como parias y reserva de mano de obra barata bajo la categoría de "extranjeros", "huéspedes" o "ilegales", al tiempo que fomentan y mantienen divisiones entre el pueblo trabajador.

(c) A raíz de estas nuevas olas de inmigración, la clase trabajadora en los países imperialistas es más multinacional que antes. Las tradiciones obreras "nacionales" tienen cada vez menos significado, mientras que la clase obrera en los países imperialistas está vinculada cada vez más directamente a las luchas y experiencias de los trabajadores y agricultores en otros países, a medida que gente de todas partes del mundo trabaja y lucha hombro a hombro.

(d) Estos cambios de composición y conocimientos más amplios fortalecen el movimiento obrero en los países imperialistas. Con el tiempo, los trabajadores inmigrantes cobran confianza, por lo cual la clase capitalista subestima su capacidad de combate (buen ejemplo de esto es el creciente peso de los trabajadores de habla hispana, asiáticos y otros inmigrantes en la industria procesadora de carne en Estados Unidos). Al agudizarse la lucha de clases, este proceso dará lugar al surgimiento de una dirección proletaria más fuerte.

4. La creciente crisis económica y social del capitalismo en los años noventa ejercerá más presión sobre los derechos y el espacio político del pueblo trabajador.

   a) Existen regímenes democrático-burgueses en casi todos los países imperialistas importantes. Sin embargo, al desatarse e intensificarse la crisis social, estos países no escaparán fuertes tendencias hacia un régimen bonapartista, como las que caracterizaron una gran parte de Europa capitalista en los años veinte y treinta.[21]

   b) Las clases dominantes imperialistas se valdrán de todos los medios permitidos por la correlación de fuerzas de clases, tanto legales como extralegales, para defender sus derechos de propiedad y sus privilegios de clase frente a la creciente resistencia obrera.

   (1) Utilizarán más a la policía y los tribunales contra el movimiento sindical, activistas agrícolas, luchadores contra la discriminación racial y los que partici-

---

21. Ver "La marcha del imperialismo hacia el fascismo y la guerra" por Jack Barnes en *Nueva Internacional* no. 4, así como *Capitalism's World Disorder: Working-Class Politics in the 21st Century* (El desorden mundial del capitalismo: política obrera en el siglo XXI) por Jack Barnes (Pathfinder, 1998), que aparecerá en español en 1999.

pan en otras luchas progresistas. Los gobernantes realizarán repetidos esfuerzos para restringir el espacio político que tienen los oprimidos y explotados para organizarse y resistir (por ejemplo: censura, cargos fabricados, ataques a las garantías jurídicas de los acusados y a los derechos de los presos, el mayor uso de la pena de muerte).

(2) La creciente polarización de clases engendrará al mismo tiempo grupos derechistas, racistas y antiobreros que adoptarán diversas formas. Estos grupos ensayarán las posibilidades de utilizar la violencia contra sindicalistas, luchadores entre las filas y activistas políticos, entre ellos los cuadros de organizaciones comunistas.

(3) Al ir en aumento las tendencias bonapartistas, la burocracia sindical colaborará con la patronal en un intento de atar los sindicatos más estrechamente al estado capitalista como instrumentos de vigilancia y control sobre la clase obrera.

c) Aunque las condiciones actuales no pasarán directamente al bonapartismo, las crecientes presiones económicas y sociales en los países imperialistas ya conducen a una polarización de clases cada vez más aguda, una de cuyas expresiones es la creciente resistencia de las nacionalidades oprimidas frente a la discriminación y la violencia racista y chovinista.

D. El imperialismo norteamericano ha perdido la Guerra Fría

1. La "Guerra Fría" fue la expresión usada para describir la trayectoria militar estratégica que el imperialismo estadounidense y sus aliados se vieron obligados a seguir ante los límites impuestos por el equilibrio internacional de las fuerzas de clases tras la Segunda Guerra Mun-

dial. Estos límites impedían durante el futuro previsible el uso de masivas fuerzas armadas para lograr la meta estratégica de Washington: derrocar los estados obreros en la Unión Soviética y Europa oriental y restablecer el capitalismo en esos países.

  a) Durante el período inmediato de la posguerra, Washington se vio impedido de perseguir esta meta cuando los soldados norteamericanos se negaron a volver a la guerra, esta vez contra ex aliados, la Unión Soviética y los trabajadores y campesinos de China. Ante un movimiento popular organizado por los propios soldados cuyo lema era "Que nos regresen a casa", los gobernantes imperialistas se vieron obligados políticamente a cumplir su promesa de desmovilizar al grueso de sus fuerzas armadas.[22]

  b) El ataque organizado por Washington contra Corea en 1950, donde se ensayó la táctica militar de intervenir contra la Unión Soviética "por la puerta trasera", no logró su objetivo de derrocar a la República Popular Democrática de Corea, y la guerra llegó a un punto muerto en el paralelo 38.

  (1) Las consecuencias de la agresión contra Corea aceleraron el derrocamiento de la propiedad capitalista y la consolidación de un estado obrero en la vecina China. Los trabajadores y campesinos chinos se alistaron masivamente como voluntarios cruzando el río Yalú para luchar junto al pueblo coreano y repeler a los invasores imperialistas.

  (2) Los imperialistas llegaron a la conclusión de que el precio político que pagarían en toda Asia al desatar armas nucleares por segunda vez en la región ex-

---

22. Ver "Cuando las tropas norteamericanas dijeron '¡No!' " por Mary-Alice Waters en *Nueva Internacional* no. 1.

cluía la posibilidad de usarlas en el conflicto coreano. La dificultad de sostener una guerra terrestre en Asia que era políticamente impopular contra un estado obrero presagió la derrota norteamericana en Vietnam dos décadas más tarde.

(3) La guerra dejó a Corea dividida, siéndole negada la unificación nacional tras más de medio siglo de ocupación por Tokio y Washington. Esta es la más importante y explosiva división nacional impuesta por las potencias vencedoras de la Segunda Guerra Mundial que queda sin resolver.

c) Para la segunda mitad de los años cincuenta, el desarrollo soviético de armas nucleares y tecnología espacial convenció a los imperialistas de que el riesgo de la destrucción en masa, no solo de Europa sino de Estados Unidos, era demasiado grande como para contemplar un ataque directo contra los estados obreros soviético y de Europa oriental. Desde fines de los sesenta, la Unión Soviética ha mantenido un equilibrio aproximado con el imperialismo norteamericano en cuanto a armas nucleares y sistemas de lanzamiento (equilibrio no en el sentido de números iguales de ojivas y proyectiles, sino de la capacidad de cada gobierno de asestarle daños arrasadores al otro: lo que en la jerga del Pentágono se llama Destrucción Mutua Garantizada, o MAD [las siglas en inglés significan loco]).[23]

---

23. A pesar de la demagogia de John Kennedy durante su campaña presidencial contra Richard Nixon en 1960, en la que alegó una "brecha de misiles" que supuestamente le daba a la URSS una ventaja sobre Washington, la verdad era lo contrario. En 1962 el gobierno norteamericano tenía unas 5 mil ojivas nucleares y 500 cohetes intercontinentales, mientras que la Unión Soviética

2. Dadas estas realidades, Washington se vio limitado durante la Guerra Fría a usar su poderío militar para tratar de contener toda expansión del derrocamiento revolucionario del dominio imperialista y de las relaciones de propiedad capitalistas. Su esfuerzo estratégico por debilitar los estados obreros soviético y de Europa oriental se limitó a presionar las castas burocráticas para que controlaran a la clase obrera, sofocaran toda iniciativa política y mantuvieran a los trabajadores aislados de las luchas de los trabajadores y campesinos alrededor del mundo, con toda la despolitización y desmoralización que conlleva dicho aislamiento.

a) Para el imperialismo éste fue un interludio inevitable durante el cual se prepararía para el día que los estados obreros estuviesen suficientemente debilitados por la política estalinista que desmoralizó a la clase obrera como para permitir su destrucción con un ataque frontal imperialista.

b) En cambio, lo que ha culminado en 1989 y 1990 es la crisis acelerada e irreversible de los partidos estalinistas y de las castas pequeñoburguesas parásitas en las cuales se basan, y cuya política contrarrevolucionaria ha estado debilitando a los estados obreros degenerados o deformados durante muchas décadas.

(1) Los estados obreros y sus cimientos de propiedad proletarios han demostrado ser mucho más

---

tenía 300 o menos ojivas nucleares y apenas unas pocas decenas de cohetes. El gobierno soviético dijo que en 1971 alcanzó la paridad con Washington en cuanto a lanzacohetes, aunque Moscú aún tenía un número mucho menor de ojivas. Washington actualmente dispone de más de 7100 ojivas nucleares montadas en cohetes balísticos intercontinentales, lanzadores de submarinos y bombarderos; Rusia cuenta con unas 6200 ojivas.

fuertes que las castas.

(2) Aunque fue brutalizada y despolitizada, la clase trabajadora en los estados obreros ha demostrado su capacidad —aun dentro de los límites de la conciencia sindical burguesa— para resistir las consecuencias económicas y sociales del creciente parasitismo y burocratismo de las castas gobernantes.

(a) Esta resistencia, comenzando con el levantamiento de los trabajadores polacos en los años ochenta, ha desencadenado las crisis que ahora asolan a los regímenes en toda Europa oriental y central y en la Unión Soviética.

(b) Los trabajadores de estos países resistirán con aún más empeño las consecuencias de los pasos hacia la restauración del capitalismo.

(3) Estos sucesos confirman la vigencia del pronóstico que plantearon los comunistas en los años treinta. Según lo expresó concisamente Trotsky: "Como fuerza política consciente, la burocracia ha traicionado a la revolución. Pero por fortuna, la revolución victoriosa no es solamente una bandera, un programa, un conjunto de instituciones políticas; es también un sistema de relaciones sociales. No basta traicionarla; es necesario, además, derrumbarla. Sus dirigentes han traicionado a la Revolución de Octubre pero no la han derrumbado".[24]

3. Ante una situación en que los traidores —que han sido el principal obstáculo al fortalecimiento de los estados obreros— se están derrumbando o se encuentran a la

---

24. León Trotsky, *La revolución traicionada: ¿Qué es y adónde se dirige la Unión Soviética?* (Nueva York: Pathfinder, 1992), pág. 206.

defensiva, y un ataque militar contra la Unión Soviética y Europa oriental se hace menos factible que nunca, el imperialismo aún enfrenta la misma batalla histórica, aunque desde una posición más débil: en vez de librar una "Guerra Fría" contra los regímenes pequeñoburgueses de la casta burocrática, *el imperialismo tendrá que confrontar directamente y tratar de derrotar a la clase trabajadora a fin de derrocar los estados obreros y restablecer el capitalismo en Europa central y oriental y en la Unión Soviética.*

a) El continuo debilitamiento relativo del imperialismo norteamericano en el sentido económico y político, combinado con la creciente crisis del régimen en la Unión Soviética, aminora el impacto directo que sus relaciones bilaterales tienen sobre la política mundial y reduce el control que ejercen sobre las luchas.

(1) Dado el equilibrio nuclear estratégico entre los gobiernos de Estados Unidos y la Unión Soviética, no existe probabilidad de una guerra nuclear entre estos dos países; no obstante, seguirán disminuyendo los territorios del globo que están cubiertos por esta "sombrilla nuclear" soviético-norteamericana. Un número cada vez menor de luchas o conflictos políticos plantea el peligro directo de un enfrentamiento nuclear entre los gobiernos de Estados Unidos y la Unión Soviética.

(2) El desmoronamiento de la alianza militar del Pacto de Varsovia bajo estas condiciones acelera rápidamente la desintegración de la alianza militar reaccionaria de la OTAN, la cual ya sufría crecientes tensiones a raíz de la intensificada competencia interimperialista y los cambios de alineamiento de las burguesías nacionales rivales.

b) Este colapso de una correlación mundial de fuerzas caracterizada por el empate entre dos bloques militares dotados de armas nucleares significa más inestabilidad política en los países imperialistas, los estados obreros y a escala mundial.

(1) La desintegración de los regímenes estalinistas crea más espacio político para que las clases trabajadoras en Europa central y oriental, así como en la Unión Soviética, se organicen y luchen contra las devastadoras consecuencias que conlleva el creciente uso de métodos capitalistas y los ataques a las conquistas de los estados obreros.

(2) Las luchas obreras en Europa capitalista y en los estados obreros de Europa oriental y central se afectarán e influirán mutuamente a un mayor grado que en cualquier momento de los últimos cuarenta años. El muro relativamente impenetrable que antes impedía estos nexos se viene abajo con la desintegración de las alianzas de la OTAN y del Pacto de Varsovia y la marcha acelerada hacia la unificación de Alemania.[25]

---

25. Los gobernantes de Estados Unidos comenzaron a reconstruir la OTAN en los años noventa sobre los cadáveres de los pueblos yugoslavos, tomando medidas simultáneamente para apretar su cerco militar de los estados obreros en Rusia y las demás ex repúblicas soviéticas, y para reforzar su dominio sobre las potencias imperialistas rivales en la alianza del Atlántico. A principios de los noventa, el gobierno norteamericano saboteó una tentativa tras otra de París, Bonn y Londres para actuar como negociadores del poder; cada una esperaba conseguir ventajas militares y económicas contra Washington y contra las demás. Al acumularse los fracasos de la fuerza europea de ocupación en Bosnia, bajo la bandera de Naciones Unidas, y al paralizarse los intentos de diplomacia, Washington insistió y logró encabezar una fuerza de la OTAN que realizó ataques aéreos y bombardeos navales y terrestres contra las fuerzas serbias. Se efectuaron más de 3 mil ataques entre febrero de 1994 y septiembre de 1995. A fines de

(3) Es más, con el pasar del tiempo estas luchas serán percibidas menos como luchas separadas de trabajadores en Europa occidental contra la explotación capitalista, por un lado, y de trabajadores en Europa oriental contra una casta burocrática anquilosada por el otro. Al contrario, serán reconocidas cada vez más como una lucha entrelazada de trabajadores en toda Europa y a nivel mundial contra el sistema deshumanizador y destructor de la tierra, el sistema de explotación y opresión regido por las clases dominantes imperialistas y su reflejo mediante diversas correas de transmisión, especialmente

(a) las cúpulas sindicales y los liderazgos socialdemócratas, estalinistas y demás maldirigentes pequeñoburgueses en Europa capitalista; y

(b) los regímenes, partidos políticos, y cúpulas sindicales pequeñoburgueses, así como otras

---

1995, tras esta campaña prolongada de bombardeos, los gobernantes trajeron a representantes de las fuerzas serbias, croatas y bosnias a la Base Aérea Wright-Patterson en Dayton, Ohio, para conversaciones que le dieron autorización a Washington para dirigir un ejército de ocupación en Bosnia de unas 60 mil tropas, incluyendo a 20 mil de Estados Unidos. En agosto de 1998, la fuerza de ocupación organizada por Washington, cuya salida estaba programada inicialmente para fines de 1996, permanecía en Bosnia sin fecha de salida fija.

Durante la misma cumbre de la OTAN en enero de 1994 donde la administración norteamericana logró la aprobación de ataques aéreos en Yugoslavia, el presidente William Clinton inició la propuesta de ampliar la OTAN hacia el este, más cerca de las fronteras del estado obrero ruso. En la cumbre de la OTAN en julio de 1997 se fijó la primavera de 1999 como fecha para el ingreso de Polonia, la República Checa y Hungría como la "primera ola" de nuevos estados miembros.

instituciones administradas principalmente por capas medias surgidas de las castas que se desintegran en los estados obreros deformados y degenerados.

c) Washington también ha sufrido un golpe histórico a su capacidad de usar su arsenal nuclear estratégico como ventaja contra sus rivales imperialistas más fuertes para frenar las consecuencias políticas de su relativo declive económico.

(1) La brusca disminución de la importancia de la protección nuclear norteamericana ante el declive del Pacto de Varsovia le da a Washington menos influencia política que nunca frente a sus rivales imperialistas, sobre todo frente al capital financiero alemán.

(2) No obstante, los gobernantes de Estados Unidos seguirán empleando su dominio militar, tanto nuclear como convencional, para ejercer más fuerza política dentro del sistema imperialista de lo que su fuerza económica le permitiría.

(3) Independientemente de las nuevas oportunidades de comercio e inversión que se produzcan entre las potencias imperialistas y los gobiernos de los estados obreros, éstas serán demasiado pequeñas como para trastrocar las consecuencias de la creciente competencia interimperialista y la tendencia de la tasa de ganancia de bajar.

4. La diplomacia de las "cumbres" entre Washington y Moscú influye menos ahora sobre la marcha de la política mundial que en cualquier momento desde las conferencias de Yalta y Potsdam, las cuales pretendían dividir el mundo en "esferas de influencia" estables al final de la Segunda Guerra Mundial.

a) Washington es menos capaz que nunca de hablar, negociar y actuar como cabeza indiscutible de una alianza imperialista mundial, y Moscú ya no es capaz de hablar a nombre del Pacto de Varsovia o siquiera a nombre del creciente número de partes de la "Unión" de Repúblicas Soviéticas Socialistas.[26]

b) Por lo tanto, la diplomacia de las cumbres se limita cada vez más a negociaciones sobre
(1) la reducción de armas y tropas estacionadas en el extranjero, que tanto los gobernantes estadounidenses como la casta soviética necesitan lograr por sus propias razones económicas y políticas a nivel interno; y
(2) la "limitación" de las armas nucleares, que tanto Washington como Moscú seguirán utilizando propagandísticamente para encubrir la constante modernización y miniaturización de sus arsenales nucleares.

---

26. La Unión Soviética se disolvió oficialmente en diciembre de 1991 tras un golpe de estado fallido en agosto para derrocar al presidente soviético Mijail Gorbachov. Gorbachov renunció como secretario general del Partido Comunista inmediatamente después del golpe y organizó la disolución de su Comité Central. Luego dimitió como presidente de la Unión Soviética, menos de una hora antes de su disolución el 25 de diciembre. Boris Yeltsin reemplazó a Gorbachov como jefe de estado. El gobierno ruso (y los de las demás ex repúblicas soviéticas de la URSS) está administrado mayormente por funcionarios del antiguo régimen. Sin embargo, Moscú ya no trata de justificar su legitimidad alegando representar la continuidad de la Revolución de Octubre de 1917 dirigida por los bolcheviques. Las castas sociales cristalizadas de los regímenes estalinistas —aglutinadas por el interés material en perpetuar su propio consumo privilegiado del excedente social— se han desmoronado en un sinnúmero de fragmentos, cada cual con la intención de mejorar al máximo su propia situación.

c) La casta pequeñoburguesa en la Unión Soviética tiene menos que ofrecerle al imperialismo. Es menos capaz que antes de brindar resultados a cambio de acuerdos de "coexistencia pacífica".

(1) Continúa buscando una relación estable con el imperialismo, pero esta meta sigue siendo ilusoria. En tanto existan los cimientos de propiedad del estado obrero, será imposible la estabilidad a largo plazo entre el imperialismo norteamericano y la Unión Soviética. Tampoco habrá respiro en las luchas de clases que seguirán desgarrando ambos países.

(2) El gobierno soviético seguirá definiendo su política exterior respecto a Cuba y a diversos movimientos de liberación nacional de acuerdo a su propia conveniencia diplomática y sus necesidades económicas, y no de acuerdo a los principios internacionalistas. Seguirá tratando de presionar a los movimientos revolucionarios para que se acoplen con las negociaciones diplomáticas soviéticas con el imperialismo.

(3) Sin embargo, los intereses de estado (diplomáticos o económicos) de la casta en la URSS no se verían beneficiados por drásticas reducciones del comercio con Cuba, ni por la ruptura de sus relaciones con organizaciones de liberación nacional como el Congreso Nacional Africano y otras.[27]

---

27. En enero de 1990 el gobierno soviético anunció planes para comenzar a comerciar con Cuba (y con otros estados obreros) utilizando divisas convertibles y a precios del mercado mundial. Desde principios de los años sesenta, la URSS había comprado azúcar, cítricos y otros productos cubanos de exportación a precios superiores a los del mercado mundial, y le había vendido a Cuba petróleo, productos industriales, y trigo y otros productos agropecuarios pagando precios inferiores a los del merca-

d) El hecho de que una guerra nuclear entre la Unión Soviética y Estados Unidos es menos probable que nunca no debe ser interpretado como la disminución del peligro de que se usen armas nucleares.

(1) Mientras más gobiernos posean arsenales nucleares (se han sumado Israel, India y Paquistán en los últimos veinte años, y hay más estados en camino), y mientras más se intensifiquen los conflictos de clases, nacionales y estatales por todo el mundo, más peligro habrá de que uno de estos regímenes capitalistas recurra a las armas nucleares ante presiones extremas.

(2) Es más, aunque las potencias nucleares imperialistas han mostrado, desde la época de Hiroshima y Nagasaki, su falta de disposición política de

---

do capitalista. El acuerdo quinquenal entre Cuba y la Unión Soviética venció a fines de 1990, y el año siguiente se eliminó progresivamente los precios preferenciales que habían existido por muchos años. Aún después del colapso de la Unión Soviética a fines de 1991, continuó el comercio entre Cuba y el nuevo régimen en Rusia, pero el cambio abrupto y desfavorable de las condiciones comerciales impidió que Cuba importara petróleo y otros productos de Rusia a niveles remotamente parecidos al nivel de los años anteriores.

Dado que un 85 por ciento del comercio cubano había sido con la Unión Soviética y los estados obreros de Europa oriental, esta ruptura de las pautas comerciales —junto con los efectos de la creciente deflación capitalista mundial y del intensificado embargo comercial norteamericano— precipitó las difíciles condiciones económicas de los años noventa que los cubanos denominan el Período Especial. Para 1996, gracias a los esfuerzos del pueblo trabajador cubano, la caída de la producción industrial y agropecuaria había tocado fondo, y las escaseces de alimentos y otros artículos esenciales, aunque todavía eran severos, habían comenzado a aminorar.

utilizar armas nucleares, (habiendo rechazado su uso en Corea, en Vietnam y contra Cuba), siguen fomentando "guerras por testaferros" en las cuales sus aliados al final pudieran ser incitados a lanzar un ataque nuclear.

(3) Solo la revolución socialista en los países imperialistas podrá acabar de una vez por todas con el peligro de una conflagración nuclear mundial.

(4) Es posible que la clase dominante imperialista de Estados Unidos pudiera lanzar un ataque desesperado con armas nucleares en una etapa avanzada de la revolución socialista mundial, estando arrinconados los explotadores.

(a) Sin embargo, la única manera de prevenir esa posibilidad es la construcción de un movimiento obrero revolucionario que tenga la fuerza necesaria para derrocar y desarmar a los gobernantes capitalistas de Estados Unidos.

(b) Esto requiere una orientación hacia la construcción de un partido comunista proletario como parte de un movimiento comunista mundial.

(5) La dinámica desencadenada por los sucesos de 1989–90 abre la posibilidad de una nueva ola de movimientos de protesta, en un país europeo tras otro, que luchen por la eliminación de la producción y el emplazamiento de armas nucleares. Esta posibilidad es particularmente importante en Alemania. Dichas luchas limitan la capacidad política de los imperialistas de usar el chantaje nuclear en su política exterior y crean más espacio para la lucha y la política de clases tanto en Europa como a nivel mundial.

e) La decreciente probabilidad de un conflicto militar

entre los gobiernos de la Unión Soviética y Estados Unidos en un futuro cercano no implica la paz para el mundo semicolonial.

(1) Washington se ve cada vez menos capaz de justificar su agresión militar refiriéndose a la Guerra Fría y al "peligro soviético".

(2) Pero el imperialismo se valdrá de otros pretextos, desde el "narcotráfico" hasta el "terrorismo" así como provocaciones a sangre fría, para seguir probando los límites al uso de su enorme fuerza militar con el propósito de aplastar luchas obreras y campesinas y movimientos de liberación nacional.

(3) No habrá "distensión" con los trabajadores en ninguna parte del mundo que luchen por la liberación nacional y el socialismo. No habrá descanso para los millones de niños que los imperialistas someten al hambre, para los millones de campesinos y trabajadores que los imperialistas explotan y oprimen hasta la muerte; ni será aliviada la enorme destrucción ecológica causada por los resultados de su ley del valor.

E. Cambios en la posición que ocupa el poderío militar norteamericano

1. La fuerza militar, tanto táctica como estratégica, sigue siendo el instrumento más importante de diplomacia y política exterior del imperialismo estadounidense.

a) Washington es el único gobierno imperialista para el cual esto es cierto en la actualidad, y esta realidad sigue dándole más dominio —dentro del sistema imperialista mundial— de lo que le permitiría por sí sola la relativa fuerza económica y política del capital norteamericano.

b) Durante los años ochenta Washington incrementó su asistencia militar y financiera a regímenes burgueses "testaferros" para servir de gendarmes a través del mundo (desde Israel, su socio menor imperialista, hasta Paquistán, El Salvador y otros).

c) A pesar de las crecientes presiones económicas y políticas, ha mantenido una enorme red mundial de bases militares (desde Islandia y Alemania en Europa, hasta Hawai, Filipinas, Panamá, Puerto Rico, Japón, Corea del sur, etcétera) y una presencia naval en todos los mares del mundo.

d) Ha armado a movimientos derechistas en contra de regímenes a los cuales se opone en los países semicoloniales (incluidos los contras nicaragüenses, la alianza encabezada por Pol Pot en Camboya, UNITA en Angola, los derechistas afganos).

e) Realizó brutales ataques aéreos contra Libia en 1986 y empleó su fuerza naval contra Irán durante la guerra Irán-Iraq en 1980–88.[28]

---

28. El 15 de abril de 1986, una fuerza aérea norteamericana bombardeó las ciudades libias de Trípoli y Bengazi, dejando un saldo de decenas de muertos y heridos. Varios bombarderos atacaron el lugar donde vivía el líder libio Mu'ammar al-Gadafi, matando a su hija e hiriendo a otros familiares. El gobierno de Thatcher ayudó a la administración Reagan, permitiendo que dieciocho bombarderos despegaran de bases en el Reino Unido.

En septiembre de 1980 el gobierno de Iraq lanzó lo que sería una guerra de ocho años contra Irán, con la esperanza de frenar el impacto de la revolución iraní de 1979 entre el pueblo trabajador de toda la región y apoderarse de campos petrolíferos y puertos. Cientos de miles de soldados y civiles perdieron la vida de ambos lados. Apenas disimulando neutralidad, Washington, Londres y París le suministraron equipo militar a Iraq durante la guerra para tratar de debilitar y, de ser posible, destruir la revolución en Irán. El gobierno norteamericano despachó una

f) Usó aviones caza F-4 de su Base Aérea Clark en Filipinas para apuntalar al gobierno de Corazón Aquino ante un intento de golpe lanzado en diciembre de 1989 por sus opositores en las fuerzas armadas.[29]

g) Dio ayuda decisiva a Londres en términos de logística, inteligencia y pertrechos en la guerra de 1982 para impedir que Argentina restableciera su soberanía sobre las islas Malvinas, que siguen siendo una colonia de la monarquía británica.

h) Ha brindado helicópteros artillados con pilotos estadounidenses a Perú que —en nombre de la "guerra antinarcóticos"— han sido utilizados en combates contra guerrilleros opuestos al gobierno, y ha anunciado un acuerdo con el gobierno peruano

---

flota naval de más de veinticinco buques de guerra al Golfo Arábigo-Pérsico en 1987. Las fuerzas norteamericanas dispararon contra un buque iraní, el *Iran Ajr*, en septiembre de 1987, matando a cinco marineros. Y en julio de 1988 una tripulación de la Marina de Guerra norteamericana derribó un avión iraní, matando a todos los 290 pasajeros y tripulantes.

En una declaración jurada en enero de 1995, Howard Teicher, ex funcionario del Consejo de Seguridad Nacional de la Casa Blanca, reconoció que "el presidente Reagan resolvió que Estados Unidos no podía permitir que Iraq perdiera la guerra contra Irán" y que "el director de la CIA [William] Casey encabezó personalmente el esfuerzo para garantizar que Iraq tuviera suficientes armas, municiones y vehículos militares para no perder la guerra Irán-Iraq".

29. Ante la amplia oposición popular a la continuación de las bases militares norteamericanas en territorio filipino, el senado de ese país rechazó en 1991 un pacto negociado por Washington y el gobierno de Aquino para prolongar por diez años el contrato de arriendo de la Base Aérea Clark y la Base Naval de Subic Bay. El gobierno norteamericano se retiró de la Base Aérea Clark en noviembre de 1991 y de Subic Bay en noviembre de 1992.

para establecer una base de contrainsurgencia de las Boinas Verdes, equipada con veinte cazas de ataque, a un costo de 35 millones de dólares.

i) Realizó invasiones militares directas contra Granada en 1983 y Panamá en 1989.

j) Al tiempo que ha disminuido marcadamente sus maniobras bélicas nucleares dirigidas contra el Pacto de Varsovia, el gobierno norteamericano continúa sus maniobras estratégicas aéreas y navales en gran escala contra Cuba, cuyo territorio sigue ocupando en Guantánamo, y —junto con el régimen sometido a Washington en Seúl— contra la República Popular Democrática de Corea.

2. Desde su derrota en Vietnam a mediados de los años setenta, Washington ha rechazado políticamente la opción de tratar de librar una guerra prolongada con grandes números de tropas estadounidenses.

a) Las decisiones del gobierno estadounidense de invadir Granada y Panamá se basaron en el criterio de que las fuerzas norteamericanas enfrentarían poca resistencia, asegurándose la victoria en cuestión de días, no meses, y por lo tanto con muy pocas bajas.

(1) En ambos casos la victoria le fue entregada al imperialismo norteamericano en bandeja de plata. El costo político para los gobernantes de Estados Unidos fue tan pequeño que la agresión nunca produjo protestas grandes o sostenidas, ni en Estados Unidos ni en Latinoamérica ni en el Caribe.

(2) En Granada, el golpe contrarrevolucionario organizado por la facción estalinista encabezada por Bernard Coard, que culminó con el asesinato de Maurice Bishop y otros revolucionarios, destruyó al gobierno de trabajadores y campesinos y socavó

la base de una resistencia popular a la agresión estadounidense.

(3) En Panamá, la posibilidad de resistencia prolongada a la invasión norteamericana fue impedida por la capitulación del general Manuel Noriega, rendición que reflejó la corrupción y el carácter político del régimen burgués militar.

(4) Tanto en Granada como en Panamá, el número elevado de muertos y heridos civiles fue producto de decisiones tácticas tomadas a sangre fría por Washington para reducir al máximo las bajas estadounidenses.[30]

b) La "guerra de baja intensidad" no es una nueva y eficaz "estrategia" militar norteamericana que refleje un fortalecimiento del imperialismo estadounidense.

(1) Al contrario, es una descripción de los límites que enfrenta Washington al no disponer de la fuerza política necesaria para lanzar una "guerra de alta intensidad", el uso directo de su fuerza militar. Es una manifestación de los límites políticos sobre el uso de la fuerza militar de Washington, reflejando el debilitamiento relativo del imperialismo estadounidense.

(2) Al aumentar las presiones que conduzcan a crecientes luchas de trabajadores y campesinos y a explosiones antiimperialistas por todo el mundo semicolonial, Washington en algún momento considerará que no le queda otra opción que la

---

30. Ver "El segundo asesinato de Maurice Bishop", por Steve Clark, en *New International* no. 6 y en la edición de agosto de 1987 de *Perspectiva Mundial;* y *Panama: The Truth About the U.S. Invasion* (Panamá: la verdad sobre la invasión norteamericana; Pathfinder, 1990) por Cindy Jaquith, Don Rojas, Nils Castro y Fidel Castro.

de enviar masivas fuerzas de infantería norteamericanas para librar una guerra (en este sentido tomó un riesgo calculado en Panamá).

(3) Después de que se produzca tal movilización de fuerzas norteamericanas, surgirá una creciente crisis social en Estados Unidos, y surgirá rápidamente en comparación con la guerra de Vietnam. La oposición a dicha prolongada guerra terrestre en el extranjero surgirá más rápidamente, y más explosivamente, con participación obrera y sindical desde un principio.

3. En Nicaragua el ejército sandinista encabezado por el FSLN logró un triunfo militar sobre los contras para la segunda mitad de 1987. La "guerra de baja intensidad" norteamericana fue derrotada.

a) Sin embargo, la dirección predominante del FSLN resultó incapaz de aprovechar esa victoria para trazar una perspectiva comunista con la cual los combatientes templados entre los trabajadores y campesinos pudiesen impulsar la revolución.

(1) Las victorias militares de los trabajadores y campesinos no se consolidaron paso a paso mediante la profundización de una trayectoria hacia la ampliación de la reforma agraria, el fortalecimiento del control obrero en las fábricas y el avance y la ampliación de la lucha obrera en la Costa Atlántica y en toda Nicaragua. Al contrario, los dirigentes del FSLN profundizaron la colaboración de clases, se orientaron hacia los capitalistas y grandes terratenientes "patrióticos" y subordinaron los intereses de los trabajadores explotados a la preservación de dicha alianza.

(2) Los dirigentes del FSLN rechazaron una perspectiva que apuntara a la construcción de un partido

comunista de masas basado en los trabajadores, campesinos y soldados de vanguardia. Disiparon así las energías y capacidades de la única fuerza en Nicaragua capaz de hacer avanzar la revolución hacia la creación de un estado obrero basado en una firme alianza de trabajadores y campesinos.[31]

b) Nunca se puso a prueba la capacidad de los trabajadores nicaragüenses de resistir e impedir la destrucción de la revolución, porque no fueron organizados, movilizados o conducidos con ese fin en un momento de la revolución en que pudieran haber tenido un efecto decisivo.

(1) El gobierno de trabajadores y campesinos ya se había podrido antes de que el retroceso de la revolución quedase reflejado en la derrota del FSLN en las elecciones parlamentarias del 25 de febrero de 1990 y el establecimiento de un régimen burgués de coalición.

(2) La dirección predominante del FSLN está desempeñando un papel imprescindible en los esfuerzos iniciales por consolidar el nuevo gobierno, incluso asumiendo responsabilidad por el despliegue y control de las fuerzas armadas.[32]

(3) Sin embargo, aun no se han perdido importantes conquistas de la revolución. La defensa de determinadas conquistas concretas será decidida en la lucha. De las futuras confrontaciones surgirá una

---

31. Ver el número 3 de *Nueva Internacional* sobre "El ascenso y el ocaso de la revolución nicaragüense".

32. El comandante del FSLN Humberto Ortega permaneció como jefe del estado mayor del ejército nicaragüense hasta febrero de 1995.

nueva dirección de trabajadores y campesinos que buscará tácticas que puedan promover sus intereses de clase.

4. En Afganistán, a pesar de la considerable ayuda provista por Washington a las fuerzas contrarrevolucionarias por más de una década, éstas han sido incapaces de derrocar al gobierno.

a) La retirada de las tropas soviéticas en 1989, en lugar de debilitar la defensa del gobierno frente a los ejércitos derechistas respaldados por Washington, minó la capacidad de estas fuerzas reaccionarias de seguir movilizando un amplio respaldo popular en torno a la "unidad nacional" contra los invasores soviéticos.

b) Hoy día el gobierno de Afganistán está más lejos, y no más cerca, de ser derrocado que durante el período de la ocupación soviética.[33]

5. En Africa austral, fracasó la "guerra de baja intensidad" en la cual Washington, mediante su ayuda a las fuerzas contrarrevolucionarias de la UNITA, intentó durante casi quince años derrocar al gobierno angolano, el cual

---

33. El nuevo gobierno afgano que llegó al poder en un levantamiento revolucionario en abril de 1978 llevó a cabo algunas medidas populares en respuesta a las presiones de masas. Sin embargo, los brutales métodos administrativos y las sanguinarias luchas intestinas del estalinista Partido Popular Democrático de Afganistán culminaron en diciembre de 1979 con la intervención militar soviética en apoyo a una de las facciones en pugna. Las fuerzas armadas reaccionarias, armadas y entrenadas por Washington, crecieron rápidamente tras el ataque a la soberanía afgana por Moscú. Se desmoronó la moral de las tropas soviéticas, que libraban una guerra que era impopular en su propio país, y el gobierno soviético tuvo que retirar sus tropas; las últimas partieron en febrero de 1989. El régimen desprestigiado, abandonado por Moscú, cayó ante una coalición de fuerzas derechistas en abril de 1992.

pidió y recibió asistencia de voluntarios de las Fuerzas Armadas Revolucionarias de Cuba.

a) El intento de recurrir al poderío militar de una potencia imperialista menor, Sudáfrica, para compensar por la incapacidad de Washington de usar sus propias fuerzas, fue derrotado decisivamente en Cuito Cuanavale por una fuerza combinada de tropas angolanas, voluntarios cubanos y combatientes de la SWAPO (Organización Popular de Africa Sudoccidental) de Namibia. Esta victoria, junto con la creciente resistencia del pueblo sudafricano, cambió la correlación de fuerzas en toda Africa austral.[34]

(1) Se puso fin a más de una década de agresiones

---

34. La batalla de Cuito Cuanavale se libró a principios de 1988. Cuba había enviado sus primeras tropas a Angola en 1975 a petición del nuevo gobierno independiente en ese país para ayudar a rechazar una invasión sudafricana. El régimen del apartheid —que actuaba en colaboración con los derechistas angolanos de la UNITA armados por la CIA— fue repelido en 1975–76, pero lanzó repetidas invasiones a lo largo de los trece años siguientes. Durante esa época combatieron más de 300 mil voluntarios cubanos en Angola, de los cuales cayeron 2 mil.

Tras la victoria de Cuito Cuanavale, el régimen supremacista blanco en Sudáfrica se vio obligado a retirar sus fuerzas de Angola y a entablar negociaciones con los gobiernos de Cuba y Angola, culminando con la concesión de la independencia a Namibia por el régimen de Pretoria a principios de 1990. La SWAPO ganó una mayoría decisiva en los comicios para el nuevo gobierno independiente de Namibia. Las últimas tropas cubanas partieron de Angola en mayo de 1991. El líder del ANC Nelson Mandela dijo en 1991 que el papel cubano en la derrota del ejército del apartheid constituyó "un viraje en la lucha por librar al continente y a nuestro país del azote del apartheid". Ver Nelson Mandela y Fidel Castro, *¡Qué lejos hemos llegado los esclavos!* (Pathfinder, 1991) pág. 21.

sudafricanas contra Angola y se debilitó aún más la posición militar y política de los contrarrevolucionarios de la UNITA.

(2) Se abrió el camino para que Namibia ganase su independencia del coloniaje sudafricano.

(3) Las consecuencias de estos cambios en Sudáfrica misma provocaron la decisión del régimen del apartheid encabezado por Fredrik W. de Klerk en febrero de 1990 de revocar la proscripción del Congreso Nacional Africano, excarcelar a Nelson Mandela y a otros dirigentes veteranos del ANC, y permitir el regreso al país de muchos dirigentes exiliados del movimiento antiapartheid.

b) Se ha iniciado ahora una nueva etapa en la batalla por una Sudáfrica democrática y no racial. Para este avance histórico han sido decisivos la visión, el tono y el liderazgo políticos de Nelson Mandela en sus discursos públicos desde que fuera excarcelado.

(1) El pueblo trabajador está abriéndose nuevos espacios para la acción política. Ha comenzado la verdadera política, la que involucra a decenas de millones de trabajadores.

(a) Las movilizaciones —las más grandes en la historia del sistema del apartheid— se han extendido a toda Sudáfrica. Esto ocurre no solo en las ciudades y los municipios más poblados sino —más que nunca— en los "territorios patrios" rurales (residencia "legal" de la mayoría de los sudafricanos negros).

(b) Están estallando huelgas y otras acciones obreras más allá de los confines de toda estructura o dirección sindical existente.

(2) Fundamentado en las perspectivas de la Carta de la Libertad, y enfocándose en la demanda a

favor de la elección de una asamblea constituyente basada en el principio de "una persona, un voto", el ANC encabezado por Mandela ha buscado durante los primeros meses de 1990 utilizar y expandir el espacio conquistado en Sudáfrica a fin de ampliar la movilización revolucionaria de las masas para destruir el sistema del apartheid.

(a) El ANC ha iniciado la lucha por ganar el liderazgo de una alianza política que hable a nombre de la gran mayoría de los sudafricanos, y no solo a favor de sus intereses. Ha promovido intransigentemente su programa para el desarrollo del movimiento sobre una base no racial. En este proceso el ANC busca fortalecerse y reestructurarse de una manera acorde a sus tareas históricas.

(b) El ANC ha dado nuevos pasos para tender la mano a los desposeídos en los "territorios patrios" y movilizarlos a fin de destruir el sistema de los bantustanes como parte de la batalla para superar las divisiones creadas por el estado del apartheid. Esto ha creado la posibilidad, a un mayor grado que nunca, de la incorporación de los trabajadores rurales a la lucha revolucionaria y al ANC, afrontando así una de las principales debilidades aprovechadas por el régimen del apartheid a lo largo de los años.

(c) El ANC ha propuesto iniciativas para cesar la violencia fratricida en Natal y unir a los oprimidos en la lucha contra el apartheid. Ha puesto a la defensiva política al movimiento colaboracionista Inkatha del jefe Mangosuthu Buthe-

lezi, al tiempo que se ha disociado de aquellos que pretenden utilizar la bandera del ANC para justificar la hamponería faccional como sustituto del trabajo necesario para ganar a la mayoría por convencimiento político.

(d) El ANC ha llamado a los gobiernos del mundo a que sigan imponiendo las sanciones contra el régimen del apartheid, manteniendo al gobierno de Pretoria aislado como criminal internacional.

(e) El ANC ha usado la presión ejercida por la creciente lucha para obligar al régimen encabezado por de Klerk a iniciar negociaciones, y ha reunido una delegación representativa (más amplia que el actual ANC) para participar en las conversaciones. El ANC busca utilizar las negociaciones para exigir más espacio político (libertad para todos los presos políticos, el fin del estado de emergencia), a fin de tener el tiempo y la oportunidad necesarios para organizar el tipo de fuerzas y liderazgo que puedan impulsar la lucha por una república democrática unida y no racial.

(3) La idea de que el apartheid es un crimen contra la humanidad ha sido acogida por trabajadores, campesinos y gente progresista por todo el mundo; se ha convertido en una fuerza material en la política mundial.

(a) La nueva etapa de la lucha en Sudáfrica está acentuando las divisiones entre y dentro de las clases dominantes imperialistas sobre cómo responder al régimen del apartheid, creando nuevas oportunidades para movilizar en acción a la opinión pública mundial en respaldo a la lucha democrática y revolucionaria dirigida por el ANC.

(b) Una victoria que tumbe al apartheid lanzaría un llamamiento que despertaría políticamente al movimiento obrero en gran parte del mundo, incluso en los países imperialistas.[35]

6. No hay posibilidades de una estabilidad impuesta por el imperialismo en el Medio Oriente. Continúa la guerra civil en Líbano, y la "intifada" de los palestinos en Gaza y la Margen Occidental que lleva ya dos años y medio ha reconfirmado la inevitabilidad de una persistente lucha por una Palestina democrática y secular.

a) La potencia de la lucha palestina frente a la represión y al expansionismo israelíes ha cambiado rotundamente la opinión pública mundial.

(1) Hoy la gran mayoría de los pueblos del mundo, incluso en los países imperialistas, está a favor del reconocimiento de la Organización para la Liberación de Palestina y del derecho del pueblo palestino a un estado independiente.

(2) Al mismo tiempo, los gobiernos imperialistas y un creciente número de regímenes en los estados obreros deformados se empeñan en garantizar el mantenimiento de un estado colono

---

35. Ante las movilizaciones de masas y huelgas dirigidas por el ANC, el régimen del apartheid se vio forzado a ir a la mesa de negociaciones, y al final aceptó la celebración de las primeras elecciones basadas en el principio de una persona, un voto. El ANC ganó una mayoría decisiva en estos comicios, realizados en abril de 1994, y Nelson Mandela fue elegido a la presidencia. Ver *Sudáfrica: la revolución en camino* por Jack Barnes y *Nelson Mandela Speaks: Forging a Democratic, Nonracial South Africa* (Habla Nelson Mandela: la creación de una Sudáfrica democrática y no racial; Pathfinder, 1993).

israelí dentro de alguna versión de las fronteras anteriores a 1967.[36]

b) La dependencia del capitalismo israelí en la mano de obra palestina fortalece la base obrera y campesina del movimiento por la autodeterminación nacional. La creciente crisis mundial del capitalismo desatará batallas cada vez mayores de trabajadores y campesinos tanto palestinos como judíos contra la clase explotadora israelí, ayudando a romper las divisiones que los separan y a crear la posibilidad en esta lucha de un liderazgo democrático revolucionario encabezado por la clase trabajadora.

7. Un eje de conflicto entre La Habana y Washington ocupará el centro de la política mundial en los años noventa. Es la manifestación más directa del conflicto internacional

---

36. Tras el levantamiento palestino de 1987–92 (la *intifada*) en la Margen Occidental y la Franja de Gaza ocupadas por las fuerzas israelíes, la OLP firmó una serie de acuerdos con Tel Aviv a fines de 1993 y en la primera mitad de 1994. Los llamados acuerdos de Oslo establecieron una limitada administración palestina sobre ciertas zonas de la Margen Occidental y de Gaza, mientras que el gobierno israelí retuvo la soberanía general, el control de todas las fronteras, y el derecho de veto sobre las cuestiones de la tierra y del uso del agua. En enero de 1996 se celebraron elecciones para presidente y una asamblea legislativa para dos terceras partes de Gaza y la tercera parte de la Margen Occidental. Yasir Arafat fue elegido presidente. Los trabajadores y jóvenes palestinos han continuado llevando a cabo resistencia contra el despojo de su patria por el estado de Israel, incluso con rebeliones contra los asentamientos creados por colonos en territorios ocupados y las protestas contra la represión por el ejército y la policía. Las negociaciones entre el gobierno israelí y la dirección de la OLP se interrumpieron a principios de 1997 cuando Tel Aviv comenzó a construir un nuevo asentamiento en la zona ocupada de Jerusalén del este.

KHALED ZIGHARI / AP-WIDE WORLD PHOTOS

Mientras policías de la Autoridad Palestina intentan contenerlos, jóvenes árabes se defienden de las tropas del gobierno israelí que los atacan, durante las manifestaciones en abril de 1997 contra la expansión por parte de Tel Aviv de los asentamientos en los territorios ocupados. "Los explotadores no han logrado superar los obstáculos políticos que limitan su capacidad de librar guerras prolongadas o evitar rebeliones y luchas de liberación de los trabajadores y campesinos del mundo colonial y semicolonial".

entre el imperialismo y la dictadura del proletariado.

a) La vanguardia comunista en Cuba está decidida no solo a defender la revolución sino a no desviarse de su trayectoria internacionalista en apoyo a la lucha mundial por la liberación nacional y el socialismo.

b) El imperialismo norteamericano seguirá buscando formas de mantener e intensificar sus presiones sobre Cuba revolucionaria. Pero al imperialismo no le es posible una victoria militar contra Cuba, dada la perspectiva revolucionaria de su liderazgo político, el cual moviliza a una población armada.

(1) La defensa de la Revolución Cubana se ha visto fortalecida desde 1980 por la organización de las Milicias de Tropas Territoriales, la aplicación de una estrategia de defensa militar denominada la "guerra de todo el pueblo", repetidas movilizaciones antiimperialistas (comenzando con las "marchas del pueblo combatiente" en 1980), la victoria en Africa contra el régimen del apartheid y las fuerzas de la UNITA apoyadas por Washington, y el inicio y la profundización del proceso de rectificación.[37]

---

37. El proceso de rectificación en Cuba entre 1986 y principios de los años noventa marcó un viraje en contra de la creciente dependencia del sistema de gestión y planificación económica utilizado, con una u otra variante, en la Unión Soviética y toda Europa oriental. Durante los años setenta y principios de los ochenta, las políticas copiadas de estos países se habían vuelto más y más predominantes en Cuba. En su apogeo, la rectificación asumió el carácter de un creciente movimiento social dirigido por los trabajadores más conscientes y disciplinados. Ver la sección sobre "El Partido Comunista de Cuba" al comienzo de la cuarta parte de esta resolución, así como "Cuba's Rectification Process: Two Speeches by Fidel Castro" (El proceso de rectifica-

(2) En Cuba, a diferencia de Granada, no habrá traición de la revolución; no habrá cobardía en la estructura de mando gubernamental y militar como la hubo en Panamá; no se subordinará los intereses de los trabajadores y campesinos a una alianza con los capitalistas y grandes terratenientes ni se fiará en el parlamentarismo burgués como ocurrió en Nicaragua; ni se utilizarán las fuerzas armadas y el ministerio del interior contra el pueblo, como sucedió en Europa oriental y como ocurre hoy en la Unión Soviética.

(3) La "conquista" de Cuba sería posible únicamente tras una invasión y una prolongada guerra que arrojarían un costo casi inconcebible en términos de vidas y recursos. Sería a lo sumo una victoria pírrica para Washington.

c) "Guerra de baja intensidad" describe lo que el imperialismo norteamericano le ha hecho a Cuba durante 31 años ante la incapacidad política de Washington de usar directamente su fuerza militar contra la Revolución Cubana. Esta situación fue decidida por el fracaso de los intentos de invasión e infiltración organizados por Washington en 1961–62, y no por la presunta defensa de Cuba por la protección nuclear de la Unión Soviética, que nunca fue real.

d) Para mantener su incesante presión sobre Cuba, Washington ha utilizado un embargo económico, la ocupación de la base naval de Guantánamo, constantes provocaciones, intentos de asesinato, la incitación

---

ción de Cuba: dos discursos de Fidel Castro) en el número 6 de *New International;* el número 2 de *Nueva Internacional* sobre "Che Guevara, Cuba y el camino al socialismo"; y *Che Guevara y la lucha por el socialismo hoy* por Mary-Alice Waters (Pathfinder, 1992).

al terror contrarrevolucionario, e intentos de aislar a Cuba en América y en el mundo.

e) El fracaso de la "guerra de baja intensidad" librada por Washington contra Cuba ha obedecido ante todo a las capacidades del liderazgo comunista: su capacidad de movilizar y dirigir a los trabajadores y campesinos en defensa de sus intereses; su integridad y confianza; y su capacidad para reconocer y corregir errores.

(1) El continuo avance y profundización del proceso de rectificación será decisivo en este sentido.

(2) Las dificultades que encara Washington en librar ataques eficaces ante el liderazgo comunista de Cuba se han evidenciado recientemente en

(a) la valentía política y física de la tripulación del buque de carga comercial *Hermann*, un pequeño grupo de cubanos sin armas escogido al azar por el imperialismo norteamericano para ser objeto de un ataque armado;[38] y

---

38. El 31 de enero de 1990, pocas semanas después de la invasión a Panamá, la Guardia Costera norteamericana bombardeó el buque mercante cubano *Hermann*. El buque, arrendado de Panamá, llevaba cromo a México y viajaba en aguas internacionales en el Golfo de México cuando fue agredido. Había recibido la orden de parar y permitir que embarcaran fuerzas norteamericanas, bajo el pretexto de buscar drogas. Cuando la tripulación rehusó tajantemente y continuó navegando, las fuerzas norteamericanas abrieron fuego, disparando casi 500 rondas contra el buque por un período de una hora y 45 minutos. Los tripulantes no tenían fusiles pero se apostaron en la cubierta con machetes, destornilladores, cuchillos de cocina y hachas para defender el barco si la Guardia Costera llevaba a cabo su amenaza de embarcar. Las fuerzas estadounidenses detuvieron su ataque cuando el *Hermann* alcanzó aguas mexicanas más tarde esa mañana. En La Habana se congregó una multitud de 100 mil personas frente

(b) El fiasco de la TV Martí, en que Cuba no solo ha logrado bloquear esa emisora tecnológicamente sino —y lo que es más importante— ha ganado la batalla de la opinión pública, incluso en Estados Unidos.

(3) El eje de la ofensiva política de Washington seguirá girando en torno a la campaña propagandística de "derechos humanos" contra el gobierno cubano.

F. El imperialismo comienza los años noventa en una posición debilitada

1. A pesar de los golpes asestados a la clase obrera y a los agricultores en los países imperialistas en los años ochenta y las derrotas sufridas por el pueblo trabajador en el mundo semicolonial (las Malvinas, Granada, Burkina Faso,[39] Panamá, Nicaragua y el consiguiente debilitamiento de la posición de los rebeldes salvadoreños), los golpes más grandes los sufrió el propio imperialismo.

a) Las clases dominantes imperialistas no pudieron invertir la tendencia de la tasa de ganancia de caer, ni aplastar la capacidad de la clase obrera y del movimiento sindical de resistir los ataques capitalistas contra sus derechos, niveles de vida y condiciones de trabajo.

---

a la Sección de Intereses de Estados Unidos ese día para recibir como héroes a los tripulantes a su llegada.

39. En octubre de 1987 el gobierno popular revolucionario en Burkina Faso, un país en Africa occidental, fue derrocado en un golpe militar. Thomas Sankara, principal dirigente del gobierno revolucionario establecido cuatro años antes, fue asesinado. Ver *Thomas Sankara Speaks: The Burkina Faso Revolution 1983–87* (Habla Thomas Sankara: la revolución de Burkina Faso 1983–87; Pathfinder, 1988).

b) El imperialismo norteamericano perdió la Guerra Fría. No ha logrado establecer las condiciones necesarias para las relaciones de propiedad capitalistas en ninguno de los estados obreros, y ahora enfrentará un protagonista nuevo y más confiado en la lucha de clases internacional: las clases trabajadoras de Europa central y oriental y de la Unión Soviética.

c) Los países oprimidos de Africa, América y Asia están en medio de una irresoluble crisis social y económica que empeora, creando las condiciones para crecientes luchas revolucionarias de trabajadores y campesinos. Cuba y la lucha en Sudáfrica son fuentes de inspiración que señalan un camino que no ha sido y no podrá ser borrado.

d) La capacidad de Washington de promover los intereses imperialistas mediante pactos negociados en cumbres con el gobierno soviético se halla en un punto bajo. Al mismo tiempo, el gobierno norteamericano sigue enfrentando grandes obstáculos políticos tanto a nivel interno como externo que dificultan el uso de su enorme fuerza militar en una guerra prolongada.

2. La intensificada competencia interimperialista y la creciente inestabilidad y vulnerabilidad del sistema capitalista internacional convergen con la probabilidad de una depresión y crisis social mundiales en los años noventa.

TERCERA PARTE

EL CAPITALISMO MUNDIAL HA SUFRIDO UNA DERROTA HISTÓRICA EN EUROPA ORIENTAL Y LA UNIÓN SOVIÉTICA

A. La construcción del socialismo es una tarea política revolucionaria de la clase obrera

1. Es la organización consciente de la producción y distribución de bienes y servicios para promover la transformación del pueblo trabajador en nuevos seres humanos, en hombres y mujeres socialistas, a la vez que se organizan para transformar sus relaciones sociales y condiciones de vida y trabajo.

2. Las tareas asumidas por la clase obrera en esta etapa de su marcha histórica, al esforzarse por superar la escasez elevando gradualmente la productividad del trabajo, son:

    a) Reducir el alcance de las normas burguesas de distribución, que son heredadas del modo capitalista de producción y que siguen existiendo al inicio de la transición histórica al socialismo, dando pasos desde un principio para reducir gradualmente las desigualdades económicas y sociales;

    b) Cambiar el equilibrio en la actividad productiva para que se base menos en el trabajo asalariado —heredado de las relaciones sociales capitalistas y mantenido al inicio del período de transición— y más en el trabajo voluntario ofrecido libremente para beneficio social de la comunidad, lo cual llegará a ser gradualmente el fundamento del trabajo en el socialismo;

SERGEI KARPUKHIN / AP-WIDE WORLD PHOTOS

Mineros del carbón rusos abandonan sus puestos durante una huelga en 1996 para exigir el pago de salarios atrasados. "La restauración del capitalismo es imposible sin antes derrotar a la clase obrera en sangrientas batallas contrarrevolucionarias".

c) Elevar el nivel educativo y técnico del pueblo trabajador; aumentar la proporción de las tareas administrativas de producción y distribución conquistadas por la clase obrera en vez de reservarlas para una capa especializada de personal administrativo (tareas tales como la organización del proceso y de la disciplina laborales, control de calidad, contabilidad financiera, control de inventarios y existencias, etcétera); reducir la división social del trabajo asegurando que más y más tareas científicas, separadas pero necesarias para la producción, sean realizadas por los propios trabajadores; y reducir las diferencias entre los salarios;

d) Fortalecer la alianza entre los trabajadores y los campesinos y reducir la diferenciación social entre la ciudad y el campo, fomentando el desarrollo del trabajo voluntario cooperativo del pueblo trabajador urbano y rural en la producción y el procesamiento de alimentos y fibras, y en el esfuerzo para prevenir la destrucción del medio ambiente;

e) Reducir gradualmente las desigualdades sociales —heredadas del capitalismo y profundamente arraigadas— que tienen su origen en la opresión de la mujer, la discriminación racista y la opresión nacional, incluso con medidas inmediatas para poner fin a todas las formas de discriminación oficial y real: en el empleo, la enseñanza, la vivienda y otros ámbitos de la vida social y política;

f) Aumentar el control político consciente y organizado del pueblo trabajador sobre la planificación y administración económica y social, reconociendo que la dependencia de los mecanismos y las leyes ciegas fortalece el fetichismo de la mercancía y la ideología burguesa, haciendo retroceder en vez de avanzar el progreso social hacia el socialismo; y *g)* Hacer del internacionalismo proletario la guía más fundamental de la actividad y las prioridades políticas; guiar el estado obrero como parte de una federación naciente de estados soviéticos, la expansión de la cual es necesaria no solo para llegar al socialismo sino para contrarrestar la burocratización y corrupción dentro de cualquier estado obrero.[1]

3. El internacionalismo proletario es imprescindible si los trabajadores y agricultores han de consolidar los cimientos de un estado obrero y, sobre esta base, avanzar hacia el socialismo.

a) La construcción del socialismo puede realizarse únicamente como parte de la lucha por nuevas victorias revolucionarias alrededor del mundo, como parte de la lucha por extender la revolución socialista y hacer retroceder el sistema imperialista de explotación y dominación.

b) La perspectiva alternativa de "socialismo en un solo país" promovida originalmente por la facción estalinista en la Unión Soviética es reaccionaria, siendo una variante del socialismo "nacional" que ha sido y sigue siendo un aspecto esencial de todo colaboracionismo de clases.

c) Una perspectiva proletaria internacionalista requiere la solidaridad activa con todas las batallas contra la opresión nacional, la subyugación imperialista y la

---

1. Los soviets ("consejos" en ruso) eran organismos compuestos de delegados elegidos por soldados, campesinos y trabajadores en fábricas y otros centros de trabajo al inicio del levantamiento revolucionario en Rusia en febrero de 1917. Los soviets se convirtieron en las instituciones estatales fundamentales del gobierno de trabajadores y campesinos que llegó al poder bajo la dirección de los bolcheviques tras la victoriosa insurrección de octubre de 1917.

explotación capitalista, así como esfuerzos activos para ayudar a revolucionarios alrededor del mundo a convertirse en comunistas en el transcurso de sus luchas.

4. El progreso hacia el socialismo precisa del liderazgo comunista organizado de la clase obrera.

   a) La construcción del socialismo es una tarea más difícil que la conquista revolucionaria del poder de manos de la burguesía. Requiere una mayor conciencia política y disciplina proletaria.

   b) El partido comunista y su dirección deben renovar y profundizar su composición obrera con pasos conscientes para proletarizar el partido. Siempre deben estar integrando a capas más amplias y a nuevas generaciones de trabajadores y campesinos de vanguardia, tomando medidas especiales para integrar a las nacionalidades oprimidas, mujeres y combatientes con experiencias en misiones internacionalistas. Todos los miembros del partido deben participar en la tarea de dirigir trabajo voluntario social.

5. En un estado obrero la propiedad nacionalizada, establecida por la expropiación de la burguesía, no tiene en sí una tendencia *automática* hacia el socialismo.

   a) La expropiación de la propiedad capitalista en las industrias, la banca y el comercio mayorista; el monopolio estatal del comercio exterior; y la economía planificada son condiciones necesarias, pero no son suficientes, para que el pueblo trabajador construya el socialismo.

   (1) Estas conquistas revolucionarias de los trabajadores y agricultores quiebran la dominación de la producción y del intercambio por la forma de la ley del valor que llega a predominar en el capitalismo: el establecimiento de precios de pro-

ducción mediante la competencia entre grandes capitales, lo cual determina una tasa industrial media de ganancia.

(a) Los precios de producción norman la asignación social de mano de obra, materia prima y bienes de producción.

(b) Garantizan la reproducción de las relaciones sociales y de la distribución de ingresos burguesas.

(2) En el capitalismo la riqueza se presenta como la acumulación de mercancías, independientemente de su origen, y sin importar su aporte a las necesidades y los intereses de la gran mayoría de la humanidad: los trabajadores y agricultores. Su valor se mide por el intercambio, a través del mercado.

(3) La propiedad privada de los medios de producción y de intercambio impide la posibilidad de planificar conscientemente las prioridades sociales y económicas del pueblo trabajador.

b) La construcción del socialismo no es una tarea de ingeniería para administrar la propiedad y planificación estatales, por más consagración y conciencia socialista que tengan los administradores.

(1) La conquista de la propiedad estatal es necesaria para que los trabajadores puedan comenzar a asumir ellos mismos los mecanismos productivos de la sociedad y comenzar así a reorganizar y transformar el trabajo social, transformándose a través de este proceso. Pero la conquista de la propiedad estatal no garantiza dicho avance.

(2) El avance hacia el socialismo depende de una perspectiva política comunista de la clase obrera y sus aliados no explotadores: la perspectiva pro-

pugnada por Fidel Castro y Ernesto Che Guevara; explicada originalmente por Carlos Marx y Federico Engels; seguida por el Partido Bolchevique bajo la dirección de V.I. Lenin en los primeros años de la primera república soviética y los cuatro primeros congresos de la Internacional Comunista; y continuada por la oposición comunista encabezada por León Trotsky.

c) El estado obrero es una sociedad de transición, no una forma de socialismo.

(1) El establecimiento de un estado obrero inicia la *transición* del capitalismo al socialismo como parte de la lucha *mundial* contra la explotación y opresión imperialista y capitalista.

(2) El estado obrero puede avanzar hacia el socialismo, o retroceder y sentar las bases sociales para una contrarrevolución capitalista. La capacidad de avanzar hacia el socialismo depende del liderazgo comunista del movimiento obrero, de la creciente politización de una vanguardia cada vez más proletaria que dirija la transición; y de avances en la revolución mundial.

(3) Durante el período de transición en un estado obrero, la lucha de clases queda más restringida, pero continúa mientras siga vigente la ley del valor y siga existiendo el mercado mundial. Por lo tanto, siguen reproduciéndose los prejuicios antiobreros en todas sus formas y manifestaciones, prejuicios que deben ser combatidos conscientemente.

d) Cualquier otro enfoque para la construcción del socialismo fomenta el desarrollo de capas sociales pequeñoburguesas infladas y privilegiadas y su consolidación relativamente rápida como casta parásita contrarrevolucionaria.

6. Los cimientos del estado obrero, de la dictadura del proletariado, son la propiedad estatal, el monopolio del comercio exterior y la planificación económica, establecidos por la expropiación de la burguesía. Sobre estas bases la clase obrera puede organizar un desarrollo económico y social más rápido y crear nuevas relaciones sociales de producción.

   a) Para avanzar hacia el socialismo sobre la base de estas conquistas, tras la revolución rusa de octubre de 1917, fue necesario:
   (1) consolidar y ampliar la alianza entre los trabajadores y campesinos; y
   (2) construir y proletarizar un partido comunista de masas.

   b) Estas dos conquistas fueron destruidas por el triunfo de la contrarrevolución política que la casta social pequeñoburguesa organizada por el aparato estalinista realizó contra la clase obrera a fines de los años veinte y comienzos de los treinta.

   c) Sin embargo, sobrevivió la propiedad estatal sobre la cual descansa la dictadura proletaria, excluyendo:
   (1) la evolución pacífica del estado obrero soviético hacia el capitalismo o su asimilación por el capital financiero al sistema imperialista mundial; y
   (2) la coexistencia pacífica entre el imperialismo y el estado obrero, independientemente de la política colaboracionista de clases que persiga la casta burocrática.

7. La inflada burocracia, que con el tiempo se transforma en una casta pequeñoburguesa que se expande a sí misma, procura mantener su posición y privilegios sociales, no porque sea históricamente necesaria —no es una nueva clase— sino porque puede depender del enorme aparato represivo del régimen bonapartista, sobre todo de su policía secreta.

a) El origen y la necesidad social del aparato administrativo especializado —del cual surgió la burocracia— se encontraba en la falta de experiencia de la clase obrera soviética para el manejo de la economía y la administración del estado.

b) El elemento policiaco represivo de este aparato tiene su origen en las carencias que enfrentaba la victoriosa revolución bolchevique (agravada drásticamente por la hambruna y devastación causadas por años de guerra civil y agresión imperialista) y la consiguiente lucha por las necesidades básicas de la existencia humana.[2]

(1) Así como eran vigiladas las colas para obtener los bienes de consumo, también era administrada la distribución de manera que la burocracia nunca careciera de nada; el aparato policiaco resultante de esto se convirtió en el pilar fundamental del dominio burocrático.

(a) El aparato obtuvo una mayor oportunidad de saqueo al asumir el papel de defensor de la "nación" en respuesta a las presiones hostiles

---

2. A mediados de 1918 los grandes terratenientes y capitalistas del antiguo imperio zarista lanzaron una guerra civil contra la república de trabajadores y campesinos encabezada por los bolcheviques. Los gobiernos de catorce países, incluidos los gobernantes imperialistas del Reino Unido, Francia, Japón y Estados Unidos, despacharon fuerzas invasoras para ayudar a desplazar a los trabajadores del poder. Para fines de 1920 el Ejército Rojo había derrotado a la contrarrevolución y a sus aliados internacionales. Sin embargo, la guerra cobró un saldo terrible. Millones de trabajadores y campesinos —muchos de ellos combatientes de vanguardia— fueron muertos o perecieron de hambre o de enfermedades. La producción industrial y agropecuaria quedó en ruinas.

de los gobernantes imperialistas.

(b) Al organizar la "distribución" y la "defensa" a través de la policía y el cuerpo de oficiales, el régimen estalinista asumió un carácter bonapartista. Es decir, el aparato —que parecía mantenerse por encima de una sociedad atomizada, dividida entre las masas trabajadoras (cuyos intereses se benefician con la propiedad estatal) y la casta pequeñoburguesa en crisis, compuesta de administradores, funcionarios y profesionales con mentalidad y valores burgueses— surgió como garante del consumo parásito y de los privilegios relativos de la casta burocrática.

(c) El régimen bonapartista es también necesario para mediar entre los sectores de una casta inestable y en descomposición que están permanentemente en pugna entre sí.

(2) El poder y los privilegios de la casta son protegidos con métodos policiacos, elevados por el régimen bonapartista al nivel de asesinato sistemático en masa cuando le resulta necesario. Estos métodos redujeron los derechos democráticos y el espacio político de los trabajadores y sus aliados a niveles inferiores de los conquistados en la lucha por los trabajadores y agricultores en muchos estados burgueses.

(3) Esta evolución de la casta burocrática entra más y más en conflicto con toda posibilidad de incorporar a los productores al papel indispensable de dirigir el desarrollo de la economía planificada.

c) El régimen bonapartista es la *única* forma de gobierno posible para la casta burocrática.

8. La casta es pequeñoburguesa por su carácter social y

burguesa por sus actitudes y aspiraciones.

a) No es una sección privilegiada de la clase obrera (aunque absorbe a una capa de la clase obrera), sino un estrato social cuyos intereses son ajenos a los de los trabajadores y campesinos.

b) Esta casta pequeñoburguesa —y no los pequeños propietarios que no son explotadores— es la correa de transmisión de las presiones imperialistas y los valores burgueses en el seno del estado obrero: el desprecio de los trabajadores; el racismo, chovinismo nacional y antisemitismo; ideas reaccionarias sobre la mujer y la familia; el temor a la libre experimentación científica y al debate internacional; el filisteísmo en el mejor de los casos y el terrorismo burocrático en el peor de los casos, en relación a las artes y a la creación artística; el antiinternacionalismo; y hasta el anticomunismo.

c) El desarrollo de dicha capa pequeñoburguesa acentúa las divisiones de clases y la diferenciación social en los estados obreros.

(1) La casta pequeñoburguesa es una masiva capa social (abarca a decenas de millones de personas en la Unión Soviética) que consume una gran proporción de la renta nacional.

(2) Los miembros de la casta no son capitalistas; es decir, no son propietarios que acumulan dinero en forma de capital.

(3) Si bien la casta no puede legar propiedad, su núcleo llega a convertirse en un estrato hereditario, la *nomenklatura,* que sí traspasa a sus hijos e hijas sus prerrogativas y nivel de vida privilegiado.

(4) Las condiciones sociales más básicas de los trabajadores y campesinos divergen cada vez más de las condiciones de la casta privilegiada, por ejemplo

(a) la alimentación, la vivienda, el transporte, los servicios médicos, el cuidado de los niños, la alfabetización, el acceso a la educación superior, la recreación;
(b) los índices de mortalidad infantil y materna y la expectativa de vida;
(c) las diferencias y la discriminación en el acceso a métodos seguros, eficaces y no brutales de anticonceptivos que protegen el derecho de la mujer a la vida privada en asuntos sexuales (por ejemplo, los abortos múltiples, que son el único método de control de natalidad del que disponen millones de mujeres trabajadoras en la Unión Soviética; la subordinación del derecho de la mujer al aborto a la cambiante "política poblacional" de la casta, como en Rumania); y
(d) las diferencias en la exposición a las consecuencias de la destrucción ambiental.

(5) El grado más extremo de diferenciación económica y social en la Unión de Repúblicas Soviéticas Socialistas se manifiesta entre las repúblicas europeas —especialmente Rusia— y las repúblicas pobladas por diversas nacionalidades oprimidas, especialmente en Asia central (Kazajstán, Uzbekistán, Tayikistán y el Transcáucaso (Azerbaiyán, Armenia, Georgia).

B. La lucha por la autodeterminación nacional: única vía hacia un mundo sin fronteras

1. Al llevar al poder y consolidar un régimen de trabajadores y campesinos, la revolución socialista inaugura el comienzo del fin de la milenaria historia de opresión, divisiones y enemistades nacionales.

a) La lucha contra la opresión nacional siempre está entrelazada con una reforma agraria radical para liberar al pueblo trabajador en el campo de:
   (1) formas precapitalistas de explotación, al expropiar a las clases de grandes terratenientes y abolir todas las formas de rentas feudales y semifeudales incluido el trabajo obligatorio; y
   (2) la explotación capitalista bajo el sistema de rentas e hipotecas, al nacionalizar la tierra, garantizar el derecho de los campesinos a labrar la tierra, y asegurarles medios adecuados para ello (crédito a bajo interés, semilla, fertilizante, herramientas, y facilidades para la producción y comercialización cooperativa).

b) El avance hacia el socialismo es posible únicamente si se garantiza el derecho a la autodeterminación nacional de todas las naciones y nacionalidades oprimidas, y si se forja una federación voluntaria de repúblicas de trabajadores y campesinos.
   (1) Para las naciones y nacionalidades oprimidas la revolución socialista marca "la hora de la nación".
   (2) Esta perspectiva fue promovida por la dirección bolchevique bajo la dirección de Lenin tras la Revolución de Octubre de 1917.
      (a) Al tiempo que la victoria de octubre en Rusia daba ímpetu a levantamientos revolucionarios en otras partes del viejo imperio zarista, la dirección comunista comenzó a forjar una federación voluntaria de las distintas repúblicas organizada sobre la base del poder soviético, tanto donde se había establecido la dictadura del proletariado (como en Rusia y Ucrania) como en naciones donde aún no podía establecerse pero habían llegado al poder gobiernos

revolucionarios de trabajadores y campesinos (como en la mayoría de las repúblicas centroasiáticas y transcaucásicas).

(b) Lenin insistía en una *Unión* de Repúblicas Soviéticas Socialistas, no una nueva nacionalidad "soviética" donde el patriotismo fuera usado como pretexto para mantener y extender el chovinismo gran ruso y el nacionalismo burgués; no un nuevo "estado-nación socialista" que suprimiera a las nacionalidades minoritarias; y no una federación que se limitara a la igualdad formal, sino una federación que tomara acción afirmativa para desarrollar las economías y la cultura de las naciones oprimidas con el fin de cerrar la brecha en las condiciones sociales y económicas existentes entre éstas y la otrora opresora nación rusa.

(c) La autodeterminación nacional, al igual que otros derechos democráticos, ocupa un lugar subordinado a la defensa del estado obrero frente a ataques contrarrevolucionarios y agresiones imperialistas. Sin embargo, el denegar los derechos nacionales, lejos de fortalecer, debilita la defensa del estado obrero. La política seguida por la república soviética respecto a la autodeterminación nacional así como su reforma agraria revolucionaria fueron indispensables para movilizar al campesinado y a las víctimas de la opresión nacional zarista en apoyo a la lucha de los trabajadores durante la guerra civil librada contra las fuerzas militares combinadas del imperialismo y de los grandes terratenientes y capitalistas nacionales.

(d) La defensa del estado obrero mismo ocupa un

lugar subordinado a las iniciativas tomadas por la dirección revolucionaria del estado para impulsar la lucha mundial por la liberación nacional y el socialismo (por ejemplo, el envío por parte de Cuba de tropas de primera y pertrechos a Angola para ganar la batalla de Cuito Cuanavale, los preparativos para ayudar al FMLN, Panamá).

(3) La Internacional Comunista adoptó la posición bolchevique sobre el derecho de autodeterminación como cimiento de la política comunista sobre la cuestión nacional.[3]

2. La política bolchevique sobre la autodeterminación nacional y la federación voluntaria comenzó a ser echada atrás a principios de los años veinte por la trayectoria política de la emergente casta burocrática, encabezada por Stalin. En 1922 Lenin inició una batalla política contra esta contrarrevolución, pero la política reaccionaria de Stalin prevaleció tras la muerte de Lenin.[4]

a) La orientación de Stalin fue intensificada e institucionalizada al consolidarse la contrarrevolución de la casta a principios de los años treinta. La "Unión de Repúblicas Soviéticas Socialistas" resurgió, en la práctica, como una prisión de naciones heredada del zarismo y del imperialismo.

---

3. Ver informe y tesis de Lenin sobre las cuestiones nacional y colonial en *Workers of the World and Oppressed Peoples, Unite! Proceedings of the Second Congress, 1920* (Trabajadores del mundo y pueblos oprimidos del mundo, ¡uníos! Deliberaciones del Segundo Congreso, 1920), primer tomo, págs. 211–16, parte de la serie de Pathfinder en inglés "La Internacional Comunista en la época de Lenin."

4. Ver *La última lucha de Lenin, discursos y escritos, 1922–23* (Pathfinder 1997).

(1) La URSS ya no era una federación voluntaria sino un superestado "soviético".

(2) El resurgimiento y la dominación del nacionalismo gran ruso dentro de este estado "soviético" aniquilaron el internacionalismo proletario.

b) Después de la Segunda Guerra Mundial, los regímenes impuestos sobre los nuevos estados obreros en Europa oriental y central sirvieron de agencias para la opresión nacional de estos países por la casta en la Unión Soviética. Las invasiones de Hungría en 1956 y Checoslovaquia en 1968 por la URSS fueron burdas violaciones de la soberanía nacional y debilitaron todos los estados obreros involucrados.

c) La invasión de Afganistán por tropas soviéticas a fines de 1979 violó la soberanía nacional y echó atrás la lucha contra la contrarrevolución respaldada por el imperialismo en ese país.

d) Lejos de acabar con la opresión nacional y reducir las divisiones nacionales, la política seguida por Moscú —desde Stalin hasta Mijail Gorbachov— ha reforzado y exacerbado esas divisiones. Cada año que son aplastadas por la fuerza asesina las aspiraciones nacionales, se hacen más explosivos los inevitables levantamientos por la autodeterminación y la independencia.

e) Una vez que el estalinismo logró transformar la Unión Soviética en lo opuesto de una federación voluntaria de repúblicas de trabajadores y campesinos, era inevitable su resquebrajamiento, su desintegración desde adentro. Esto se convirtió en precondición para un nuevo avance de la lucha mundial por la liberación nacional y el socialismo.[5]

---

5. Para fines de 1990 las ex repúblicas soviéticas habían declarado su soberanía, pero Moscú solo reconoció estas declaraciones

f) La opresión de los estados obreros en Europa oriental y central por la burocracia soviética, incluso mediante la represión policiaca y la fuerza militar, comenzó a desintegrarse en 1989. Eso también es una precondición para un nuevo avance de la revolución mundial.

3. Los comunistas y otros revolucionarios respaldan incondicionalmente el derecho a la autodeterminación nacional.

a) Las luchas de masas por los derechos nacionales en las repúblicas oprimidas de la URSS, independientemente de su dirección inicial, reflejan las aspiraciones y los intereses de los trabajadores y campesinos, y no una contrarrevolución inspirada por el imperialismo.

b) Dada la ruptura de la continuidad comunista en la Unión Soviética y los estados obreros europeos, las luchas nacionales en esos países no comenzarán con un liderazgo proletario revolucionario; por tanto se desarrollan hoy día bajo un liderazgo pequeñoburgués.

c) Unicamente a través de la lucha por el derecho a la autodeterminación nacional y la conquista de este derecho es posible crear el espacio necesario para desarrollar una dirección comunista del pueblo trabajador en las naciones oprimidas; para abrir de nuevo el camino hacia una unión voluntaria

---

después del frustrado intento de golpe en agosto de 1991. En diciembre de 1991, ya todas se habían declarado independientes. Tras la disolución de la Unión Soviética, doce de las quince ex repúblicas —todas menos Estonia, Letonia y Lituania— conformaron la Mancomunidad de Estados Independientes, una confederación regional débil y no muy cohesiva.

de repúblicas soviéticas; y para forjar vínculos con luchas antiimperialistas y anticapitalistas a escala mundial.

4. En el movimiento revolucionario contemporáneo, el Congreso Nacional Africano (ANC) ha trazado un derrotero revolucionario sobre la cuestión nacional.

a) El objetivo del ANC, presentado en la Carta de la Libertad y defendido en público con un amplio alcance histórico por Nelson Mandela, no es la sustitución del apartheid con el dominio de una nueva nacionalidad mayoritaria (es decir, el ANC no aboga por la meta de un "gobierno de la mayoría negra"). Al contrario, el ANC lucha por una república sudafricana democrática y no racial mediante la liberación nacional, la autodeterminación y la creación de una nación sudafricana.

b) Esta perspectiva del ANC se aleja no solo del estalinismo sino de las limitaciones del nacionalismo pequeñoburgués, que por su parte se engendra como reacción ante las maldirigencias estalinista, obrerista y liberal de los movimientos obrero y antiapartheid. La política democrática revolucionaria del ANC contrasta marcadamente no solo con la perspectiva colaboracionista nacionalista de Mangosuthu Buthelezi y su movimiento Inkatha, sino con las estrechas perspectivas nacionalistas pequeñoburguesas del Congreso Panafricanista (PAC) y de grupos tales como la Organización Popular de Azania (AZAPO).

5. A pesar de la política reaccionaria y desastrosa seguida inicialmente por la dirección del Frente Sandinista de Liberación Nacional en la Costa Atlántica, el Proceso de Autonomía iniciado en diciembre de 1984 representó un paso importante en la lucha contra el racismo

y la opresión nacional de los pueblos indígenas y de los negros en Nicaragua.

  a) Sobre esta base, comenzó por primera vez a forjarse una nación nicaragüense, de manera voluntaria y fundada en el respeto de los derechos nacionales, creando así la posibilidad de desarrollar una alianza de trabajadores y campesinos que verdaderamente se extendiera desde la costa del Pacífico hasta la Costa Atlántica.

  b) La capacidad del Proceso de Autonomía de impulsar y fortalecer la revolución quedó interrumpida cuando la dirección del FSLN comenzó a seguir políticas económicas y sociales que erosionaban los cimientos del gobierno de trabajadores y campesinos en la Costa Atlántica y el resto de Nicaragua.[6]

6. La consigna "Trabajadores y pueblos oprimidos del mundo, ¡uníos!" fue planteada por Lenin para sintetizar la política comunista internacional de apoyo incondicional a las luchas de liberación nacional contra la opresión imperialista.

  a) Los regímenes en la Unión Soviética, Europa oriental y China han adoptado una política contraria a esta perspectiva de solidaridad política y ayuda material a las luchas por la liberación nacional, subordinando estas luchas a los intereses diplomáticos nacionales de las castas y a su búsqueda incesante de relaciones estables con el imperialismo.

  b) A diferencia de las clases gobernantes imperialistas, las castas no explotan directamente a las naciones

---

6. Para leer más sobre el Proceso de Autonomía en Nicaragua ver "Defendamos a Nicaragua revolucionaria: la erosión de los cimientos del gobierno obrero y campesino", págs. 229–31, en el número 3 de *Nueva Internacional*.

del Tercer Mundo mediante la exportación de capital. Pero las castas son cómplices de la explotación imperialista, al beneficiarse del intercambio desigual a precios determinados por el mercado mundial.

c) El Partido Comunista de Cuba es la primera dirección comunista de masas en un estado obrero desde la época de los bolcheviques que ha adoptado una orientación proletaria internacionalista en la lucha por la liberación nacional contra la opresión y explotación imperialistas.

(1) Siguiendo una perspectiva cuya explicación más clara fue la presentada por Che Guevara a nombre del gobierno revolucionario en un discurso en febrero de 1965 ante la Conferencia Afro-Asiática en Argel, los comunistas cubanos abogan porque los estados obreros más industrializados adopten la política consciente de cerrar la brecha en las condiciones económicas y sociales que los separa de los países menos desarrollados, tanto estados obreros como gobiernos de trabajadores y campesinos y regímenes en el Tercer Mundo que surgen de luchas populares revolucionarias.[7]

(a) Exigen que el comercio con dichos gobiernos *no* se base en los precios de producción reflejados en el mercado mundial, los cuales expresan y perpetúan la transferencia explotadora del tiempo de trabajo desde las naciones oprimidas hasta los países imperialistas. Al contrario, el

---

7. El discurso de Guevara, presentado a los representantes de 63 gobiernos de Africa y Asia y de 19 organizaciones de liberación nacional, se encuentra en *Ernesto Che Guevara: Obras 1957–1967* (Casa de las Américas, 1977).

comercio debe tomar en cuenta los grandes desniveles en la productividad laboral entre estas naciones, para fomentar un desarrollo dirigido a relaciones más equitativas.

(b) Proponen que los estados obreros económicamente más avanzados brinden ayuda directa para fomentar la industrialización y el desarrollo económico y social de los países que enfrentan el legado histórico de rapiña imperialista.

(2) El gobierno y el Partido Comunista de Cuba han aplicado esta política en su lucha por una política de comercios y precios preferenciales para Mongolia, Vietnam y Cuba en el bloque comercial del Consejo de Asistencia Económica Mutua (CAME).[8]

(a) El gobierno y partido cubanos han abogado por medidas similares en el CAME con respecto a Granada, Nicaragua, Angola y otros gobiernos establecidos por el triunfo de revoluciones populares o que sufren la hostilidad del imperialismo.

(b) Al grado que le permiten sus limitados recur-

---

8. El CAME se fundó en 1949 a iniciativa de Moscú con el propósito declarado de coordinar la política de comercio e inversiones de los estados obreros soviético y de Europa oriental. En años posteriores se unieron al consejo Mongolia (1962), Cuba (1972) y Vietnam (1978). Yugoslavia no era miembro pero sí participaba en algunos organismos del CAME. Albania se retiró en 1961. Corea del norte y China nunca fueron miembros o socios del CAME. En enero de 1990 el CAME anunció que comenzaría a funcionar a partir de los precios del mercado mundial, con pagos en divisas convertibles, y dieciocho meses más tarde, en junio de 1991, se disolvió oficialmente.

sos, Cuba misma envía voluntarios internacionalistas y brinda ayuda generosa a dichos países para ayudarlos en su desarrollo social y económico.

(c) Al promover esta política, los comunistas en Cuba la vinculan a la propuesta de acción unitaria para exigir que el imperialismo anule la deuda del Tercer Mundo, al llamamiento a un Nuevo Orden Económico Internacional que establezca acuerdos comerciales y de trueque que impidan que el fruto del trabajo de las naciones oprimidas siga siendo transferido a las naciones más industrializadas, y al llamamiento a una mayor justicia social y económica en los propios países del Tercer Mundo.

C. Justificaciones ideológicas estalinistas

1. La casta no puede justificar abiertamente sus vastos privilegios y las crecientes desigualdades sociales o su expropiación política y represión de la clase obrera. Por lo tanto, desde la época de Stalin la casta ha tenido que presentar justificaciones ideológicas para explicar su dominio, represión y situación privilegiada.

  a) Estas explicaciones no constituyen una teoría, ni tan siquiera la ideología de una clase dominante histórica, sino mistificaciones y pretextos pragmáticos, que a menudo varían, para justificar el curso antiobrero de la casta.

  b) Estas justificaciones constituyen un nuevo revisionismo, que los comunistas en los años treinta denominaron la "segunda ola de menchevismo".[9]

---

9. Los mencheviques eran un partido en Rusia, afiliado a la Segunda Internacional, que perseguía el colaboracionismo de

2. Tratando de justificar la destrucción de la democracia soviética, la casta en la Unión Soviética retuvo el término "soviets" pero despojó estos organismos de todo contenido revolucionario y de clase, transformándolos de lo que eran —órganos del poder político de la clase obrera y sus aliados explotados— en instrumentos para afianzar el poder y los privilegios de la casta burocrática.

a) Ese era el propósito fundamental de la constitución soviética de 1936 —y de todas las enmiendas a la misma desde entonces— según la cual el socialismo ya se había establecido y por tanto ya no existían clases, divisiones de clases, o luchas de clases en la URSS.

b) En realidad sucede todo lo contrario. La burguesía ha sido expropiada, pero aún existen diferencias y conflictos sociales y de clase:
  (1) el desarrollo de una *nomenklatura* hereditaria dentro del aparato estatal y partidista;
  (2) crecientes capas de profesionales e intelectuales pequeñoburgueses privilegiados;
  (3) enormes diferencias entre la ciudad y el campo, así como entre Rusia y las demás repúblicas;

---

clases. Rompió con el programa marxista y los principios organizativos revolucionarios de los bolcheviques en los primeros años del siglo XX. Durante la Primera Guerra Mundial, los mencheviques se opusieron a la perspectiva bolchevique de utilizar la crisis de la guerra para promover el derrocamiento revolucionario del régimen zarista. Algunos mencheviques influyentes apoyaron abiertamente la política guerrerista del gobierno de grandes terratenientes y capitalistas, y abogaron por la victoria del ejército ruso y de sus aliados imperialistas. Los mencheviques se opusieron activamente a la revolución dirigida por los bolcheviques en octubre de 1917, y se sumaron al ataque contrarrevolucionario contra la república de trabajadores y campesinos durante la guerra civil de 1918–20.

(4) naciones y nacionalidades opresoras y oprimidas;
(5) desigualdades sociales y económicas entre hombres y mujeres, perpetuadas por medidas que preservan innecesariamente las responsabilidades y carga domésticas de la mujer; y
(6) capas de trabajadores y campesinos en mejores y peores condiciones en todas partes.

c) Detrás de la pretensión de una sociedad sin clases, la constitución soviética llena las formas de la democracia soviética con una democracia parlamentaria burguesa "de todo el pueblo" que es hueca y fraudulenta.

(1) Esto sirvió de fachada para ir afianzando el dominio bonapartista de la casta.

(2) Desde fines de los años veinte la casta ha gobernado mediante la policía secreta y el aparato del degenerado Partido Comunista, recurriendo, según su necesidad, al terror y a la represión asesina en una escala masiva, sin precedentes en la historia de la humanidad.

(3) A raíz del debilitamiento del régimen estalinista a lo largo de las décadas, Gorbachov está implementando nuevos métodos para colocar al gobierno bonapartista sobre nuevos fundamentos:

(a) establecer su cargo como presidente de la URSS, con los poderes ejecutivos más fuertes jamás codificados e institucionalizados por ley;

(b) disminuir la importancia del aparato del partido y del cargo de "secretario general" del partido; y

(c) transferir muchos de los poderes del Buró Político del partido al gabinete escogido per-

sonalmente por el presidente.[10]

3. Los estalinistas declaran falsamente que el "sistema unipartidista" y la proscripción de las tendencias y facciones políticas son principios de organización leninistas.

  a) Esto no es consecuente con la historia de los primeros años de la república soviética bajo la dirección bolchevique. Es una justificación que surgió tras la victoria de la facción de Stalin.

  (1) Se pretende justificar la proscripción *permanente* de facciones y tendencias remontándose a la decisión tomada por el Décimo Congreso del Partido Comunista Soviético en 1920. Pero la proscripción de facciones fue adoptada explícitamente por los bolcheviques en ese entonces como medida temporal frente las condiciones extremas al final de la guerra civil, cuando la alianza de trabajadores y campesinos y el liderazgo del Partido Comunista y de la clase obrera se hallaban amenazados, y estaban estallando insurrecciones abiertas en algunas partes de la república soviética.

    (a) Su objetivo era el poner fin al faccionalismo que desgarraba al partido bajo estas presiones.

    (b) En los tiempos de Lenin la proscripción temporal de facciones nunca prohibió, ni paró, la discusión interna oral y escrita y el debate organizado en el seno de la dirección y de las

---

10. Gorbachov fue elegido secretario general del Partido Comunista en 1985. En 1988 orquestó cambios en la constitución soviética que fortalecieron la presidencia, que antes había sido un cargo de carácter mayormente formal, ocupado por personajes menos conocidos. Gorbachov fue elegido presidente en 1989, reteniendo su cargo de secretario general del partido.

filas del Partido Comunista Soviético.

(2) En 1921 los bolcheviques eran ya el único partido existente en los soviets de delegados obreros, campesinos y de soldados que no se había pasado abiertamente al campo contrarrevolucionario y proscrito por esta razón. No obstante, ni Lenin ni el Partido Comunista Soviético ni la Internacional Comunista dirigida por Lenin plantearon jamás que el "sistema unipartidista" era un principio del poder proletario.

b) Haciendo "generalizaciones" cínicas y fraudulentas acerca de la historia de la república soviética en los tiempos de Lenin, los estalinistas invierten los principios centralistas revolucionarios.

(1) Toda tendencia organizada de pensamiento dentro del partido, todo llamamiento a la discusión y a la clarificación, es calificado como "faccionalista", "divisionista" y "ayuda al enemigo de clase", y por tanto se proscribe.

(2) Todo partido que no sea el PC soviético es declarado contrarrevolucionario por definición, y el monopolio político del Partido Comunista estalinizado se entroniza en la constitución del estado.

(3) Se alega que se han eliminado las clases, se ha establecido el socialismo y que la lucha de clases se ha acabado, excepto mediante la subversión imperialista. Por lo tanto:

(a) Los opositores comunistas y revolucionarios del régimen son tachados de "saboteadores trotskistas", "quintacolumnistas", "agentes del imperialismo" o las tres cosas, y son perseguidos, arrestados y asesinados;

(b) Toda lucha de trabajadores o campesinos contra las intolerables consecuencias del régimen

son consideradas expresiones de la contrarrevolución imperialista;

(c) La "difamación del estado soviético" es declarada un delito mayor bajo el código penal;[11]

(d) Se institucionaliza la censura y la falsificación de la historia en todas las esferas de la vida social, política y cultural; y

(e) Los trabajadores y campesinos son expulsados de la vida política; todo esfuerzo que hagan para tomar iniciativas, debatir el camino a seguir, o rectificar errores se topa con la hostilidad y la represión del aparato. Al final la clase obrera se despolitiza y se atomiza socialmente aún más que durante la época del zarismo.

(4) Al contrario de los argumentos apologistas de la casta, su política no refuerza la defensa de los estados obreros frente al imperialismo.

(a) Su política destruye la solidaridad de clase y la confianza política de los trabajadores, fomentando el miedo y debilitando así la defensa de las conquistas de la Revolución de Octubre.

(b) Su único propósito es mantener los aparatos estatal y partidista como instrumentos para promover los intereses de la casta.

4. A manera de justificación "científica" de la creciente desigualdad social, los estalinistas presentan las normas burguesas de distribución de ingresos como "normas socialistas de distribución" que merecen ser mantenidas.

a) Alegan haber establecido una "sociedad sin clases", al tiempo que declaran que la dependencia de la ley del valor no solo persiste sino que de hecho *se*

---

11. "Difamación del estado o sistema social soviético" era ilegal bajo el Artículo 190–1 del código penal.

desarrolla en el socialismo.

b) Este "descubrimiento" fue codificado en el folleto de Stalin publicado en 1952 titulado *Problemas económicos del socialismo en la URSS*, que ha servido desde entonces de base para manuales de economía y "teorías de la transición al socialismo" estalinistas.

c) Al luchar junto a Fidel Castro para aplicar una perspectiva comunista durante los primeros años de la Revolución Cubana, Che Guevara polemizó contra esta distorsión del marxismo, este intento de convertir la construcción del socialismo en una tarea de administradores que se basan en leyes y mecanismos ciegos, en lugar de ser una tarea política y revolucionaria de la clase obrera para impulsar la conciencia y la acción política.[12]

5. Este paquete de justificaciones ideológicas pragmáticas y cambiantes para defender las acciones de una casta social privilegiada es la expresión acumulativa de muchas décadas de corrupción del comunismo y del marxismo en nombre del comunismo y del marxismo.

a) La ideología estalinista desorienta y educa mal a combatientes revolucionarios.

(1) La casta se ha valido de su poder estatal, masivos recursos y aparato represivo para imponer falsificaciones de la historia y la teoría como cánones

---

12. Ver los artículos de Guevara en el tomo 2 de *Ernesto Che Guevara: Obras 1957–1967* (Casa de las Américas, 1977) y en sus dos artículos, "Sobre la concepción del valor" y "La planificación socialista, su significado", en *Nueva Internacional* no. 2. Ver también "La política de la economía: Che Guevara y la continuidad marxista" por Steve Clark y Jack Barnes, y otros artículos relacionados que aparecen en el mismo número de *Nueva Internacional*. Ver también *Che Guevara: Economía y política en la transición al socialismo* de Carlos Tablada (Pathfinder, 1997).

"marxistas-leninistas ortodoxos".

(2) Ha monopolizado la producción y distribución de textos, manuales y periódicos, y la creación de escuelas de cuadros, institutos de investigación, etcétera. Estos han sido la principal fuente de "formación marxista" no solo en la Unión Soviética, Europa oriental, China y los partidos pro-Moscú del mundo, sino en Cuba, Granada y muchas organizaciones de liberación nacional por todo el mundo colonial y semicolonial.

b) La descripción de la realidad social bajo el dominio burocrático de la casta como "socialismo realmente existente" es una expresión de la corrupción de los partidos estalinistas y de otros "amigos de la Unión Soviética" a quienes les atrae el poder —y sus privilegios y beneficios— y no los principios internacionalistas y comunistas.

c) Por lo tanto, en la mente de millones de trabajadores en los estados obreros y el resto del mundo, el comunismo no es una generalización de la marcha estratégica de los trabajadores hacia la liberación, sino una justificación ideológica de las odiadas políticas y privilegios de una casta opresora. Todo se convierte en lo contrario.

(1) El "internacionalismo proletario" ha sido tergiversado para acomodar los intereses de casta del gobierno soviético, justificando hasta invasiones de otros estados obreros, en lugar de impulsar la lucha mundial por la liberación nacional y el socialismo, lo cual incluye la defensa del estado obrero.

(2) El "trabajo voluntario" ha sido transformado: del trabajo libremente ofrecido para satisfacer necesidades sociales colectivas, al trabajo obligatorio

en horas extras no remuneradas para llenar el comedero del cual se engorda la burocracia.

(3) El "centralismo revolucionario" ha sido cambiado: esta arma para cuadros confiados, críticos, educados y disciplinados de partidos proletarios ha sido convertida en un monolitismo burocrático empleado para imponer el sometimiento a la política contrarrevolucionaria de la cúpula de partidos pequeñoburgueses.

(4) Marx, Engels y Lenin han sido transformados en iconos conmemorados con estatuas, bustos y decoraciones (y hasta una momia de exhibición en el caso de Lenin) para legitimar, glorificar y mistificar el poder usurpado por la casta. Se "leen" a través de manuales; nunca se estudian en su totalidad sin "interpretación." Los trabajadores al final llegan a identificar a los fundadores y gigantes del marxismo como responsables parciales de su opresión.

(a) El golpe asestado al comunismo se dio cuando la casta edificó estos ídolos, no cuando los trabajadores en Europa oriental y central los destruyeron como símbolos odiados de la tiranía.

(b) Los trabajadores y campesinos en los estados obreros no encontrarán el camino a Marx, Engels y Lenin en los manuales estalinistas o en las lecturas "críticas" gorbachovianas de la historia, sino mediante la lucha revolucionaria a nivel nacional e internacional, de la cual surge el liderazgo comunista y se prueba al calor del combate de clases.

d) Cuando Gorbachov y otros que hablan como dirigentes de "Partidos Comunistas" se distancian de Marx,

Engels, Lenin y el comunismo, cuando rechazan abiertamente la lucha de clases como fuerza motriz del desarrollo histórico y la dictadura del proletariado como objetivo necesario de ésta, representa un hecho positivo para la revolución mundial.

(1) Abre el camino para que los luchadores de vanguardia y los revolucionarios puedan quebrar los obstáculos y engaños creados por las décadas de malgobierno y encontrar una vía para vincularse con la continuidad del comunismo.

(2) Comienza a crear espacio para la discusión y el debate; para desenmarañar las muchas décadas de mentiras, confusión y falsificación.

6. Detrás de la cortina de humo de las justificaciones ideológicas se esconde la realidad del aparato asesino internacional de la casta.

a) Entre las víctimas de la matonería y el gangsterismo estalinistas se encuentran los millones de trabajadores y campesinos y cientos de miles de revolucionarios asesinados en la Unión Soviética; los pequeños núcleos de comunistas tales como el PST y aquellos que en otros países siguieron luchando juntos para defender los intereses de la clase obrera internacional (varios de los cuales fueron asesinados, incluido Trotsky); el gran número de trabajadores y campesinos de disposición revolucionaria que fueron asesinados durante la guerra civil en España por oponerse a la traición de esa revolución por Moscú y sus partidarios; y muchos más.

b) Estos métodos asesinos persisten hasta el día de hoy (por ejemplo, la masacre de millones de personas en Camboya por Pol Pot, el asesinato de Maurice Bishop y otros revolucionarios en Granada por la facción de Coard, el asesinato de la Comandante Ana María por partidarios de Cayetano Carpio en el FMLN de El Salvador, los métodos de la dirección de Sendero Luminoso en Perú).

c) En el mundo actual le resulta más difícil al movimiento estalinista recurrir a estos métodos y salirse con la suya.

(1) Lo que ha cambiado es la correlación de fuerzas entre las clases, haciendo que estos métodos sean imposibles de emplear a un nivel comparable con los años treinta y cuarenta.

(2) Lo que no ha cambiado es el carácter del estalinismo y de sus practicantes, quienes, de encontrarse arrinconados, utilizarán estos métodos en la medida que puedan salirse con la suya.[13]

D. La planificación y administración burocráticas por las castas en los estados obreros se degeneran inevitablemente hacia un sistema peor que el capitalismo

1. A pesar de la industrialización y concentración urbana relativamente rápida que ocurre inicialmente en un estado obrero deformado y degenerado —mientras más rural sea la economía al principio, más prolongado

---

13. Después de la caída del régimen de Gorbachov en la Unión Soviética a fines de 1991, el ya debilitado movimiento estalinista se desintegró como fuerza en la política mundial. Ante el debilitamiento, las escisiones o a veces hasta el colapso de los partidos estalinistas, se disolvió el pegamento de colaboración de clases y frentepopulismo que aglutinaba a la "izquierda", incluyendo a socialdemócratas, liberales e izquierdistas pequeñoburgueses de diversos matices. Por lo tanto, hoy les resulta más difícil a las corrientes pequeñoburguesas crear obstáculos faccionales para impedir la cooperación entre los revolucionarios, o la participación de los revolucionarios en coaliciones de acción o frentes únicos

puede ser este período— la tasa de crecimiento de la productividad laboral pronto alcanza su cúspide para luego decaer hasta llegar al estancamiento económico y la crisis irreversible.

   a) Esta es una ley de desarrollo en dichos estados, demostrada por la experiencia de la Unión Soviética y Europa oriental.[14]

   b) No se trata simplemente de que estos regímenes nunca alcanzarán a los países capitalistas más avanzados industrialmente —es decir los países imperialistas— en cuanto a productividad laboral y nivel de vida, sino que quedarán más y más a la zaga.

2. Aún bajo la dominación estalinista, estos estados obreros fueron capaces de promover por varias décadas la industrialización y el desarrollo urbano en países que hasta entonces eran relativamente atrasados económicamente.

   a) Este crecimiento se logró en gran parte con el uso de la propiedad nacionalizada, la planificación centralizada y el monopolio del comercio exterior —resultados de la expropiación de la burguesía— para lograr en un período más corto lo que la burguesía logró históricamente mediante lo que Marx des-

---

más amplios. Pone punto final a la época, de muchas décadas de duración, en que la gran mayoría de los trabajadores de disposición revolucionaria y los jóvenes atraídos a las ideas comunistas terminaban siendo reclutados a una *falsificación* del comunismo que los destruía políticamente como revolucionarios.

14. La tasa anual media de crecimiento de la economía de la Unión Soviética, por ejemplo, ascendió hasta un nivel máximo del 6 por ciento en los años cincuenta y deceleró gradualmente, comenzando a decaer en términos absolutos a partir de 1989, justo antes del colapso del régimen estalinista.

cribió como "la llamada acumulación primitiva de capital":

(1) la transferencia de fuerza de trabajo excedente desde el campo hasta la ciudad para las fábricas y obras de construcción;

(2) mantener el nivel de vida del campesinado y la modernización agropecuaria al mínimo para financiar la industrialización (en Alemania y Checoslovaquia, la casta pudo aprovechar una base industrial desarrollada heredada del capitalismo);

(3) la construcción de una infraestructura básica de electrificación, transporte y comunicación; y

(4) el uso de nuevas tierras para el cultivo, la minería y la silvicultura.

b) Valiéndose de tales métodos, estos regímenes lograron promover un crecimiento relativamente rápido de producción industrial.

(1) Al no sufrir los ciclos comerciales capitalistas (habiendo vencido, gracias a la expropiación de la burguesía, la dominación de los precios de producción fijados por la competencia de capitales industriales), la Unión Soviética continuó incrementando su producción industrial durante la Gran Depresión de los años treinta.

(2) Este hecho dio lugar a otra justificación de la trayectoria de la burocracia soviética: "Stalin industrializó un país atrasado y lo convirtió en la segunda potencia industrial del mundo. Sin haber tomado ese camino, incluso con sus lamentables excesos, la Unión Soviética no habría podido sobrevivir la embestida imperialista alemana durante la Segunda Guerra Mundial".

c) Sin embargo, aún durante este período de crecimiento extenso, los métodos burocráticos de planificación y administración actuaron como freno al desarrollo. No fomentaron sino que destruyeron iniciativas de la clase obrera. Echaron atrás el desarrollo de actitudes comunistas hacia el trabajo.

(1) Es más, este período se vio marcado por la brutal colectivización forzosa del campesinado, que obstruyó permanentemente la modernización de la agricultura. La colectivización forzosa destruyó la alianza entre los trabajadores y los campesinos, la cual solo puede basarse en la creciente participación —que por necesidad debe ser voluntaria— de los trabajadores y los campesinos explotados en la toma de decisiones económicas y políticas.

(2) Sin profundizar la conciencia comunista, el control obrero y la administración obrera, y la alianza de los trabajadores y campesinos, no hay manera de reorganizar el trabajo, modernizar la producción industrial y agropecuaria, y producir bienes de calidad en la transición del capitalismo al socialismo.

(3) Sin embargo, tomar este camino es impensable para las capas de administradores y tecnócratas de la casta, ya que hace peligrar el monopolio de poder y la división social del trabajo en que se basan sus privilegios.

d) Los estrechos límites de la planificación burocrática ya se perfilaban claramente a fines de los años treinta al ir disminuyendo el crecimiento en la URSS, pero con la victoria soviética sobre la agresión imperialista en la Segunda Guerra Mundial y el carácter más primitivo de las tareas de reconstrucción de la posguerra, el régimen de la casta cobró nuevas fuerzas.

El inicio de la crisis de los regímenes estalinistas se anunció de nuevo bajo Jruschov a comienzos de los sesenta y ha empeorado en brotes acelerados desde entonces. Esta crisis es irreversible.

(1) Las "reformas de mercado" y las reorganizaciones agrícolas efectuadas bajo Jruschov y en los primeros años de la época de Brezhnev, si bien resultaron en avances temporales en uno u otro sector, no solo no frenaron el deterioro general sino que terminaron por acelerar la crisis, con consecuencias desastrosas para las condiciones de vida del pueblo trabajador.

(2) Bajo la política de *perestroika* de Gorbachov, las condiciones económicas y sociales han empeorado y seguirán empeorando, no mejorando.

(a) La perestroika no es un plan o un programa: es la respuesta pragmática de un sector de la casta a la crisis del gobierno burocrático.

(b) Lo notable no es lo radical que sea la perestroika, sino lo restringido que se ha mostrado el gobierno frente a la respuesta de los trabajadores. Después de tres años, el régimen no ha puesto en práctica ninguna de las medidas más importantes propuestas por los "planificadores de la perestroika".[15]

---

15. Desde los primeros años de la revolución rusa, el pueblo trabajador había pagado alquileres reducidos y precios bajos por el pan y otras necesidades, y tenía la garantía de empleos. Estas eran conquistas que sucesivos regímenes estalinistas no habían tratado de socavar fundamentalmente, ya que tenían la esperanza de prevenir desafíos a su dominio. En junio de 1987, Gorbachov inició el llamamiento a favor de la "perestroika", palabra que en ruso significa *reestructuración*. "La parte más importante de rehacer la economía es la reforma radical del sistema de pre-

(3) Las "reformas de mercado" y proyectos similares en los estados obreros de Europa central y oriental tienen el mismo carácter pragmático, y se ven limitados por los mismos valores y expectativas sociales que existen entre la clase obrera y el resto del pueblo trabajador.

(4) Esta crisis es igualmente inevitable en China y Vietnam, pero en la actualidad es menos aguda a pesar de su nivel inferior de desarrollo económico y de vida. Debido al peso de la agricultura y al gran tamaño de la población rural en estos países, aún no se han agotado los métodos que en un principio fomentaron la urbanización e industrialización de otros estados obreros deformados y degenerados.

3. El estalinismo no es una versión distorsionada y muy mala de socialismo o comunismo; es su negación contrarrevolucionaria. La creciente crisis en la Unión Soviética y los estados obreros de Europa oriental demuestra el peligro de

a) confundir el estalinismo con el comunismo;

---

cios", declaró. Pero en 1990, Gorbachov —anticipando disturbios obreros y enfrentando las primeras huelgas de mineros y otros trabajadores en muchos años así como grandes protestas en las calles, retrocedió de sus proyectos de alzas de precios y despidos en las empresas estatales. "Vuestros gritos de alarma nos llegan", dijo Gorbachov a los trabajadores durante su visita a una fábrica en abril de 1990. En abril de 1991, cuando el régimen finalmente anunció un plan para aumentar los precios de los alimentos y otras necesidades, Gorbachov al mismo tiempo movilizó patrullas conjuntas del ejército y la policía en más de 400 ciudades y propuso una prohibición de huelgas y protestas. El presidente ruso Boris Yeltsin finalmente promulgó el alza de precios en enero de 1992, después de la renuncia de Gorbachov.

b) atribuir los logros de la dictadura del proletariado a quienes la traicionaron; o

c) confundir lo que en realidad es el resultado inevitable de muchas décadas de sabotaje por las crecientes capas parásitas y sus regímenes bonapartistas con los cimientos económicos irreemplazables de los estados obreros.

E. Regímenes de crisis permanente en los estados obreros deformados

1. Ya para fines de los años treinta, la evolución del estado obrero soviético bajo el dominio de la casta, y de la política estalinista en la Unión Soviética y a nivel mundial, había:

a) Garantizado el estallido de la segunda matanza imperialista mundial al organizar una serie de derrotas aplastantes de los trabajadores y campesinos, en particular:

(1) la política faccional y matonista de la Comintern, encabezada por Stalin, y del Partido Comunista en Alemania hacia las filas del Partido Social Demócrata: una política que, bajo la fachada ultraizquierdista de combatir el "social-fascismo", en realidad allanó el camino para el triunfo del fascismo en 1933 al impedir toda posibilidad de un frente único obrero para organizar la resistencia armada;

(2) la posición de la Comintern de propugnar y apoyar el gobierno colaboracionista de clases del Frente Popular en Francia (1936–38), que desmovilizó la ola de ocupaciones de fábricas y otras luchas obreras de masas durante aquellos años y que preparó el camino para el bonapartismo capitalista y la aplastante derrota del movimiento sindical;

(3) la división de las fuerzas obreras revolucionarias durante la guerra civil española y el asesinato de trabajadores y jóvenes antifascistas, que le abrió paso al ascenso de Franco al poder a principios de 1939; y

(4) el pacto Stalin-Hitler en agosto de 1939, tras el cual Moscú organizó la matanza de comunistas y trabajadores revolucionarios polacos y alemanes. Esta acción desorientó políticamente a los trabajadores de vanguardia que aún se orientaban a la Unión Soviética, abriéndole las puertas a la invasión imperialista alemana de la URSS en junio de 1941;

b) Puso en tela de juicio la supervivencia de las conquistas de la Revolución de Octubre, debido a:

(1) las consecuencias desastrosas de la colectivización forzosa;

(2) el abandono de la política leninista sobre la cuestión nacional;

(3) el creciente terror de estado contra los trabajadores y campesinos (incluido el asesinato de millones);

(4) los sangrientos juicios de depuración, inclusive contra la alta oficialidad del ejército soviético en la víspera de la invasión imperialista alemana de la Unión Soviética;

c) Dispersó, desmoralizó, corrompió y asesinó a un suficiente número de la vanguardia obrera alrededor del mundo para impedir el desarrollo de partidos revolucionarios de masas con dirección comunista. Por consiguiente, al estallar la Segunda Guerra Mundial, aparte del núcleo de revolucionarios proletarios en varios países que habían dicho "no" al abandono del leninismo y sobrevivido a pesar de los asesinos enviados por Stalin, no existía una sola corriente comunista digna de ese nombre en ninguna parte del mundo.

2. Dadas las nuevas complejidades en la marcha estratégica del proletariado a raíz de la degeneración del primer estado obrero y de la Internacional Comunista, los núcleos comunistas que sobrevivieron fuera de la URSS reconocieron la necesidad de generalizar las lecciones de estos nuevos acontecimientos históricos, incorporándolos a la continuidad de la teoría marxista a fin de guiar la actividad revolucionaria.[16]

a) El estalinismo es contrarrevolucionario de cabo a rabo. No tiene ni una gota de contenido revolucionario o proletario.

b) El régimen dominado por la casta pequeñoburguesa actúa de manera contradictoria.

(1) La casta busca por sus propios métodos y propias razones defender el estado obrero, que es la fuente de donde deriva sus privilegios materiales.

(2) No obstante, los métodos contrarrevolucionarios de la casta debilitan gravemente el estado obrero y garantizan un régimen de crisis.

c) La contrarrevolución estalinista traiciona y corroe el estado obrero, pero no puede derrocarlo.

(1) Para abrir el camino a la reimplantación de relaciones de propiedad capitalistas estables, el imperialismo necesita llevar a cabo una exitosa contrarrevolución armada a fin de derrocar y erradicar los cimientos de la propiedad estatal.

---

16. Para leer la presentación más completa y sistemática de estas conquistas teóricas, ver *La revolución traicionada* y *En defensa del marxismo* por León Trotsky. Ambos libros son publicados por Pathfinder.

(2) Habrá sectores de la misma burocracia que resistirán el derrocamiento de la relaciones de propiedad nacionalizadas.

(a) Si bien imitan el estilo de vida burgués y promueven valores burgueses, los miembros de la casta no tienen manera de saber quiénes entre ellos serán los propietarios si la propiedad estatal es reemplazada por la propiedad capitalista.

(b) Sobre todo, anticipan y temen la resistencia masiva de los trabajadores ante las consecuencias sociales de las medidas que se tomen hacia la restauración del capitalismo.

(3) La clase obrera es la única defensora fiable del estado obrero, de las conquistas de octubre, y la única fuente de su regeneración.

(a) Será necesario librar tremendas batallas contra la clase obrera para reimplantar el dominio de las relaciones de propiedad capitalistas estables, desmantelar el monopolio estatal del comercio exterior, y eliminar la planificación centralizada.

(b) Dichas batallas se irán preparando a medida que los trabajadores se movilicen para resistir el creciente desempleo, la inflación acelerada, recortes del salario social y la agudización de las desigualdades sociales. Estas son las consecuencias inevitables de la política de la casta de depender más y más de los métodos capitalistas y de integrar cada vez más los estados obreros a una economía mundial en crisis con sus ciclos comerciales y depresiones.

(c) Estas consecuencias económicas y sociales se manifestarán en los estados obreros mucho

antes de que se haya producido y decidido la batalla por restablecer la supremacía de los precios capitalistas de producción.

(d) La restauración del capitalismo es imposible sin antes derrotar a la clase obrera en sangrientas batallas contrarrevolucionarias.[17]

---

17. Lejos de evolucionar hacia relaciones sociales capitalistas estables, los regímenes en Rusia, en otras repúblicas de la ex Unión Soviética y en toda Europa oriental y central se han visto estremecidos por una crisis económica y social desde 1990. La producción en estos países se desplomó durante ocho años seguidos, a un ritmo anual de más del 20 por ciento en algunos casos. No fue sino hasta 1997 que se dio nuevamente un modesto, pero desparejo, crecimiento económico neto (1.7 por ciento) en el conjunto de la región. Sin embargo, a fines de 1997 la producción aún se encontraba a la mitad de los niveles de 1990 en Rusia y otros países de la ex URSS. La inversión de capital ha decaído en un 90 por ciento en Rusia en este período, y el número de cabezas de ganado se ha reducido en un 75 por ciento. Las repercusiones de la crisis en Asia a principios de 1998 también sacudieron la región.

Casi la mitad de la población en Rusia vive por bajo el nivel de pobreza (definido por un ingreso menor de 120 dólares al mes), y la tercera parte de la población en la región, 120 millones de personas, apenas subsiste con menos de 4 dólares al día, de acuerdo con un informe de Naciones Unidas de 1997. En Rusia la expectativa de vida para los hombres bajó de un promedio de 64 años en 1990 a 57 años en 1995, y para las mujeres de 74 a 72 años. Desde 1985 el índice de natalidad en Rusia se redujo a casi la mitad, causando un descenso de la población de casi un millón de personas al año. Ha ocurrido un deterioro similar, aunque menos severo, de la salud y de la expectativa de vida en Alemania oriental, Azerbaiyán, Bulgaria, Letonia y Rumania.

La tasa de desempleo en Rusia, de acuerdo a datos oficiales subestimados, subió al doble llegando a casi el 10 por ciento a mediados de 1998; el desempleo era oficialmente más del 10 por ciento en Bulgaria, Hungría, Polonia y la República Eslova-

d) El pronóstico implícito en este análisis científico del estalinismo y de la dinámica de clases en los estados obreros deformados y degenerados ha sido plenamente comprobado por la historia. En 1990 podemos reafirmar que nuestras conquistas estratégicas y programáticas han sido confirmadas y enriquecidas por las recientes experiencias del movimiento obrero mundial.

3. Tras la Segunda Guerra Mundial se produjeron revoluciones anticapitalistas que llevaron a la creación de nuevos estados obreros.

a) El pronóstico planteado por el Partido Socialista de los Trabajadores y sus copensadores en otros países al inicio de la Segunda Guerra Mundial fue el siguiente:

(1) De no extenderse la revolución durante y después de la guerra, el estado obrero soviético no podría sobrevivir la embestida imperialista; y

(2) Toda extensión de la revolución y defensa exitosa del estado obrero barrería del poder a la casta en un levantamiento revolucionario, restablecería un liderazgo comunista en la Unión Soviética y abriría la puerta al renacimiento de una Internacional revolucionaria.

b) Sí ocurrieron crisis revolucionarias y una extensión de la revolución socialista tras la guerra, pero de una manera más compleja y contradictoria de lo anticipado por los comunistas.

---

ca, entre otros países. Y un 40 por ciento de los trabajadores en Rusia han pasado semanas o meses sin recibir sus salarios —los salarios atrasados ascendían a unos 11 mil millones de dólares a mediados de 1998— provocando a mediados de 1998 una ola de huelgas de mineros, obreros ferroviarios, petroleros y otros.

(1) A pesar del curso contrarrevolucionario del régimen estalinista, los trabajadores y campesinos de la Unión Soviética lograron defender el estado obrero y repelieron el ataque imperialista alemán. Lo hicieron a gran costo en vidas y sacrificios materiales.

(2) A pesar de triunfar sobre sus rivales imperialistas en la guerra, Washington no pudo utilizar sus tropas para lanzar nuevas acciones militares contra la Unión Soviética o para impedir golpes revolucionarios contra el capitalismo en Europa oriental y China. Durante la última parte de la guerra misma, hubo un resurgimiento de batallas de los mineros del carbón afiliados al UMWA y de otros trabajadores contra la promesa patriótica de no hacer huelgas y contra el congelamiento de salarios, así como luchas contra la discriminación racista en las industrias bélicas que:

(a) sacaron fuerza de las reservas de las batallas sindicales de los años treinta que habían forjado al CIO como movimiento social;

(b) estallaron en una ola de huelgas tras la guerra que se desenvolvió en 1946 y a principios de 1947; y

(c) dieron el impulso que a mediados de los años cincuenta condujo a la masiva lucha proletaria contra el sistema Jim Crow y a favor de los derechos civiles de los negros.

(3) Para fines de los años cuarenta y la primera mitad de los cincuenta, habían sido derrocadas las relaciones de propiedad capitalistas en Yugoslavia, otros países de Europa central y oriental, Corea del Norte, China y luego Vietnam del Norte. Estas transformaciones ocurrieron bajo el dominio

de una dirección estalinista, no una dirección revolucionaria.

(4) El debilitamiento del imperialismo y su incapacidad de derrocar el estado obrero soviético impulsaron luchas por la liberación nacional y la independencia en Asia, Africa y América hacia una nueva etapa.

(5) Los maldirigentes estalinistas y socialdemócratas, cuya dominación del movimiento obrero en la Europa de la posguerra fue resultado de las derrotas históricas sufridas en la década anterior, obstruyeron la posibilidad real de victorias socialistas en Francia, Italia y otros países de Europa occidental imperialista en esa época. Esto les dio a los gobernantes capitalistas el respiro necesario para superar las condiciones que les habrían permitido a los pequeños núcleos comunistas en esos países crecer y convertirse en partidos obreros revolucionarios de masas.

c) Debido a este desenlace de la guerra, se aplazó la crisis de la casta soviética y de las nuevas castas emergentes en Europa oriental. Es más, por un tiempo los estalinistas recuperaron un poco de su credibilidad política al estar a la cabeza de varias revoluciones de trabajadores y campesinos (Yugoslavia, Albania, China, Vietnam) y de todos los nuevos estados obreros.

d) Los comunistas guardamos nuestra firme convicción de que la supervivencia del estado obrero soviético, la extensión de las relaciones de propiedad proletarias y el avance de la revolución colonial debilitarían el dominio del estalinismo y crearían nuevas perspectivas para el surgimiento de liderazgos revolucionarios.

(1) Los comunistas rechazamos los distintos pronósti-

cos alternativos para la Unión Soviética implícitos en los análisis de diversas corrientes pequeñoburguesas en el movimiento obrero:

(a) que la supervivencia del estado obrero soviético vindicaba la perspectiva estalinista, aún si ésta tenía muchas fallas; que la URSS sobrepasaría el crecimiento económico y el aumento de la productividad laboral de los centros imperialistas y continuaría avanzando hacia el socialismo; y que en el proceso el régimen burocrático se autoreformaría; o

(b) que la Unión Soviética no era un estado obrero degenerado con un régimen bonapartista de crisis, sino que la caracterizaba un nuevo modo de producción y una nueva clase dominante (ya sea que se calificara esta formación social como capitalismo de estado, colectivismo burocrático o alguna nueva forma histórica de totalitarismo).

(2) Los comunistas también rechazamos otros pronósticos semejantes sobre las perspectivas históricas del estalinismo mundial y la renovación de la dirección comunista:

(a) que las victorias de las revoluciones yugoslava y china bajo partidos estalinistas sentarían la pauta para el resto del siglo; que el estalinismo seguiría una trayectoria revolucionaria, aunque con graves deformaciones y debilidades; o

(b) que el renovado ímpetu del estalinismo en la posguerra le daría suficiente fuerza para obstaculizar el surgimiento de liderazgos revolucionarios y evitar futuros avances de la revolución socialista y el desarrollo de una dirección comunista.

(3) Estas cuestiones quedaron resueltas en 1959-1961 con el triunfo de la Revolución Cubana bajo una dirección revolucionaria que, soslayando al Partido Socialista Popular (el viejo Partido Comunista en Cuba), había:
   (a) derrocado a la dictadura de Batista que Washington apoyaba;
   (b) ganado el liderazgo de las masas;
   (c) establecido un gobierno de trabajadores y campesinos;
   (d) llevado a cabo una profunda revolución democrática y reforma agraria;
   (e) pasado a expropiar a los capitalistas yanquis y nacionales, inaugurando explícitamente la revolución socialista en América al tiempo que derrotó la invasión auspiciada y organizada por Washington en la Bahía de Cochinos;
   (f) desarrollado las Fuerzas Armadas Revolucionarias;
   (g) profundizado una orientación proletaria en su política nacional e internacional; e
   (h) impulsado la unidad revolucionaria y la construcción de un partido obrero comunista de masas.
4. La contrarrevolución estalinista rompió la continuidad comunista en los estados obreros deformados y degenerados.
   a) Ya para la Segunda Guerra Mundial, la organización comunista en la Unión Soviética había quedado tan diezmada que su reconstitución estaba excluida, aún ante el impacto de las victorias revolucionarias de la posguerra en Yugoslavia y otros países.
   b) A lo largo de las décadas se desgastó la conciencia comunista que había perdurado en la Unión Sovié-

tica entre la generación que hizo la Revolución de Octubre.

c) En las últimas décadas en la Unión Soviética, se ha producido una ruptura de la continuidad comunista, incluso a nivel individual.

d) Hoy día no existe una vanguardia política comunista, marxista o proletaria ni en la Unión Soviética, ni en Europa oriental, ni en China.

e) Pueden surgir y surgirán nuevos partidos comunistas en estos estados obreros deformados y degenerados, pero únicamente a través de crecientes experiencias en la lucha de clases y como parte de un avance más amplio de la revolución mundial.

5. Dada esta realidad, la revolución política no está al orden del día en la Unión Soviética o en los demás estados obreros deformados y degenerados, ni tampoco ha estado al orden del día en los últimos treinta años.

a) Bajo estas condiciones resultó inevitable:
  (1) que estos regímenes no serían derrocados en una revolución política dirigida por comunistas, sino que primero tendrían que ser despedazados por las masas populares frente a una profunda crisis, como lo que ocurre ahora; y
  (2) que solo entonces sería posible el comienzo de la vida política, permitiendo de ahí la construcción de una dirección comunista.

b) Cuba es el único estado obrero en la actualidad donde sigue siendo posible combatir mediante una política revolucionaria los abusos, tendencias y crímenes burocráticos e impedir la consolidación de una casta social privilegiada. Esto se debe:
  (1) a la existencia de una dirección comunista en Cuba; y
  (2) al hecho de que la dirección forma parte de una

amplia capa de trabajadores y campesinos que son conscientemente comunistas e internacionalistas proletarios.

c) La desintegración de los regímenes estalinistas no da lugar a una revolución política sino a la oportunidad para que los trabajadores vuelvan a conquistar espacio político para defender y promover los intereses de clase de la gran mayoría trabajadora.

(1) La desintegración de los partidos estalinistas y el debilitamiento de los regímenes burocráticos crean la posibilidad de que la clase obrera y el movimiento obrero luchen por desarrollarse, politizarse y comenzar a ser influenciados por las luchas revolucionarias del mundo entero. Por este camino de lucha puede comenzar a forjarse un movimiento comunista.

(2) Los gobiernos que están surgiendo en toda Europa oriental son regímenes pequeñoburgueses de orientación burguesa, y en este sentido no representan una ruptura cualitativa con sus predecesores.

(a) Su administración incluye no solo los rezagos de la propia nomenklatura sino nuevas capas de la intelectualidad y de las clases medias de esos países.

(b) Si bien estamos preparados para marchar junto a estas fuerzas en acciones dirigidas a destruir a los gobiernos anteriores de la policía secreta, los comunistas nos oponemos a todos los nuevos gobiernos, que son políticamente antiobreros, como lo fueron los aparatos estalinistas que están reemplazando.

(3) Los revolucionarios proletarios reivindican un programa comunista para los estados obreros

deformados y degenerados, a pesar de que no existen organizaciones proletarias revolucionarias en esos países.

(a) Hablan en nombre de los intereses de la clase obrera en las luchas democráticas y antiburocráticas.

(b) Promueven la perspectiva de la regeneración política revolucionaria de la economía y de la política del estado obrero por parte de la clase obrera y sus aliados en el pueblo trabajador.

(c) Señalan el ejemplo de Cuba revolucionaria y el resurgimiento del liderazgo comunista mediante la extensión de la revolución mundial.

(d) Abogan por la restauración de la genuina democracia soviética mediante instituciones de lucha forjadas por los trabajadores y pequeños agricultores en el transcurso de sus batallas.

d) Las explosiones populares contra los regímenes en los estados obreros deformados y degenerados se hicieron inevitables cuando amplias capas del pueblo trabajador, la juventud y las clases medias reconocieron y comenzaron a actuar en respuesta a las siguientes realidades políticas:

(1) El imperialismo había quedado suficientemente debilitado en las décadas de la posguerra que ya no era creíble que el desplome de los gobiernos existentes representase una amenaza grave de invasión a Europa oriental y a la Unión Soviética. Los trabajadores en Europa oriental no creen que sus movilizaciones contra estos regímenes opresivos aumenten las amenazas militares del imperialismo.

(a) Han asimilado lo que significa la paridad nuclear entre Estados Unidos y la Unión Soviética para sus propias luchas y para su soberanía nacional.

(b) Presienten que la oposición antiguerra en Estados Unidos tras la guerra de Vietnam es un obstáculo a toda invasión militar prolongada por parte de Washington.

(2) Durante los años ochenta, los hechos despejaron toda duda de que las economías burocráticamente planificadas de estos regímenes —a pesar de sus anteriores períodos de industrialización rápida— estaban sumidos en un estancamiento económico y una crisis social irreversibles.

(a) No solo se trataba de la falta de bienes materiales o del deterioro del bienestar social.

(b) El *knut* (látigo) estalinista ya no podía obligar a los trabajadores y campesinos a producir bajo condiciones de creciente desigualdad social, de abusos burocráticos y de enajenación, ni qué hablar de utilizar su creatividad e iniciativa en el trabajo.

(c) La corrupción, arbitrariedad y falta de integridad en las relaciones sociales —la violencia contra la cultura humana en el sentido más amplio— eran tan profundas que para el pueblo trabajador era cada vez más intolerable vivir bajo esas condiciones.

(3) El régimen en la Unión Soviética estaba cada vez menos dispuesto a pagar el precio político, a nivel tanto interno como externo, por intervenciones militares dirigidas a aplastar insurrecciones populares en los países del Pacto de Varsovia. Los trabajadores en los estados obreros de Europa

central y oriental sacaron conclusiones de:
(a) el levantamiento de los trabajadores polacos en los años ochenta, donde no solo no intervinieron las tropas soviéticas (como habían hecho en Hungría en 1956 y en Checoslovaquia en 1968), sino que la ley marcial impuesta por el régimen polaco a fines de 1981 no pudo aplastar la resistencia; y
(b) la retirada soviética de Afganistán en 1989. En ese país, la década de ocupación creó un desastre aún peor y llevó a la creciente inestabilidad social en la propia URSS.

6. Los sucesos de 1989-90 confirman el pronóstico comunista de que los estados obreros, incluso aquellos deformados desde un principio por la dominación estalinista, resultarían más fuertes que las castas burocráticas.

a) La casta pequeñoburguesa no es una clase dominante histórica.

(1) No desempeña un papel económico histórico en un modo de producción.

(2) Esta capa inflada continúa creciendo, sobrepasando el tamaño de la burocracia administrativa que sería socialmente necesaria para las tareas productivas. Impide toda tendencia hacia el establecimiento de nuevas relaciones sociales que armonicen y se encaminen hacia un nuevo modo de producción implícito en la propiedad nacionalizada en la cual se fundamentan los estados obreros.

(3) Es un cáncer que debilita a los estados obreros y sus cimientos económicos.

b) En contraste con los regímenes de las clases dominantes capitalistas más fuertes, el régimen bonapartista es débil, frágil e inestable. Estos regímenes se han desintegrado con una rapidez asombrosa. Su explosión comenzó tras apenas sesenta años en la Unión Soviética e incluso menos tiempo en Europa central y oriental, meros puntitos en los altibajos de la historia social.

   (1) La burocracia no abandonará sus posiciones sin pelear. La oligarquía dominante toma cualquier medida necesaria para preservar su gobierno y sus privilegios burocráticos, hasta recurriendo al sacrificio de sectores enteros de la nomenklatura a fin de salvar al resto, y a la incorporación de nuevas capas al estrato dominante.

   (2) Las medidas tomadas por estos regímenes no los han estabilizado históricamente. Los gobiernos han resultado ser no solo regímenes de crisis, sino regímenes de crisis permanente.

   (3) La contrarreforma de Gorbachov, emprendida en respuesta a los sucesos en Polonia, y su curso cada vez más bonapartista, no resolverá sino que acelerará la crisis de la URSS.

c) Los estados obreros mismos han demostrado ser más fuertes que las castas y sus regímenes policiacos.

   (1) Los estados obreros sobreviven y solo pueden ser derrotados en batallas contra las clases trabajadoras.

   (2) "La revolución social, traicionada por el partido gobernante", explicó Trotsky en 1936, "vive aún en las relaciones de propiedad y en la conciencia de los trabajadores".[18]

     (a) Más de medio siglo después, la primera parte de esta evaluación sigue vigente: las relaciones

---

18. *La revolución traicionada*, pág. 209.

de propiedad proletarias aún existen en la Unión Soviética así como en los demás estados obreros deformados.

(b) Es cierto que la conciencia socialista de las masas trabajadoras ha quedado borrada desde los años treinta, y no existe hoy día siquiera el núcleo de una vanguardia comunista. Sin embargo, la conciencia sindicalista burguesa y el hecho de que la clase obrera da por sentado que tiene derecho a un mínimo salario social definido históricamente, seguirán siendo los principales obstáculos que llevarán a luchas masivas en los estados obreros contra la reimposición del capitalismo.

(3) Una contrarrevolución que derroque los estados obreros y sus cimientos de propiedad nacionalizada no puede llevarse a cabo internamente. Sería necesaria la intervención imperialista directa para triunfar y consolidarse.

F. La desintegración de los partidos estalinistas

1. A excepción del Partido Comunista de Cuba, en ninguna parte del mundo existe un partido con el nombre de "Comunista" que sea comunista o revolucionario.

2. Los partidos estalinistas en los estados obreros deformados y degenerados no son partidos políticos, no son asociaciones voluntarias de la vanguardia de una clase social organizada para participar en la vida política. Son aparatos para la defensa y el avance de la casta social pequeñoburguesa.

a) No son partidos obreros "conservadores" o "burocráticos", sino "*trusts* de empleos" de las capas medias privilegiadas en los aparatos burocráticos del estado, de las empresas económicas, de los sindicatos, del partido mismo, de las asociaciones de escritores y de otras instituciones.

b) La desintegración de estos aparatos en 1989 y 1990 ha sido rápida y explosiva.

(1) El Partido Comunista ya ha quedado herido de muerte en la Unión Soviética.

(a) Las medidas bonapartistas de Gorbachov han elevado el aparato y los puestos estatales por encima de las estructuras del partido.

(b) El Partido Comunista ha sido barrido de posiciones dominantes en los estados bálticos y ha sido notablemente debilitado en otras repúblicas.

(2) El Partido Comunista, o su sucesor bajo otro nombre, ha perdido el monopolio que ejercía sobre los regímenes en Polonia, Hungría, Checoslovaquia y Alemania oriental. El PC se ha disuelto formalmente en Rumania y se está desarticulando por sus divisiones nacionales en Yugoslavia.[19]

(3) Los aparatos partidistas en toda Europa oriental han perdido recursos materiales, tierras, edificios, su monopolio sobre los medios de comunicación, etcétera. La mayoría ha quitado la palabra "comunista" de sus nombres, y pretenden vestirse vagamente de socialdemócratas o más explícitamente de nacionalistas.

(4) Estos Partidos Comunistas han perdido enormes cantidades de miembros en el último año, en tanto que:

(a) la condición de miembro se ha convertido más en un obstáculo que una vía al avance social y

---

19. Un proceso similar desembocó en la caída del régimen y del partido en Bulgaria en 1990 y en Albania en 1991.

económico del individuo; y

(b) se ha desintegrado la influencia con que contaba el aparato para coaccionar a otros sectores de la población a que siguieran militando en el partido.

3. Más allá de los estados obreros deformados y degenerados, los partidos y grupos juveniles estalinistas son organizaciones que están caracterizadas fundamentalmente por su relación social con el poder estatal detentado por las castas pequeñoburguesas.

a) Estas relaciones se basan en corrupción y recompensas:
  (1) puestos en diversos frentes y organizaciones internacionales;
  (2) acceso a viajes, vacaciones, servicios médicos y otras ventajas y privilegios.

b) Esta situación existe no solo en los aparatos del partido, sino en asociaciones de "amistad", organizaciones de jóvenes y mujeres, cúpulas sindicales, etcétera.

c) Esta relación con el poder estatal de las castas es el origen de la identidad que distingue los partidos estalinistas de la socialdemocracia.
  (1) La diferencia no se da en sus perspectivas políticas de colaboración de clases, ni en los privilegios que derivan de sus bases en las administraciones municipales o en los aparatos sindicales que dominan. El estalinismo y la socialdemocracia comparten esas características.
  (2) La diferencia estriba en el origen del poder hacia el cual se orientan respectivamente (y del cual derivan su espacio político):
    (a) los estalinistas hacia las burocracias en los estados obreros;

(b) los socialdemócratas, expresión política de la burocracia sindical aburguesada en los países capitalistas, hacia sus "propios" gobiernos burgueses.

(3) En las situaciones donde los estalinistas compiten con los socialdemócratas únicamente en el campo del electorerismo burgués y en sus esfuerzos de colaboración de clases, quedan cada vez más marginados, ya que la socialdemocracia cuenta con un historial más largo de patriotismo social y lealtad incondicional a la burguesía imperialista.

(4) No obstante, el ocaso de los partidos y regímenes estalinistas impulsa a la socialdemocracia más y más a la derecha, no a la izquierda, y no precipita la formación de corrientes izquierdistas en su seno. Más bien, estos fenómenos propician reagrupamientos colaboracionistas de clases y recambios entre las sectas centristas que están en la periferia de los estalinistas y los socialdemócratas.

d) La profundización de la crisis de los regímenes en los estados obreros deformados y degenerados ha estremecido a las organizaciones estalinistas en los países capitalistas. Si bien la mayoría se encuentra en crisis, ésta es menos aguda que la desintegración sufrida por los Partidos Comunistas en toda Europa oriental. La relación que guardan estas organizaciones en el mundo capitalista con los regímenes estalinistas en crisis es más indirecta que la de los PC en los propios estados obreros.

(1) La gran mayoría de estos partidos fuera de los estados obreros se ha adaptado a los cambios, apostando sus perspectivas en la esperanza de

que Gorbachov tendrá éxito. Siguen buscando beneficios de su relación con un poder estatal, aunque sobre una base reducida.

(2) Sin embargo, Gorbachov y los dirigentes de otros partidos estalinistas en los estados obreros deformados y degenerados están menos interesados en sus vínculos con estos Partidos Comunistas de los países capitalistas. Dichos partidos les sirven cada vez menos a la casta como palancas diplomáticas para influenciar a partidos gobernantes capitalistas; Gorbachov y otros "reformadores" tienen acceso a relaciones directas con los gobernantes imperialistas y sus partidos.

e) Está excluida la posibilidad de que una nueva "Internacional Comunista" estalinista reemplace a la organización disuelta por Stalin en 1943 como favor a sus aliados imperialistas de la Segunda Guerra Mundial.

(1) Una organización mundial de este tipo no tiene ningún beneficio concebible para la casta.

(2) Sus antiguos elementos constituyentes están más desorganizados política y organizativamente que nunca.

4. La desintegración de los partidos estalinistas, tanto dentro como fuera de los estados obreros, no ha llevado a la formación de corrientes con una orientación política alternativa claramente delineada, ni mucho menos un camino para el avance de la lucha por el socialismo.

a) Para los revolucionarios y comunistas no existe nada en ninguna de estas corrientes que amerite orientarse hacia ellas. Si bien pueden existir individuos que podrán ser reclutados a la política comunista, los encontraremos y nos los ganaremos en el transcurso de una amplia labor revolucionaria, y no con una orientación hacia fragmentos de agrupaciones estalinistas.

b) Durante los primeros diez años de la Comintern, las mejores capas de combatientes y revolucionarios se vieron atraídos a los Partidos Comunistas.

(1) A nivel mundial no se ha presentado dicha situación desde la degeneración de estos partidos en los años treinta.

(2) Ante el impacto del surgimiento de la dirección revolucionaria del Partido Comunista de Cuba en los años sesenta, los mejores combatientes —especialmente en América— no se orientaron hacia un objetivo de reformar los partidos estalinistas, sino hacia los esfuerzos por construir nuevas organizaciones revolucionarias.

G. Nuestra época es la de la revolución mundial; la dictadura del proletariado ha resultado ser más fuerte que el estalinismo contrarrevolucionario

1. La creciente vulnerabilidad del sistema capitalista internacional y la ruptura de ilusiones en la estabilidad y longevidad de los aparatos contrarrevolucionarios estalinistas subrayan el carácter de la época que vivimos, en la última década del siglo XX.

2. Esta es la época de la revolución mundial: la época inaugurada por la revolución bolchevique de octubre de 1917 y su expansión internacional, no la época de su degeneración y muerte.

a) Sigue siendo la época de la creación de la primera dictadura del proletariado bajo dirección comunista, la época de los trabajadores y campesinos que:

(1) hicieron la Revolución de Octubre de 1917 o buscaron emularla;

(2) iniciaron la lucha por la liberación nacional y la

revolución socialista como lucha mundial; e
(3) hicieron posible en 1919 la fundación de la Internacional Comunista —la primera dirección revolucionaria verdaderamente mundial— bajo una bandera proletaria.

b) La tarea de hoy sigue siendo la de organizar al pueblo trabajador del mundo para avanzar a la consecución del derrocamiento revolucionario del imperialismo y al triunfo de la revolución socialista en todo el mundo.

3. El año 1990 no es, como afirman muchos "formadores de opinión", el inicio de la década del triunfo del capitalismo y de la democracia burguesa, habiéndose demostrado que el socialismo es económicamente impracticable y políticamente totalitario.

a) La crisis irreversible de los regímenes de las castas parásitas destruye el mito —originado a mediados de los años treinta y desde entonces muy corriente entre amplios sectores de la burguesía y pequeña burguesía— de que la contrarrevolución estalinista en la Unión Soviética dio lugar históricamente a un nuevo modo de producción y sistema de opresión estables.

(1) Quienes propugnan distintas variantes de esta concepción frecuentemente presentaban a los regímenes en la Unión Soviética y posteriormente en Europa central y oriental como prácticamente inquebrantables: un nuevo sistema social que duraría siglos, basado en represión incesante.

(2) Algunos pronosticaron su convergencia gradual con un sistema capitalista mundial más y más totalitario, ambos basados en la creciente dominación de pequeñas élites sobre poblaciones trabajadoras caracterizadas cada vez más por la

despolitización, la mediocridad, el consumismo y el filisteísmo cultural.[20]

b) Ni tampoco se dirige el mundo hacia una era marcada por una democracia burguesa permanente y cada vez más amplia y perfecta.

(1) La presentación abiertamente burguesa de esta aseveración —proclamada con bombos y platillos el año pasado— es una justificación para intensificar la explotación y opresión capitalistas del pueblo trabajador en todo el mundo. De hecho, ante la creciente resistencia de trabajadores y campesinos a las consecuencias del funcionamiento del capitalismo, los gobernantes responderán con mayores ataques contra los derechos

---

20. El dirigente bolchevique León Trotsky respondió a los primeros defensores de esta opinión en sus artículos y cartas de 1939–40, que se encuentran en la colección *En defensa del marxismo*, publicada por Pathfinder. Los dos individuos a quienes Trotsky refutó eran Bruno Rizzi, un ex comunista italiano que escribió un libro titulado *La burocratización del mundo*, y James Burnham, dirigente de una corriente pequeñoburguesa en el Partido Socialista de los Trabajadores que rompió con el movimiento comunista en 1940 bajo la presión patriotera de la opinión pública burguesa en vísperas de la intervención de Washington en la Segunda Guerra Mundial. Unos meses más tarde Burnham publicó un exitoso libro sobre este tema titulado *The Managerial Revolution* (La revolución gerencial). Desde la Segunda Guerra Mundial se han popularizado variantes de esta teoría de "convergencia" en obras como la novela *1984* de George Orwell; las novelas y los ensayos de la "libertaria" derechista Ayn Rand (y sus acólitos, incluido el joven Alan Greenspan unos años antes de que fuera elevado al puesto de principal banquero del imperialismo estadounidense); y más recientemente en el libro publicado en 1994 *The Bell Curve: Intelligence and Class Structure* (La curva de campana: inteligencia y estructura de clases) por Richard Herrnstein y Charles Murray.

democráticos y el espacio político en la próxima década.[21]

(2) Una versión pequeñoburguesa de izquierda de este escenario estuvo asociada en la segunda mitad de los años ochenta con los voceros de la dirección predominante del FSLN en Nicaragua y con otras fuerzas en América y otras partes del mundo que se orientaban a ellos.

(a) Han presentado la revolución nicaragüense como un "tercer camino" entre el capitalismo y el comunismo, una tercera vía que podría lograr la reorganización social y el desarrollo económico al evitar, en lugar de encabezar, la lucha por la dictadura del proletariado.

(b) Esta vía intermedia ha sido justificada con el pronóstico de que el mundo —tanto el "Oriente" como el "Occidente"— se encamina hacia un período de democracia más amplia, "humanización" de la política exterior basada en la distensión internacional, y convergencia —mediante la "economía mixta"— entre el socialismo de mercado y un capitalismo más humano.

(c) Nicaragua "sandinista" fue presentada como la vanguardia de todas estas tendencias, resistien-

---

21. En un artículo de revista en 1989 titulado "¿Fin de la historia?", Francis Fukuyama, un funcionario del Departamento de Estado norteamericano, escribió que el "capitalismo democrático" constituía el "punto final de la evolución ideológica humana", "la forma final del gobierno humano" y "el triunfo del ideal occidental". El artículo de Fukuyama —que apareció en medio de los crecientes pronunciamientos de Gorbachov sobre "valores humanos universales" y después de la caída del primero de los regímenes estalinistas de Europa oriental en Polonia— recibió mucha publicidad en los medios de difusión burgueses en ese momento.

do a las fuerzas conservadoras y recalcitrantes tanto del "campo imperialista" (el reaganismo en contraste con la Coalición Arco Iris) como del "campo socialista" (el proceso de rectificación en Cuba en contraste con la más "iluminada" política de *perestroika* y *glasnost* de Gorbachov).

(d) La derrota en Nicaragua le asesta un golpe a esta ideología en el movimiento obrero. Es una ideología pequeñoburguesa —en el fondo, antiobrera y antimarxista— que equivale a exigir el apoyo de los trabajadores para aquellos que harán que "todo será mejor", en vez de organizar y movilizar a los trabajadores y campesinos para impulsar la revolución social y construir un partido revolucionario.[22]

c) El curso de las últimas siete décadas, confirmado por los acontecimientos del último año, también desmiente el alegato de los estalinistas de que ésta es la época de la "coexistencia pacífica", de la "competencia pacífica entre sistemas sociales", de la construcción burocrática del "socialismo en un solo país", o —al estilo de Gorbachov— de la expansión de los "valores humanos universales".

(1) No es cierto que la lucha revolucionaria de los trabajadores y campesinos contra el imperialismo incremente el peligro de la guerra.

(2) Los avances de la lucha mundial por la liberación nacional y el socialismo echan atrás y debilitan el imperialismo, incluso su capacidad política de librar guerras.

---

22. La consigna de la campaña electoral presidencial del FSLN en 1990 era: "Ganamos. Todo será mejor".

(3) Mientras que Washington continúa dependiendo de los regímenes estalinistas como freno contrarrevolucionario a la conquista del poder por el pueblo trabajador del mundo, el gobierno soviético bajo Gorbachov está en su posición más débil desde el ascenso de Stalin para interponer obstáculos a las luchas revolucionarias antiimperialistas y anticapitalistas.

d) Tampoco es cierto, según alegan muchas fuerzas políticas burguesas y pequeñoburguesas (tanto en los países imperialistas como en los propios estados obreros), que la caída del los regímenes en Europa oriental y central inicia una nueva era de "democracia".

(1) O bien la clase trabajadora en los estados obreros deformados producirá —a través de luchas más o menos prolongadas— una vanguardia comunista capaz de dirigir a las masas populares a la conquista de la democracia soviética, la democracia obrera y campesina; o el capitalismo será reimplantado a sangre y fuego por los agresores imperialistas apoyados por la contrarrevolución interna.

(2) No existe posibilidad de una "democracia" estable y sin clases en los estados obreros deformados y degenerados que sirva los intereses de "todo el pueblo".

4. *Es el imperialismo el que ha sufrido los mayores golpes con la acelerada crisis de los regímenes estalinistas,* que han sido su instrumento más confiable para transmitir valores capitalistas en los estados obreros y más ampliamente en el movimiento obrero internacional.

a) A pesar de las barbaridades cometidas por el imperialismo en este siglo —desde Hiroshima hasta los campos de concentración nazis y los bombardeos masivos contra Vietnam— y a pesar de la matanza en masa de trabajadores y sus vanguardias por el aparato asesino internacional del estalinismo, ni las clases explotadoras ni sus colaboradores estalinistas han logrado impedir que los trabajadores y campesinos se recuperen y continúen la lucha por sus derechos y una vida digna.

(1) Si los trabajadores y campesinos resultan incapaces de resolver la crisis capitalista que enfrenta la humanidad y defender las poderosas conquistas de nuestra clase desde octubre de 1917, entonces el imperialismo impondrá nuevas y sangrientas derrotas mediante el fascismo y la guerra. Si bien el triunfo de los trabajadores y campesinos explotados depende de la construcción de un liderazgo comunista, el rumbo de la historia del siglo XX apunta hacia el debilitamiento del sistema imperialista de explotación y opresión, y del último imperio del mundo, Estados Unidos de Norteamérica.

(2) Los explotadores no han logrado resolver el creciente estancamiento y vulnerabilidad del sistema capitalista mundial. No han podido imponer abrumadoras derrotas al pueblo trabajador y a los movimientos obreros de ningún país imperialista. No han podido superar los obstáculos políticos que limitan su capacidad de librar guerras prolongadas o evitar rebeliones y luchas por la liberación de los trabajadores y campesinos del mundo colonial y semicolonial. Y tampoco, desde 1917, han podido restaurar las relaciones de propiedad capitalistas en uno solo de los países donde fueron derrocadas.

(3) El internacionalismo revolucionario del gobierno y del Partido Comunista de Cuba y la profundización de la lucha encabezada por el ANC para derrocar al régimen del apartheid representan la ola del futuro, y no los últimos vestigios de una época del pasado. Y este futuro estará marcado por luchas de clases, revoluciones populares, movimientos de liberación nacional y guerras civiles.

b) Los avances logrados por el pueblo trabajador de Europa central y oriental en 1989–90 contra regímenes opresivos ya han comenzado a unir más a la humanidad combatiente.

(1) En el sentido más inmediato, han comenzado a derrumbarse los muros que separaban las luchas de los trabajadores y agricultores en los estados obreros de Europa oriental y en Europa occidental capitalista.

(a) El desarrollo más avanzado de esta tendencia es el entrelazamiento de las perspectivas y luchas de los trabajadores en Alemania oriental y occidental.

(b) Una semejante lógica pudo verse en la explosiva lucha librada en Azerbaiyán soviético, la cual acercó a los trabajadores y campesinos de la URSS, Irán y Turquía hacia una lucha común.[23]

---

23. En enero de 1990 Gorbachov impuso la ley marcial en la república de Azerbaiyán, en el sur de la región transcaucásica de la ex Unión Soviética. Tropas de Moscú atacaron y ocuparon Bakú, la capital, matando a decenas de azerbaiyanos. Como pretexto, Gorbachov señaló el creciente conflicto entre las repúblicas de Azerbaiyán y Armenia en torno a la región Nagorno-Karabaj,

(2) Se crea ahora la posibilidad de integrar a los trabajadores y campesinos de Europa central y oriental y de la Unión Soviética a la revolución mundial; que conozcan, se solidaricen y se vinculen a los trabajadores y campesinos combativos en Europa, Norteamérica y todo el mundo imperialista, y a las luchas revolucionarias a escala mundial, desde Sudáfrica hasta Cuba.

(3) El curso, rumbo y desenlace de las batallas que han comenzado en los estados obreros deformados y degenerados dependen de su entrelazamiento con los sucesos de la lucha de clases mundial, y viceversa.

c) La convergencia de luchas del pueblo trabajador de todo el mundo crea la posibilidad de ganar a más y más revolucionarios al comunismo, a la reconstrucción del liderazgo proletario y de un movimiento comunista internacional.

(1) El mundo que se está forjando verá a más dirigentes como Malcolm X, Maurice Bishop, Thomas Sankara, Nelson Mandela, Che Guevara y Fidel Castro.

---

situada dentro de Azerbaiyán pero cuya población es predominantemente armenia. En realidad, el despliegue de fuerza de Moscú fue un intento fallido de impedir la desintegración de la Unión Soviética.

Los azerbaiyanos son un pueblo de habla turca cuya patria histórica se encuentra dividida entre la hoy independiente República de Azerbaiyán y la región de Azerbaiyán en el norte de Irán. A comienzos de enero de 1990 estallaron protestas de ambos lados de la frontera reclamando el derecho al libre tránsito entre las dos regiones y la unificación nacional. Azerbaiyanos en ambas regiones, así como la minoría azerbaiyana en Turquía, realizaron protestas exigiendo el retiro de las tropas de Moscú.

(a) Ellos seguirán viéndose impulsados a las primeras filas, a través de las luchas, hacia la renovación de la dirección comunista.

(b) Reconocerán más y más el comunismo como lo contrario del estalinismo y de la socialdemocracia, como el camino hacia el derrocamiento del capitalismo mundial, y no una manera de acomodarse al capitalismo.

(c) Serán reconocidos más y más por los trabajadores de vanguardia en todos los países como parte de la dirección de una lucha mundial común.

(2) Al venirse abajo los enormes obstáculos estalinistas que impedían la politización de los trabajadores en los estados obreros deformados y degenerados, se abre la posibilidad —por primera vez en muchas décadas— de que algunos de ellos comiencen a ser influidos e inspirados por el ejemplo y los escritos de estos y otros dirigentes revolucionarios y comunistas.

d) Marx, Engels, Lenin, Trotsky y Guevara no fueron soñadores o profetas. Fueron combatientes revolucionarios, así como científicos que generalizaron las experiencias aprendidas en la lucha siguiendo el único camino por el cual pueden avanzar los trabajadores del mundo: el camino hacia la dictadura del proletariado, iniciando la transición al socialismo y el futuro comunista de la humanidad.

YUN JAI-HYOUNG / AP-WIDE WORLD PHOTOS

Ante la creciente crisis capitalista en Asia, los obreros de la Hyundai Motor Co. en Corea del Sur salieron en huelga a mediados de 1998 exigiendo que no se echara de sus empleos a los trabajadores a instancias de los bancos imperialistas. "La intensificada competencia interimperialista y la creciente inestabilidad y vulnerabilidad del sistema capitalista internacional convergen con la probabilidad de una depresión y crisis social mundiales en los años noventa".

MEGAN ARNEY / MILITANT

Militantes del sindicato UNITE se unen a una manifestación en 1997 en Nueva York, para protestar contra la golpiza que la policía le dio a Abner Louima, un inmigrante haitiano. "Un ascenso de la resistencia sindical dará un renovado impulso a las luchas sociales más amplias y aumentará cada vez más la proletarización de éstas. Asimismo, estas luchas aumentarán el tamaño y reforzarán la composición social del liderazgo surgido de las filas del movimiento sindical".

CUARTA PARTE

LA RECONSTRUCCIÓN DE UN MOVIMIENTO COMUNISTA MUNDIAL

A. El Partido Comunista de Cuba

1. La dirección del Partido Comunista de Cuba es la primera desde los bolcheviques en darle una orientación comunista al desarrollo de un estado obrero. Frente a la incesante presión económica, política y militar del imperialismo estadounidense, esta dirección ha mantenido un curso revolucionario a la cabeza del gobierno cubano durante más de treintiún años. En el transcurso de este proceso ha

   a) vuelto a unir uno de los hilos de la continuidad comunista rotos desde la contrarrevolución estalinista que para fines de los años veinte había destruido al Partido Bolchevique y a la Internacional Comunista; y

   b) establecido una corriente verdaderamente digna del nombre de comunista: la primera que surge fuera de la continuidad directa del pequeño núcleo de bolcheviques-leninistas, entre ellos el Partido Socialista de los Trabajadores, que se había mantenido solo desde fines de los años veinte hasta el fin de los cincuenta.

2. El equipo directivo encabezado por Fidel Castro logró soslayar el obstáculo presentado por un partido estalinista numeroso y dirigió al pueblo trabajador a hacer una revolución y establecer un gobierno de trabajadores y agricultores.

a) Basándose en esa victoria revolucionaria, esta dirección profundizó las movilizaciones populares culminando en la expropiación de los capitalistas y grandes terratenientes tanto nacionales como extranjeros. Sobre esa base se estableció un estado obrero.

b) A diferencia de los estados obreros en Europa central y oriental y en Asia establecidos luego de la Segunda Guerra Mundial, el nuevo estado obrero cubano no nació deformado burocráticamente, en un sentido cualitativo, por la dominación de una casta pequeñoburguesa cada vez más cristalizada.

c) El equipo directivo encabezado por Fidel Castro condujo la revolución de tal manera que comenzó la construcción del socialismo en lugar de descarrilarla hacia un sistema peor que el capitalismo.

d) Al llevar a cabo estas tareas, esta dirección forjó un partido comunista proletario de masas que sigue una trayectoria revolucionaria internacionalista.

3. Este "factor subjetivo" —el carácter genuinamente internacionalista de la vanguardia proletaria que dirige al estado obrero en Cuba— constituye el resultado y el aporte *objetivos* más importantes de la Revolución Cubana. Las consecuencias para las trayectorias nacional e internacional de la revolución están inseparablemente entrelazadas.

a) Los comunistas cubanos son revolucionarios de acción, como lo han sido los comunistas modernos desde las revoluciones de 1847–48 en Europa.[1]

---

1. Para leer un resumen de las conclusiones estratégicas que los fundadores del movimiento obrero comunista en la época moderna sacaron de esas luchas revolucionarias y su participación activa en ellas, ver "Communism and the Fight for a Popular

b) La orientación comunista trazada por dicha dirección de la clase obrera es la precondición fundamental para avanzar hacia la construcción del socialismo sobre las bases económicas de un estado obrero; es una precondición para detectar y rectificar errores importantes que se cometan en este proceso.

c) Cuba se ha convertido objetivamente en una poderosa fuerza en la política mundial, más allá de todas las formas burguesas o pequeñoburguesas de medir su peso "geopolítico" o económico.

4. La política seguida por Cuba revolucionaria consiste en entablar relaciones con otras fuerzas políticas en el mundo de acuerdo a los principios del internacionalismo proletario.

a) La *Plataforma Programática del Partido Comunista de Cuba* de 1975 afirma que la política del partido se basa en la "subordinación . . . de los intereses de Cuba a los intereses generales de la lucha por el socialismo y el comunismo, de la liberación nacional, la derrota del imperialismo y la eliminación del colonialismo, el neocolonialismo y toda forma de explotación y discriminación. . .".[2]

b) La dirección del Partido Comunista en Cuba ha pasado la prueba de su orientación internacionalista, sobre todo con sus acciones.

(1) Han brindado generosamente su solidaridad política, asistencia económica y social, pericia, y

---

Revolutionary Government: 1848 to Today" (El comunismo y la lucha por un gobierno popular revolucionario: desde 1848 hasta hoy) por Mary-Alice Waters, en el no. 3 de *New International*.

2. *Plataforma Programática del Partido Comunista de Cuba* (La Habana: Departamento de Orientación Revolucionaria del Comité Central del Partido Comunista de Cuba, 1976), pág. 103.

voluntarios militares a luchas revolucionarias y a gobiernos asediados por el imperialismo: desde Vietnam hasta el Medio Oriente, desde Africa hasta el continente americano.

(2) La derrota del ejército sudafricano en la batalla de Cuito Cuanavale es el ejemplo más reciente, y con las consecuencias de mayor alcance, de cómo los comunistas cubanos movilizan los recursos de la dictadura del proletariado para el avance de las luchas revolucionarias a nivel mundial.

c) Al seguir su perspectiva internacionalista, el Partido Comunista de Cuba

(1) busca impulsar una lucha intransigente contra la dominación imperialista en cualquier parte del mundo;

(2) rehusa subordinar los intereses de los trabajadores y campesinos a la preservación de la propiedad capitalista y a las prioridades capitalistas;

(3) busca colaborar con otros revolucionarios de acción, sean comunistas o no; y

(4) aborda a las filas de los luchadores no como objetos a ser movilizados, sino como dirigentes revolucionarios en proceso de desarrollo, sin dictar límites de antemano a lo que puedan llegar a lograr.

d) La trayectoria internacionalista del Partido Comunista de Cuba ha fortalecido la defensa de la revolución contra la agresión imperialista.

(1) La creciente conciencia sobre la importancia internacional y las responsabilidades históricas de la dictadura del proletariado en Cuba ha sido un factor clave en la capacidad de la vanguardia comunista de organizar y movilizar a los trabajadores y campesinos para hacer frente a las presiones y agresiones del imperialismo durante

más de tres décadas.

(a) La voluntad de hacer sacrificios para ayudar a otros que combaten el imperialismo ha elevado la conciencia sobre la importancia fundamental del avance de la Revolución Cubana.

(b) La participación voluntaria en misiones internacionalistas reforzó el reconocimiento de que la revolución puede avanzar dentro de Cuba únicamente si crece la conciencia comunista y aumenta el trabajo voluntario.

(2) El antiimperialismo de Cuba ha sido audaz pero no imprudente. Su política ha demostrado que:

(a) al subordinar el ritmo y carácter de la transformación de las relaciones sociales internas a las necesidades de la lucha mundial contra el imperialismo (por ejemplo, la ayuda material y recursos humanos brindados a Angola para ayudarla a defenderse), mejoran el progreso y la defensa de la revolución;

(b) la expansión de la revolución mundial es de importancia decisiva para el ritmo y hasta la posibilidad de construir el socialismo; y

(c) la única forma eficaz de hacer frente a la persistente ofensiva del imperialismo es la de profundizar continuamente la dirección consciente y participación voluntaria del pueblo trabajador en la economía, en la política, en la lucha mundial antiimperialista y en la defensa de la revolución.

5. El mayor desafío y obstáculo que enfrenta la dirección de la Revolución Cubana desde 1959 es haber triunfado en un mundo donde todos los demás partidos de masas que estaban a la cabeza de los estados obreros y que se reclamaban "comunistas" han sido, en realidad, estalinistas.

a) Este ha sido un desafío mucho más complejo para la Revolución Cubana que la incesante presión del imperialismo estadounidense.

b) Otras revoluciones socialistas triunfaron tras la Segunda Guerra Mundial (Yugoslavia, Albania, Corea, China y Vietnam) gracias al enorme sacrificio y valentía de los trabajadores y campesinos. Pero las limitaciones del liderazgo llevaron a la consolidación de estados obreros que nacieron deformados, con leyes de desarrollo similares a las que se manifestaron en la Unión Soviética después de la traición estalinista de la revolución bolchevique.

c) Castas burocráticas dominaron también los gobiernos de los estados obreros en Europa oriental y central que se establecieron tras la guerra. En la mayoría de estos países, el derrocamiento de la propiedad capitalista, más que resultado de revoluciones populares, fue más bien producto de movilizaciones burocráticamente controladas y presididas por el ejército soviético de ocupación.

d) Los liderazgos de todos estos estados obreros deformados siguieron una orientación estalinista en su política tanto nacional como internacional.

6. Al establecer un estado obrero encabezado por una dirección comunista, la Revolución Cubana volvió a unir un hilo de continuidad que se había roto durante muchas décadas. Esto marcó un hito vital en el desarrollo del movimiento obrero internacional.

a) Por primera vez desde principios de los años veinte, una dirección revolucionaria al frente de un estado comenzó a *utilizar ese poder* para impulsar una perspectiva internacionalista proletaria.

b) En el contexto del avance de luchas revolucionarias, el ejemplo de la dirección revolucionaria de Cuba ha promovido la renovación de la dirección comunista a nivel internacional.

7. El peso de este factor subjetivo —la dirección comunista de un estado obrero a la cabeza de una vanguardia proletaria politizada y más amplia— es mayor ahora que en cualquier período anterior de la historia de la Revolución Cubana.

a) La existencia de una dirección revolucionaria permite que en Cuba —a diferencia de cualquier otro estado obrero— sea posible encarar y combatir las crecientes deformaciones burocráticas, y promover la construcción del socialismo. Ahí estriba la importancia histórica del proceso de rectificación iniciado por el Partido Comunista en 1986 frente a crecientes desigualdades, burocratismo, corrupción, y el consecuente aumento del cinismo y la desmoralización.

b) Esta reorientación de la Revolución Cubana se expresa en la nueva consigna de la revolución: "¡Socialismo o muerte!" En otras palabras, o se avanza hacia el socialismo o se retrocede hacia la consolidación de "un sistema peor que el capitalismo".[3]

c) El éxito o el fracaso de la rectificación decidirá una cuestión de vida o muerte: si Cuba es capaz de avan-

---

3. En un discurso durante la segunda sesión del Tercer Congreso del Partido Comunista de Cuba el 2 de diciembre de 1986, explicando el proceso de rectificación iniciado unos siete meses atrás, Castro señaló el ejemplo de empresas estatales "que querían hacerse rentables robando, estafando, y estafándose unas a otras. ¡Qué clase de socialismo era el que íbamos a construir nosotros por esos derroteros! ¿Qué ideología era esa? Yo quiero saberlo, ¿y si esos métodos no conducían a un sistema peor que el del capitalismo, en vez de conducir realmente al socialismo y al comunismo?" Publicado en un suplemento especial del diario *Granma*, el 5 de diciembre de 1986.

zar por el único camino que puede llevar hacia el socialismo, en lugar de alejarse de éste.

d) El desenlace de esta lucha de clases en Cuba influirá mucho en las posibilidades de renovar las fuerzas comunistas a nivel mundial.

8. El proceso de rectificación señal un esfuerzo de la dirección comunista de Cuba para organizar el equivalente de una revolución política dentro de las instituciones y estructuras del estado obrero, y de hacerlo, parafraseando a Lenin, sin "sacudir" la alianza de trabajadores y campesinos sobre la cual se basa el estado o la amplia unidad patriótica necesaria para defender la revolución contra la implacable hostilidad de Washington.[4]

a) Es una respuesta a la apremiante necesidad de revolucionar la organización burocráticamente distorsionada del trabajo y el sistema de planificación y dirección económica, basados en modelos estalinistas copiados

---

4. A fines de 1920 y principios de 1921, Lenin rechazó una propuesta de Trotsky para "sacudir" los sindicatos a fin de reactivar la producción industrial después de la devastación social y económica de la guerra civil. "Porque la política de 'sacudida', *incluso si se justificara en parte*", dijo Lenin, "es completamente inadmisible en el momento actual y en la situación presente, pues implica el peligro de una escisión" dentro de la clase trabajadora y su vanguardia revolucionaria, el Partido Bolchevique. Tal escisión, sostuvo Lenin, es "no solo peligrosa, sino peligrosísima, especialmente si el proletariado constituye en dicho país una pequeña minoría de la población" y cuando sectores del campesinado se encontraban en abierta rebelión por la hambruna y el colapso de la producción y distribución de herramientas agrícolas y productos básicos de consumo a raíz de la guerra. Bajo esas condiciones, una escisión podría "sacudir y destruir todo el edificio político", dijo Lenin. Ver el tomo 42, especialmente las págs. 243–54 y 275–86, en las *Obras Completas* de Lenin (Moscú: Editorial Progreso, 1981–90).

de la Unión Soviética y Europa oriental y central.

(1) Ante todo, la rectificación es una reorientación revolucionaria destinada a vencer los obstáculos políticos que impiden que la participación, conciencia y autotransformación del pueblo trabajador sean el eje fundamental para revolucionar las relaciones de producción e intercambio, meta que solo es posible sobre las bases económicas de un estado obrero.

(2) La rectificación es lo opuesto de una política que busca formas más eficientes de planificación económica basadas en nuevas y mejores maneras de administrar a los productores a través de la burocracia estatal de planificación. Dicha política solo llevaría al aumento del fetichismo mercantil, valores y normas sociales burguesas, y la desmovilización, desmoralización y despolitización del pueblo trabajador.

b) Cuba es el primer estado obrero desde la Unión de Repúblicas Socialistas Soviéticas, dirigida por los bolcheviques, que intenta seguir la marcha estratégica comunista que es la esencia del proceso de rectificación.

(1) Fue Ernesto Che Guevara, durante los primeros años de la Revolución Cubana, el que explicó con mayor claridad y vigor esta forma de organizar el trabajo social para fomentar el desarrollo de la conciencia social y la solidaridad humana. Sin embargo, una línea de acción rotundamente opuesta a la defendida por Guevara fue cobrando influencia, y para mediados de los años setenta se había generalizado y puesto en vigor un sistema de planificación y dirección económica copiado de los estados obreros burocratizados.

(2) Un aspecto fundamental del proceso de rectificación ha sido el regreso al trabajo voluntario para realizar algunas de las tareas sociales más apremiantes en Cuba. Esto se ha hecho mediante:
(a) el reinicio del movimiento de microbrigadas para construir viviendas, escuelas, círculos infantiles, clínicas, instalaciones deportivas populares y proyectos similares; y
(b) el desarrollo inicial de contingentes de construcción. Estos han asumido proyectos masivos para mejorar la infraestructura económica y capacidad industrial de Cuba.[5]

(3) Junto con la reintroducción del trabajo voluntario, se ha emprendido un rumbo que se aleja de la tendencia de depender más y más de los métodos capitalistas, tales como estímulos materiales y desigualdades salariales, relaciones mercantiles entre las empresas estatales, el mercado "libre" para campesinos privados, el restablecimiento de viviendas privadas alquiladas, y la especulación de bienes raíces.

c) El avance de la rectificación ha sido inseparable de la lucha contra la creciente desigualdad social, la consolidación de capas privilegiadas del aparato, la corrupción, y la indiferencia y desdén burocráticos hacia las necesidades y capacidades revolucionarias del pueblo trabajador.

---

5. Para leer más a fondo sobre las microbrigadas y los contingentes de constructores voluntarios, ver "El legado proletario del Che y el proceso de rectificación en Cuba" por Mary-Alice Waters, así como "La política de la economía: Che Guevara y la continuidad marxista" por Steve Clark y Jack Barnes, ambos publicados en el número 2 de *Nueva Internacional*.

(1) Dichas tendencias contrarrevolucionarias son fomentadas inevitablemente por los intentos de organizar la economía de un estado obrero sin basarse en una vanguardia obrera que es cada vez más consciente de su responsabilidad política revolucionaria de dirigir el avance hacia el socialismo.

(2) Las primeras batallas en este frente del proceso de rectificación culminaron a mediados de 1989 con los juicios y condenas del ex general Arnaldo Ochoa; de los hermanos de la Guardia en el Ministerio del Interior; del ex general José Abrantes, que había sido ministro del interior; de Diocles Torralbas, ex ministro del transporte; y de muchos otros.[6]

d) El reto más importante que enfrenta el proceso de rectificación es impulsar la proletarización de los

---

6. En junio y julio de 1989, el general Arnaldo Ochoa, que era miembro del Comité Central del Partido Comunista, y otros tres altos oficiales de las Fuerzas Armadas Revolucionarias y del Ministerio del Interior, entre ellos Antonio de la Guardia, fueron procesados, declarados culpables y ejecutados por actos hostiles contra un estado ajeno, narcotráfico y abuso de cargo. En el mismo juicio, varios oficiales del ejército y del Ministerio del Interior de Cuba, entre ellos Patricio de la Guardia (hermano de Antonio de la Guardia) fueron declarados culpables y condenados a sentencias de entre diez y treinta años. Al mes siguiente, José Abrantes, ministro del interior de Cuba, fue juzgado y declarado culpable de abuso de cargo, negligencia en el desempeño de sus responsabilidades y uso indebido de fondos y recursos estatales. Fue condenado a veinte años de cárcel. En julio, Diocles Torralbas, ministro del transporte y miembro del Comité Central por más de dos décadas, fue declarado culpable de malversación de fondos para lucro personal y otros crímenes, y condenado a veinte años de prisión.

cuadros y dirección del Partido Comunista.

(1) Los militantes del Partido Comunista y de la Unión de Jóvenes Comunistas han estado a la vanguardia de las decenas de miles de voluntarios para las microbrigadas y los contingentes de construcción. También se han ofrecido como voluntarios para trabajar en sectores de la fuerza laboral en Cuba donde una dirección y políticas burocráticas han causado más desmoralización y retroceso político. Esto es un avance en la proletarización del partido y de su dirección.

(2) Se promueve conscientemente a trabajadores, negros, mujeres y voluntarios internacionalistas, no solo para que ingresen al partido sino para que asuman cada vez más responsabilidades de dirección en todos los niveles y en todas las instituciones.

(3) Este proceso de hacer que el partido y su dirección tengan una composición más proletaria es inseparable de las medidas que se han tomado conscientemente para acelerar una transición de liderazgo hacia una nueva generación de comunistas en el partido.

(4) Esta perspectiva de "renovación o muerte", según se ha llamado en Cuba, es decisiva para el progreso de la rectificación y el futuro de la revolución.[7]

---

7. En un discurso al Tercer Congreso del Partido Comunista en febrero de 1986, Fidel Castro señaló que el congreso anterior, en 1980, "le dio a las candidaturas del Comité Central una fuerte inyección tanto de mujeres como de trabajadores, dando así un magnífico paso. Hoy debemos continuar en el mismo sentido, incorporando a trabajadores, y no solo a trabajadores que se han

e) Los obstáculos al inicio del proceso de rectificación habrían sido mucho más grandes si las tendencias corrosivas que a mediados de los setenta comenzaron a crecer aceleradamente en Cuba no hubieran sido contrarrestadas en cierto grado por la respuesta de la dirección del Partido Comunista, y de millones de trabajadores y campesinos cubanos, a los avances revolucionarios en otras partes del mundo.

(1) Durante los años setenta el imperialismo sufrió reveses históricos en el sudeste asiático, en Etiopía, en el antiguo imperio colonial portugués en Africa, y en Irán.

(2) Triunfaron revoluciones en Granada y Nicaragua en 1979, llevando al establecimiento de los primeros gobiernos de trabajadores y campesinos en el continente americano desde 1959. Estas victorias contribuyeron a reducir el aislamiento de Cuba socialista en la región impuesto por el imperialismo norteamericano y dieron un renovado ímpetu a las luchas revolucionarias en toda América. Cuba era ahora uno de "tres gigantes".[8]

---

hecho dirigentes sino a trabajadores de base de las fábricas. Teníamos que seguir por ese camino, y teníamos que subrayar tres problemas, tres categorías que requieren promoción, tres inyecciones: una fuerte inyección de mujeres, una fuerte inyección de negros y de mestizos", y una fuerte inyección de jóvenes. Dicho avance, dijo Castro, es una cuestión "de renovación o muerte". La parte del discurso pronunciado por Castro en 1986 sobre la elección del Comité Central se encuentra en inglés en el número 6 de *New International*, titulada "Renewal or Death" (Renovación o muerte), en las págs. 239–53. Esta cita ha sido traducida de vuelta al español.

8. En un discurso pronunciado ante la Federación de Mujeres Cubanas el 8 de marzo de 1980, Castro detalló la importancia de

(3) En respuesta a la creciente presión militar estadounidense ante los avances revolucionarios en Centroamérica y el Caribe, millones de cubanos se movilizaron en 1980 en las Marchas del Pueblo Combatiente. Ese mismo año el gobierno cubano lanzó las Milicias de Tropas Territoriales y comenzó un cambio en su estrategia defensiva dándole prioridad al entrenamiento y al estado de preparación militares del pueblo cubano en su totalidad.

(4) Cientos de miles de cubanos fueron como voluntarios en misiones internacionalistas a Etiopía, Angola, Granada, Nicaragua y otros países. La mayoría regresó a Cuba apoyando más resuelta y conscientemente el curso comunista de la Revolución Cubana.

(5) Sin embargo, estos avances revolucionarios también precipitaron resistencia política, especialmente en el seno de los sectores pequeñoburgueses privilegiados del aparato que crecían numéricamente y estaban ganando terreno en Cuba. Estos elementos, calificados de "timoratos", comenzaban a cansarse de las presiones del

---

los avances revolucionarios en Centroamérica y el Caribe. "Hay que tener sentido de la historia", dijo, "para ver . . . lo que significan las revoluciones aquí, al lado del monstruo imperialista; sí, lo que significó la Revolución Cubana y su línea firme, su línea inclaudicable e indoblegable. Hay que tener sentido de la historia y de las realidades para comprender el mérito que tiene la revolución sandinista y el mérito que tiene la revolución granadina. Granada, Nicaragua y Cuba son tres gigantes que se levantan para defender su derecho a la independencia, a la soberanía y a la justicia, en las puertas mismas del imperialismo". En la edición del 10 de marzo de 1980 del diario *Granma*.

imperialismo norteamericano y buscaban un respiro mediante la adaptación y el repliegue de la política internacionalista de la revolución.

f) El avance de la rectificación se vio enormemente fortalecido con la decisión tomada por el gobierno cubano a fines de 1987 de arriesgar el futuro de la revolución en lo que llegó a conocerse como la batalla de Cuito Cuanavale. La victoria de Cuba, Angola y la SWAPO sobre las fuerzas armadas sudafricanas no solo cambió el curso de la historia de Africa, sino que inspiró con renovada confianza y decisión a la vanguardia de los trabajadores cubanos, en especial la juventud, cuya valentía y capacidad garantizaron esa victoria y abrieron el camino para nuevos avances revolucionarios en Cuba.

9. Durante más de treinta años el ejemplo sentado por la trayectoria de la dirección cubana ha planteado un desafío político para quienes se reclaman revolucionarios. La capacidad de reconocer el hecho de que había surgido un liderazgo comunista de masas de un estado obrero, y de responder a este nuevo factor histórico en la lucha mundial de clases, constituía una prueba de fuego.

a) Desde un principio el Partido Socialista de los Trabajadores aceptó ese reto y pasó la prueba.

(1) En 1960, el candidato presidencial del PST, Farrell Dobbs, y el director del *Militant,* Joseph Hansen, viajaron a Cuba para conocer directamente la revolución y ayudar a difundir la verdad sobre ella. Buscamos movilizar el apoyo y la solidaridad utilizando las páginas del *Militant* y la campaña presidencial del PST en 1960. Publicamos los discursos de los dirigentes cubanos e impulsamos el Fair Play for Cuba Committee (Comité por un Trato Justo a Cuba). La identificación con la Re-

volución Cubana y sus dirigentes ocupó el centro de las campañas y del reclutamiento que realizó la Alianza de la Juventud Socialista.

(2) Nuestro movimiento analizó y explicó la trayectoria concreta del nuevo gobierno de trabajadores y campesinos, del estado obrero, y la evolución de la dirección en Cuba. Al hacer esto, nos basamos en las conquistas políticas anteriores y fortalecimos la continuidad de la teoría comunista.[9]

(3) La Revolución Cubana y la respuesta del PST a la revolución marcaron el hito más importante en la historia del movimiento comunista en Estados Unidos después de la Segunda Guerra Mundial. De haber fallado esta prueba, habríamos llegado a nuestro fin como movimiento revolucionario.

b) Un análisis correcto del lugar histórico que ocupan la Revolución Cubana y su liderazgo sigue siendo hoy día la piedra de toque de la política comunista. Es fundamental para la perspectiva y actividad políticas del PST y la tendencia internacional de ligas comunistas de la que formamos parte.

10. El Partido Comunista de Cuba ha trazado una perspectiva política revolucionaria y proletaria a pesar de los obstáculos erigidos por fuerzas políticas burguesas-liberales y estalinistas. Ha tenido que superar estos obstáculos, no una vez sino en repetidas ocasiones.

---

9. Ver *Dynamics of the Cuban Revolution: A Marxist Interpretation* (La dinámica de la Revolución Cubana: un estudio marxista) por Joseph Hansen; *The Workers' and Farmers' Government* (El gobierno de trabajadores y agricultores) por Joseph Hansen; y *For a Workers' and Farmers' Government in the United States* (Por un gobierno de trabajadores y agricultores en Estados Unidos) por Jack Barnes. Todos se pueden obtener de Pathfinder.

a) Mantener esta orientación ha significado tener principios, valentía, tenacidad y disciplina proletarios.

b) Significó dirigir a las fuerzas burguesas-liberales en el Movimiento 26 de Julio a la vez que enfrentaban cada reto planteado por estas fuerzas en el transcurso de la lucha por el poder, así como durante los primeros años después del triunfo, conforme la dirección organizaba a los trabajadores y campesinos para profundizar la revolución en beneficio de los intereses de clase del pueblo trabajador.

c) Significó derrotar los desafíos recurrentes de los estalinistas contra la trayectoria comunista de la revolución.

(1) La dirección revolucionaria del Movimiento 26 de Julio tuvo que soslayar al Partido Socialista Popular para poder realizar la revolución.

(2) Después del triunfo, todas las corrientes políticas en Cuba fueron puestas a la prueba con sus acciones, y la dirección revolucionaria forjó una organización comunista unificada que fusionó al Movimiento 26 de Julio con otras fuerzas partidarias de la revolución, entre ellas el PSP y el Directorio Revolucionario.

(3) Durante los primeros años de la revolución, una facción considerable de las fuerzas del PSP que se integraron al partido unificado, dirigida por Aníbal Escalante, se organizó a espaldas de la dirección del partido para socavar la fusión e intentar asumir el control del partido.

(a) Utilizaron sus posiciones para promover a sus amigos y compinches en el aparato del partido.

(b) Su conducta se caracterizó por abusos burocráticos contra las filas del partido y los

trabajadores y agricultores que no militaban en el partido.

(c) Su intento de expropiar las tierras de los campesinos e imponer la colectivización en la sierra del Escambray, violando las leyes de la reforma agraria y la línea política del partido, hizo peligrar la alianza de los trabajadores y campesinos, sobre la cual descansaba el gobierno y partido revolucionarios.

(4) Las actividades de la facción encabezada por Escalante pusieron en peligro la existencia misma del régimen de trabajadores y campesinos.

(a) El triunfo de la facción de Escalante habría significado el derrocamiento de la revolución y el asesinato de Fidel, Raúl, Che y otros dirigentes.

(b) Sin embargo, la facción de Escalante fue expuesta y derrotada políticamente, y las fuerzas estalinistas sufrieron un golpe del cual nunca lograron recuperarse.[10]

d) Tanto en lo político como en lo económico, las medidas y los mecanismos copiados de la Unión Soviética y Europa oriental durante los años setenta y principios de los ochenta aceleraron el desarrollo de privilegios sociales y económicos y aspiraciones pequeñoburguesas entre una capa enormemente inflada de administradores y profesionales en los aparatos del estado, el partido, los sindicatos y otras instituciones.

---

10. Para leer más sobre este capítulo de la historia de la Revolución Cubana, ver "The Fight for a Workers and Farmers Government in the United States" (La lucha por un gobierno de trabajadores y agricultores en Estados Unidos) por Jack Barnes, en el número 4 de *New International,* págs. 135–68.

(1) Sin embargo, a diferencia de la Unión Soviética, Europa oriental y China, la dirección del Partido Comunista de Cuba combatió y evitó la institucionalización de tiendas, sitios de veraneo, escuelas y centros de salud y recreo para uso exclusivo de una élite privilegiada.

(2) El Ministerio del Interior, que había comenzado a establecer estos privilegios de casta, fue severamente llamado al orden por el tercer congreso del partido en 1986, que le ordenó que entregara todas las instalaciones especiales para ponerlas a la disposición de toda la población.[11]

(3) Sin embargo, fue solo con el inicio del proceso de rectificación que se trazó una orientación política para dar marcha atrás a esa tendencia hacia la institucionalización de privilegios para un creciente sector social, y para extirpar el cáncer en el Ministerio del Interior.

e) La actual lucha contra la burocratización en Cuba no ha sido fundamentalmente una lucha "ideológica" sino un conflicto de clases.

(1) Capas administrativas y profesionales relativamente privilegiadas en Cuba constituyen una parte

---

11. El Informe Central al Tercer Congreso del Partido Comunista en febrero de 1986, presentado por Fidel Castro, señaló que quienes integren el Ministerio del Interior "serán siempre exigentes consigo mismos, combatirán con energía toda manifestación de acomodamiento, corrupción, vanidad, desprecio al pueblo y sus valores". Como ejemplo, el informe citó el hecho de que los dirigentes del Ministerio del Interior "en días recientes decidieron entregar a los órganos del Poder Popular en las provincias, para uso de la población, instalaciones de salud, deportivas y recreativas que habían sido edificadas en el quinquenio para necesidades de la institución".

desproporcionada de los que se ven atraídos a Gorbachov y a la *perestroika* porque les atrae el liberalismo burgués, la diferenciación material garantizada por el mercado y la producción mercantil capitalistas, y los valores burgueses de las clases medias profesionales en los países imperialistas.

(2) En general, estas capas sociales pequeñoburguesas mantienen una frialdad, si no antipatía, hacia la trayectoria internacionalista proletaria de Cuba, como también una atracción hacia el siempre anhelado arreglo entre Moscú y Washington que podría incluir a Cuba.

(3) En su mayoría, a estos estratos sociales les repele la perspectiva política de la rectificación: el trabajo voluntario; la promoción consciente de trabajadores, negros, mujeres y combatientes internacionalistas en todas las instituciones; el creciente control de los trabajadores y los campesinos sobre la administración de la economía y el estado; el estudio de los textos íntegros de Marx, Engels, Lenin y Castro, sin "manuales de instrucción"; y toda la trayectoria revolucionaria comunista que se asocia en Cuba con el ejemplo de Ernesto Che Guevara.

11. Los intentos de trazar un rumbo revolucionario diferente hacia el socialismo, sin (1) forjar partidos comunistas basados en los trabajadores y campesinos ni (2) establecer la dictadura del proletariado, un estado obrero, han terminado no solo en fracasos sino en desastres.

a) La década de los ochenta confirma una vez más que no existe un estalinismo "reformado", y mucho menos "revolucionario".

(1) En Granada no se hizo frente a este desafío

como se había hecho en Cuba con la derrota de la facción secreta de Escalante. Una facción contrarrevolucionaria encabezada por Bernard Coard logró tomar control del Comité Central del Movimiento de la Nueva Joya; arrestar a la dirección de la revolución y desmoralizar al pueblo trabajador; derrocar al gobierno de trabajadores y campesinos; aplastar un levantamiento popular dirigido por Maurice Bishop que intentó echar atrás a la contrarrevolución; y asesinar a Bishop y a otros dirigentes revolucionarios.

(2) El desastre político en Afganistán causado por la orientación política de la dirección del PDPA, con sus homicidas luchas intestinas por el poder, fue empeorado por la intervención militar organizada por la burocracia soviética. Esta acción de Moscú les permitió a los reaccionarios alegar que luchaban por la autodeterminación nacional de Afganistán.

(3) La dirección estalinista del régimen pequeñoburgués nacionalista en Yemen del Sur también se vio hecha pedazos en un baño de sangre fratricida en 1986, perdiéndose el impulso revolucionario democrático y laicista del pueblo trabajador.

b) En Nicaragua la dirección del FSLN falló en su intento de convertir el "sandinismo" en una alternativa revolucionaria al comunismo, una nueva vía hacia el socialismo.

(1) Durante la segunda mitad de la década después del triunfo de 1979, el sandinismo se fue identificando cada vez menos en la práctica con la perspectiva proletaria implícita en la afirmación de Sandino de que "solo los obreros y los campesinos irán hasta el final".

(2) Los dirigentes del FSLN le fueron dotando más y más al sandinismo de un contenido pequeñoburgués con miras a la reconciliación con la burguesía: una mezcla de socialdemocracia de izquierda, estalinismo a la perestroika, liberalismo radical del tipo Coalición Arco Iris (en otras palabras, una porción de Olof Palme con una de Mijail Gorbachov y otra de Jesse Jackson; en lugar de una porción de Farrell Dobbs con una de Fidel Castro y otra de Malcolm X).

(3) La dirección del FSLN se fue alejando cada vez más de la tarea de organizar a la clase obrera como la principal fuerza política y social de la revolución en alianza con el campesinado. Más y más, la política adoptada fue la de intentar administrar soluciones a los crecientes problemas sociales y económicos sin trazar una orientación para quebrar la dominación de la propiedad burguesa y de las relaciones sociales burguesas de producción y distribución.

(4) El fortalecimiento del gobierno de trabajadores y campesinos en Nicaragua no dependía de la rapidez con que se expropiara a los grandes terratenientes y capitalistas, ni tampoco significaba subestimar el peso decisivo de las tareas democráticas de consolidar y defender la soberanía y unidad de Nicaragua y realizar una reforma agraria radical. La prueba de fuego consistía en adoptar un rumbo que promoviera la conciencia de clase, la organización política independiente y la movilización revolucionaria de los trabajadores y campesinos contra los capitalistas y terratenientes explotadores.

(5) En cambio, la trayectoria política de la revolución con relación a la "economía mixta" se convirtió

en la subordinación de las necesidades de los trabajadores y campesinos a la preservación de las relaciones sociales capitalistas con el fin de mantener la alianza política estratégica que la dirección del FSLN estaba forjando con sectores de la burguesía y los terratenientes.

(a) Al intensificarse la agresión imperialista, el FSLN se fue alejando del camino de la reforma agraria radical y la expansión del control obrero en fábricas y centros de trabajo; fue abandonando la prioridad a las necesidades de las masas trabajadoras explotadas ante la crisis económica y social del capitalismo y la reconstrucción nacional; fue desechando la promoción de los derechos de la mujer; y fue alejándose de la perspectiva de reforzar el carácter voluntario —y no obligatorio— de las fuerzas armadas sandinistas.[12]

---

12. Al depender de una fuerza armada basada en el servicio militar obligatorio en vez de voluntarios, la dirección sandinista adoptó la perspectiva que le planteaban los asesores militares soviéticos allí. En una entrevista concedida en 1997, el general cubano Néstor López Cuba, responsable de la misión militar cubana en Nicaragua por varios años durante los años ochenta, señaló, "Los sandinistas tenían asesores militares cubanos y soviéticos, y no siempre estuvimos de acuerdo en cuanto a concepciones. Los soviéticos abogaban por un ejército regular, grande, profesional, técnico, sofisticado. Por otra parte, nosotros pensábamos que Nicaragua necesitaba un ejército que fuera capaz de liquidar a las fuerzas irregulares que enfrentaban a nivel interno, y que eso no se podía lograr con un ejército regular.... Tenían que pelearla voluntarios. Así fue como nosotros derrotamos a los bandidos en los primeros años de la revolución". (La entrevista apareció por primera vez en español en el número de julio de 1998 de la revista *Perspectiva Mundial*.)

(b) A nivel internacional, esta trayectoria fue creando presiones para que el gobierno del FSLN subordinara su política exterior, incluido su apoyo al FMLN de El Salvador, a buscar una alianza con sectores de la burguesía nacional y una tregua con Washington.

(c) La dirección del FSLN rechazó la necesidad de forjar un partido comunista proletario a partir de la vanguardia más abnegada y consciente del pueblo trabajador para consolidar e impulsar el poder de los trabajadores y campesinos.

(6) La evolución de la política de la dirección del FSLN representa el abandono de la perspectiva y el legado políticos de Carlos Fonseca, codificados en sus escritos, entre ellos el "Programa Histórico" del FSLN.

(7) La trayectoria del FSLN ha alejado aún más de la política obrera a la gran mayoría de los partidarios no comunistas de la revolución nicaragüense en todo el mundo.

(a) Si bien la mayoría de ellos quedaron decepcionados por los resultados de las elecciones de febrero de 1990, la trayectoria del liderazgo del FSLN y el papel decisivo que jugó en el establecimiento de un gobierno burgués de coalición, más que repugnarles, les ha resultado cada vez más atractiva.

(b) El "camino a Managua" se ha convertido ahora en un camino que se aleja del comunismo, en lugar de acercarse al comunismo, es decir, lo opuesto de lo que había sido al principio para muchas personas.

12. La "vía cubana" en realidad es solo un caso especí-

fico de lo que ha sido la trayectoria del movimiento comunista moderno desde 1847: una trayectoria que lleva a forjar la alianza de los trabajadores y agricultores bajo la dirección del proletariado con el fin de conquistar el poder estatal, expropiar a los explotadores e iniciar la construcción del socialismo.

a) La perspectiva política histórica de los comunistas en Cuba no es "cubana" ni representa una idiosincracia. Tampoco es "castrista". Es comunista. El liderazgo volvió a descubrir, en la práctica, el camino señalado por Marx y Engels e impulsado por Lenin, y lo siguió en Cuba y en el mundo. No crearon un camino totalmente nuevo, sino que construyeron una extensión del camino comunista, y al hacerlo enriquecieron y fortalecieron la continuidad comunista.

(1) Un aspecto fundamental del proceso de rectificación es la vigorosa defensa política del socialismo como "la única esperanza, el único camino de los pueblos, de los oprimidos, de los explotados, de los saqueados".[13]

(2) Como lo demuestra la experiencia negativa de Nicaragua, el socialismo solo se puede construir *mediante* el establecimiento de la dictadura del proletariado, y no evitando ese hito decisivo. Igualmente, solo por esa vía se podrá forjar a ma-

---

13. Cita del discurso de diciembre de 1988 de Fidel Castro ante un mitin de medio millón de personas en La Habana para celebrar el Día de las Fuerzas Armadas, aniversario del desembarco del yate *Granma*, que llevaba a 82 combatientes bajo el mando de Castro para iniciar la guerra revolucionaria contra la dictadura de Fulgencio Batista respaldada por Washington. Bajo el título, "Mientras exista el imperio, nunca podremos bajar la guardia", el discurso se publicó en el número de febrero de 1989 de *Perspectiva Mundial*.

sas de cuadros comunistas entre los trabajadores y campesinos.

b) El esfuerzo de los comunistas cubanos, dirigidos por Fidel Castro como parte del proceso de rectificación, para poner en primer plano el ejemplo y los aportes políticos de Che Guevara ayuda a permitir que se vuelva a conquistar a un nivel internacional y más amplio el programa y la estrategia forjados por Marx y Engels, Lenin, los bolcheviques, y los primeros cuatro congresos de la Internacional Comunista.

B. La construcción de partidos comunistas en los noventa

1. La época a la que vamos entrando será en muchos sentidos similar a la época anterior de profunda crisis económica y social internacional, la de los años treinta, que a escala mundial llegó a convertirse en una situación prerrevolucionaria.

a) Durante esa crisis, a comienzos de los años treinta, el movimiento obrero pasó a ocupar el centro de la palestra política en los países imperialistas de Europa, Australia, Nueva Zelanda y Norteamérica, así como en algunos de los países económicamente más desarrollados que están dominados por el imperialismo.

b) La creciente resistencia de los trabajadores y agricultores a los golpes asestados por los explotadores creó una oportunidad para que la clase trabajadora se recuperara de las derrotas y los reveses que había sufrido mundialmente entre 1923 y 1933.

(1) En 1923, fue aplastado en Alemania el tercer alzamiento revolucionario de trabajadores y campesinos en cinco años que puso al orden del día la cuestión del poder. Los fascistas de Mussolini

llegaron al poder en Italia. La ola revolucionaria inicial provocada en Europa por la revolución bolchevique de octubre de 1917 había sido derrotada.

(2) En 1933 se preservó el dominio capitalista en Alemania mediante el golpe nazi. Debido al cobarde colaboracionismo de clases de los socialdemócratas y del ultraizquierdismo frenético del estalinismo del Tercer Período, las unidades disciplinadas de combate callejero del movimiento hitleriano nunca tuvieron que enfrentarse a la resistencia armada y unida del movimiento obrero, que habría aplastado a los nazis. Sin embargo, una vez consolidado, el régimen policiaco bonapartista de Hitler comenzó a aterrorizar y pulverizar las organizaciones obreras, preparando el terreno para la guerra imperialista, la invasión de la Unión Soviética y los exterminios racistas.

2. La diferencia más importante entre los años treinta y hoy es que cuando comenzaron la depresión y la crisis social generalizada, los estalinistas ya tenían controlado completamente al movimiento comunista internacional.

a) Por las traiciones políticas de las principales batallas de clases de los años treinta, se perdió la oportunidad de recuperarse de las derrotas de 1923–33 y lograr victorias revolucionarias.

(1) El hecho de que no se extendió la revolución socialista más allá de las repúblicas soviéticas durante la situación prerrevolucionaria de 1918–23 se explica ante todo por la inexperiencia y el ultraizquierdismo de la vanguardia proletaria en los recién formados Partidos Comunistas.

(2) El hecho de que entre mediados y fines de los

treinta no se forjó una dirección revolucionaria que pudiera conducir a los trabajadores al poder, frenar el avance del fascismo e impedir la marcha de los imperialistas hacia la guerra mundial y la invasión de la Unión Soviética, puede atribuirse directamente a las traiciones políticas de los liderazgos del movimiento estalinista mundial.

b) Los Partidos Comunistas subordinaron el movimiento obrero y las luchas revolucionarias de liberación nacional a los intereses diplomáticos nacionales del régimen soviético.

(1) Persiguieron una orientación colaboracionista de clases y frentepopulista hacia los sectores de las diversas clases dominantes imperialistas que ellos esperaban responderían más positivamente a las necesidades de la burocracia soviética.

(2) Pusieron en marcha su máquina asesina internacional contra todo combatiente y revolucionario que "desbaratara" esa trayectoria luchando por la independencia de clase y rehusando subordinar los intereses de los trabajadores y campesinos y las luchas de liberación nacional al mantenimiento de un bloque con el "imperialismo democrático" y otras fuerzas burguesas.

(3) Esa orientación contrarrevolucionaria condujo a derrotas aplastantes para los trabajadores y agricultores en toda Europa, lo cual, al producirse el triunfo fascista en la guerra civil española en 1939, hizo inevitables la invasión de la Unión Soviética y el estallido de la segunda matanza imperialista mundial.

c) En Estados Unidos, esta política colaboracionista de clases adoptó la forma de subordinar el movimiento sindical y las batallas obreras al Partido Demócrata imperialista y a la coalición política encabezada por Franklin Roosevelt.

(1) El Partido Comunista de Estados Unidos jugó un papel decisivo en el descarrilamiento de la evolución del CIO, que había nacido como un movimiento social combativo
   (a) basado en la fuerza de los sindicatos industriales emergentes;
   (b) que apuntaba hacia la acción política obrera independiente; y
   (c) cuyos primeros golpes asestados a la estructura racista *Jim Crow* y a las divisiones raciales y nacionales entre la clase trabajadora apuntaban hacia la sindicalización del Sur y a la eliminación de la segregación racial del movimiento sindical.

(2) Aparte de un breve período ultraizquierdista durante la vigencia del pacto Stalin-Hitler, a partir de 1935 el PC de Estados Unidos aunó fuerzas con la alta cúpula sindical y con los socialdemócratas para comprometer al CIO a una posición de apoyo a los preparativos bélicos de Washington.

(3) Durante la Segunda Guerra Mundial el Partido Comunista le ayudó a la clase patronal a imponer medidas de austeridad y disciplina laboral sobre la clase obrera para contribuir a los esfuerzos bélicos del imperialismo.

d) El tamaño y peso del movimiento estalinista a nivel mundial en los años treinta, combinados con la política socialpatriota de los socialdemócratas y la cúpula sindical, obstruyeron el desarrollo de corrientes revolucionarias de masas.

(1) Las fuerzas pro-Moscú se valieron de todos los medios a su disposición, desde calumnias hasta

asesinatos, para sofocar el desarrollo de situaciones revolucionarias, siendo su blanco la naciente vanguardia obrera. En Estados Unidos aplaudieron el primer caso en el cual Washington aplicó la Ley Smith, una medida de control de ideas, contra el liderazgo de lucha de clases de los Teamsters en el Medio Oeste.[14]

(2) Bajo estas condiciones, existía poco espacio para que surgiera y evolucionara hacia el comunismo un Fidel Castro, un Malcolm X, un Maurice Bishop

---

14. Promulgada por Franklin Roosevelt en junio de 1940, la Ley Smith tenía como propósito destruir la vanguardia de lucha de clases en el movimiento sindical que dirigía la oposición a los preparativos bélicos imperialistas de Washington. La ley dictaba duras condenas de prisión por abogar ideas consideradas "sediciosas". Los primeros condenados bajo esta nueva ley fueron dieciocho dirigentes del Local General de Choferes 544 en Minnesota y del Partido Socialista de los Trabajadores. El 8 de diciembre de 1941, el día después del bombardeo a Pearl Harbor, los acusados de Minneapolis recibieron condenas de entre doce y dieciocho meses de cárcel por "conspirar para abogar por el derrocamiento del gobierno de Estados Unidos". (Ver *Wall Street enjuicia al socialismo*, por James P. Cannon, y *Teamster Bureaucracy* [Burocracia Teamster] por Farrell Dobbs.)

El Partido Comunista de Estados Unidos apoyó activamente a la fiscalía federal y le ayudó al Departamento de Justicia a preparar pruebas para el juicio. En un editorial en su periódico, el *Daily Worker* declaró que "los dirigentes de la organización trotskista que actúa bajo el falso nombre de 'Partido Socialista de los Trabajadores' no merece más apoyo . . . que los nazis que esconden su partido tras el falso nombre 'Partido Nacional Socialista de los Trabajadores' ". Después de la Segunda Guerra Mundial, en 1949, la Ley Smith se usó también para encarcelar a dirigentes del Partido Comunista. En 1958 fueron declaradas anticonstitucionales las principales disposiciones de esta ley de control de ideas.

o un Thomas Sankara, como también existía poco espacio para que comunistas como James P. Cannon, Farrell Dobbs y otros forjaran un partido obrero revolucionario de masas.

e) Hoy día la situación es notablemente distinta. Al comenzar la década de 1990:
  (1) los partidos estalinistas en todo el mundo están en crisis;
  (2) las potencias imperialistas han quedado debilitadas por décadas de luchas antiimperialistas que han conquistado la independencia política para cientos de millones de personas en los pueblos más oprimidos y explotados del mundo, a quienes se les ha abierto el camino a la revolución socialista como única vía hacia el desarrollo económico, la igualdad política y la vida con dignidad; y
  (3) un partido comunista proletario de masas guía un estado obrero en Cuba, trazando un derrotero que fortalece, en lugar de debilitar, los cimientos económicos y sociales de la dictadura del proletariado.

3. Una segunda e importante diferencia con los años treinta es el hecho de que la próxima radicalización de la clase trabajadora se basará en las conquistas logradas por los movimientos de protesta social y las luchas obreras de los años sesenta y de principios de los setenta.

a) Estas incluyen las potentes luchas por los derechos de los negros, cuya expresión actual tuvo su origen en medio de la Segunda Guerra Mundial; la masiva oposición a la guerra de Vietnam; el resurgimiento del movimiento por los derechos de la mujer; el surgimiento de un movimiento chicano politizado; la creciente conciencia tanto en Estados Unidos como en Puerto Rico de la importancia de la lucha independentista puertorriqueña; las acciones continuas en defensa de los derechos de los inmigrantes, de los homosexuales y lesbianas, y de los minusválidos; la creciente conciencia sobre la energía nuclear y la destrucción del medio ambiente y la oposición a éstas.

(1) Estas luchas surgieron de las nuevas condiciones engendradas por la segunda matanza imperialista mundial y sus secuelas.

(2) Afectaron profundamente a la clase obrera e impactaron mucho la conciencia de los trabajadores y las filas del movimiento sindical.

b) Para mediados de los años setenta, las luchas sociales y políticas de los quince años anteriores ya habían alcanzado su apogeo, habiendo chocado contra los límites objetivos impuestos por la correlación de fuerzas de clases y el sistema bipartidista burgués.

(1) Habiendo conquistado avances considerables, aun si éstos tendían a beneficiar más a la clase media, estos movimientos sociales se toparon con los límites impuestos por:

(a) las consecuencias del debilitamiento a largo plazo de los sindicatos, producto de la institucionalización de los métodos colaboracionistas de clases de la cúpula sindical;

(b) la acelerada ofensiva antiobrera de la clase gobernante, al agotarse la ola de expansión capitalista de la posguerra; y

(c) la contraofensiva ideológica burguesa contra las conquistas anteriores que acompañó el ataque antisindical de los patrones.

(2) Si bien las conquistas sociales de los años sesenta y setenta han sido objeto de repetidos ataques, no se ha eliminado cualitativamente ninguna de

ellas. Siguen siendo el punto de partida para las batallas a venir.

c) Un ascenso de la resistencia y fuerza sindical en los años noventa dará un renovado impulso a las luchas sociales más amplias, proletarizando cada vez más la composición de clase de las acciones de protesta. Asimismo, estas luchas sociales fortalecerán la resistencia sindical, y aumentarán el tamaño y reforzarán la composición social del liderazgo surgido de las filas del movimiento sindical.

4. Un resurgimiento de las luchas sindicales y los movimientos de protesta social contará en los años noventa con mayores oportunidades para aunar fuerzas con un movimiento combativo de pequeños agricultores que en cualquier otro momento desde los años treinta.

a) A principios de los ochenta, la peor crisis capitalista ocurrida en el campo desde los años treinta desplazó de sus tierras a decenas de miles de pequeños agricultores.

b) La oposición a esta expropiación masiva fue amplia, y surgió un genuino movimiento contra las liquidaciones forzosas en el Medio Oeste y en regiones del Sur. Este movimiento, encabezado por una capa de vanguardia de pequeños agricultores:

(1) movilizó a agricultores en acciones directas contra los bancos, los monopolios y el gobierno;

(2) forjó organizaciones agrícolas de protesta integradas por pequeños agricultores;

(3) cobró experiencia en el combate de clases;

(4) buscó solidaridad entre los sindicatos y las organizaciones pro derechos de los negros y de las mujeres; y

(5) comenzó a buscar aliados a nivel internacional, conforme los agricultores se vieron atraídos a los

campesinos combativos en Nicaragua y a los agricultores en otros países del mundo capitalista.

c) El apogeo del movimiento agrícola en los años ochenta coincidió con el punto más bajo de la desbandada del movimiento sindical en Estados Unidos.

(1) Una capa muy reducida de fuerzas de vanguardia en el movimiento obrero participó activamente en el movimiento contra las liquidaciones forzosas.

(2) A pesar de que muchos agricultores o miembros de sus familias también son trabajadores, las filas del movimiento sindical, huyendo de la lucha, no pudieron vincularse y solidarizarse de forma organizada y considerable con las luchas de los productores agropecuarios.

d) El movimiento contra las liquidaciones forzosas decayó cuando mejoraron las condiciones económicas en el campo a fines de los ochenta.

(1) Esto coincidió con la ruptura de la fuga en desbandada del movimiento obrero. Sin embargo, la renovada resistencia de las filas sindicales, iniciada con las huelgas de la Pittston y la Eastern, llegó demasiado tarde como para que el auge de las batallas de los trabajadores de la ciudad y el campo se reforzaran mutuamente.

(2) Sigue existiendo en el sector agrícola una pequeña capa de agricultores de vanguardia experimentados, tanto dentro como fuera de las actuales organizaciones agrícolas de protesta.

(3) No obstante, las próximas batallas en el campo tendrán que basarse principalmente en una nueva generación de pequeños agricultores, quienes tendrán la oportunidad de entrelazar sus luchas con las batallas de trabajadores combativos.

5. La estructura de clases de la nacionalidad negra en los noventa es distinta de la de los años sesenta, ya no se diga de los treinta.

  a) Hoy, como resultado de las victorias conquistadas por el movimiento pro derechos de los negros en los años cincuenta y sesenta, existe entre la población negra una capa pequeñoburguesa considerablemente más extensa. Esta capa ha logrado incorporarse a la clase media general a un grado que le habría resultado inconcebible a personas de todas las clases y razas en Estados Unidos hace apenas veinticinco años.

  b) Al mismo tiempo, la gran mayoría proletaria de la nacionalidad negra ha cargado con lo peor del fuerte deterioro de las condiciones económicas y sociales del pueblo trabajador en los últimos diez años. Amplias capas de trabajadores que son negros han sido arrastradas a la pobreza más precaria y a condiciones sociales que son aún más segregadas —por raza y por clase— que a fines de los sesenta o principios de los setenta.[15]

---

15. Citemos algunos ejemplos de esta tendencia continua: en julio de 1998 la tasa oficial del gobierno norteamericano sobre el desempleo entre los negros era del 10.4 por ciento, mas de dos veces y medio la tasa general. La tasa de desempleo para los negros entre 16 y 19 años de edad es del 29.9 por ciento, también más de dos veces y medio la tasa de la población en su conjunto. El nivel medio de ingresos de una familia negra es menos del 60 por ciento del índice medio de ingresos de una familia blanca, y esa brecha era aún más amplia en 1996 que en 1967. El 30 por ciento de los afronorteamericanos viven por debajo del mezquino nivel de pobreza establecido por el gobierno. Al mismo tiempo, en Estados Unidos la tercera parte de los hombres negros entre 20 y 29 años están bajo libertad vigilada, libertad bajo palabra o encarcelados. Hay más hombres negros que blancos en las cárceles estadounidenses, aunque los negros representan menos

c) A raíz de esta mayor diferenciación social, el próximo ascenso de la lucha por los derechos de los negros se topará rápidamente con una aguda y profunda polarización de clases.

(1) Capas pequeñoburguesas tratarán de imponer sus perspectivas de clase y su dominación organizativa y política para defender sus propios logros contra un racismo que aún es sistémico y para promover su propia integración a las instituciones económicas, sociales y políticas capitalistas.

(2) Ante todo, tratarán de canalizar todo movimiento más amplio que defienda los derechos de los negros hacia el colaboracionismo de clases: para alejarlo del combate de clases y la acción política obrera independiente, alejarlo de las iniciativas políticas de los trabajadores y los jóvenes que amenacen con romper el molde, y alejarlo del desarrollo de un liderazgo comunista más amplio de la clase obrera.

(3) Desde un principio, voceros de las nuevas capas medias en la población negra apelarán a los sentimientos nacionalistas como parte de un esfuerzo por ganarse una base social entre los trabajadores y jóvenes negros que comienzan a luchar contra los ataques racistas y la creciente explotación y opresión capitalistas.

---

del 12 por ciento de la población de Estados Unidos. (En total, 5.4 millones de personas en Estados Unidos estaban en libertad condicional, libertad bajo palabra o en prisión en 1995: un aumento del 200 por ciento desde 1980, mientras la población de Estados Unidos creció menos de un 17 por ciento durante ese mismo período. Con casi 600 personas presas por cada 100 mil habitantes, Estados Unidos tiene la tasa de encarcelamiento más alta del mundo).

d) Al mismo tiempo, todo repunte de la batalla contra la opresión nacional y la discriminación racista profundizará mucho más rápidamente el entrelazamiento entre esas luchas y cualquier liderazgo que esté surgiendo de las filas del movimiento sindical, liderazgo del cual los trabajadores negros representarán una mayor proporción que el porcentaje de negros en la población general.

(1) Los avances de la lucha por los derechos de los negros darán nuevas fuerzas a las luchas obreras.

(2) Es más, un movimiento sindical más combativo le infundirá una fuerza social decisiva a la lucha por la liberación de los negros.

(3) En las batallas sindicales que ya están estallando, el porcentaje de trabajadores que son negros en el liderazgo surgido de las filas es cualitativamente mayor de lo que hubiese sido posible en los años sesenta o treinta.

e) Varias nuevas generaciones de trabajadores y jóvenes que son negros se sienten atraídos al ejemplo y al legado político revolucionario de Malcolm X.

(1) La oposición intransigente de Malcolm a la discriminación y degradación racistas, al "norteamericanismo" de cualquier tipo, a toda subordinación a Washington o cualquiera de sus partidos políticos, y a la opresión imperialista del pueblo trabajador en Africa, América, Asia y Oceanía, lo encaminó hacia un rumbo político internacionalista y antiimperialista cuando aún era una figura prominente en la Nación del Islam. El hecho de que Malcolm se negara a abandonar esta trayectoria lo preparó para poner fin a toda negación acerca de la situación de la dirigencia central de la Nación. Esta dinámica culminó con

la orden de Elijah Muhammad, a fines de 1963, de silenciar a Malcolm, y preparó su ruptura pública con la Nación a principios de 1964.

(2) Al hacerse cada vez más clara la mortífera intención del imperialismo de silenciarlo para siempre, la integridad y la consecuencia políticas de Malcolm lo llevaron rápidamente a romper una barrera tras otra a fines de 1964 y principios de 1965, y a explicar él mismo este proceso en público al tiempo que ocurría.

(a) Malcolm rechazó su previa oposición a los "matrimonios mixtos", legado reaccionario de las bases demagógicas y antimaterialistas de la política heredada de Elijah Muhammad.

(b) Abandonó todo vestigio de sutiles comentarios antisemitas que eran endémicos en la Nación y en los sectores más amplios que ésta influenciaba y que ejercían influencia sobre ella misma.

(c) Detalló las consecuencias políticas de la corrupción "personal" explicando por qué la conducta de Elijah Muhammad (con el conocimiento y la complicidad de gran parte de la dirección de la Nación) atentaba contra el respeto a la mujer, ni hablar del avance de los derechos de la mujer que Malcolm consideraba inseparables del progreso social y de las luchas revolucionarias en todo el mundo.[16]

---

16. Los sucesos que llevaron al silenciamiento de Malcolm y a su posterior ruptura con la Nación del Islam fueron precipitados cuando se enteró de que Elijah Muhammad había tenido relaciones sexuales con varias adolescentes y que luego, cuando resultaron embarazadas, había organizado su suspensión de la Nación bajo acusaciones de "fornicación". Malcolm explica en

(d) Malcolm expuso y analizó la inevitable búsqueda por parte de los dirigentes de la Nación de alianzas con organizaciones reaccionarias y de asistencia material de dichas organizaciones; esta línea de acción se desprendía del carácter social y las limitaciones políticas de esa dirigencia. Malcolm reveló que en 1960 y 1961 le habían dado instrucciones a él mismo de buscar o facilitar tales alianzas con el Ku Klux Klan y el Partido Nazi Americano.[17]

(e) Al asumir estas posiciones y actuar de forma consecuente a ellas, Malcolm puso de relieve las consecuencias políticas reaccionarias y la esencia antiproletaria de la corrupción nacida de anhelos pequeñoburgueses en una dirigen-

---

su autobiografía que supo de esto en abril de 1963 de boca del propio Elijah Muhammad. Cuando Malcolm rehusó sumarse a los otros miembros de la jerarquía de mando de la Nación para encubrir este abuso —tanto abuso de mujeres como abuso de poder— Elijah Muhammad decidió silenciarlo. "Cuando descubrí que los jerarcas no ponían en práctica lo que ellos mismos predicaban", dijo Malcolm en una entrevista concedida en 1965 a la revista *Young Socialist* (Joven socialista), "vi con claridad que ese aspecto de su programa no tenía credibilidad alguna". El texto íntegro de la entrevista aparece en *Habla Malcolm X* (Nueva York, Pathfinder, 1993).

17. Ver especialmente el discurso pronunciado por Malcolm X el 15 de febrero de 1965 en el Salón Audubon en Harlem, Nueva York, "There's a Worldwide Revolution Going On" (Está ocurriendo una revolución mundial), publicado en *Malcolm X, February 1965: The Final Speeches* (Malcolm X, febrero de 1965: los últimos discursos; Nueva York, Pathfinder, 1992). Ver también el discurso que dio en el Auditorio Ford de Detroit el 14 de febrero de 1965, "Buscamos una solución que beneficie a las masas, no a la clase alta", en *Habla Malcolm X,* págs. 161–72.

cia que alegaba hablar a nombre de los oprimidos, aunque se vistiera de integracionista o de separatista.

(f) Al mismo tiempo que Malcolm se pronunciaba sin titubeos sobre todos estos asuntos, intensificó el llamamiento a sus seguidores y a otros luchadores, así como a las filas de la Nación del Islam, a formar un frente único. Destacó las pruebas que indicaban claramente que fuerzas más poderosas que la Nación —la maquinaria asesina del imperialismo estadounidense— eran las responsables de preparar los mortíferos ataques que se dirigirían contra él y su familia.

(3) La acelerada evolución de Malcolm durante el último año de su vida hacia la organización política laica, el anticapitalismo y posteriormente el socialismo, lo encaminó a una trayectoria que convergía con la de otros revolucionarios y comunistas alrededor del mundo.

(a) Buscó establecer puntos en común con la dirección comunista de Cuba, tanto en Africa como en las ocasiones cuando sus representantes más destacados, Fidel Castro y Che Guevara, viajaron a Estados Unidos.

(b) Buscó colaborar con los comunistas en Estados Unidos, organizados en el Partido Socialista de los Trabajadores y la Alianza de la Juventud Socialista.

(4) A medida que se intensifiquen las batallas de clases en la década de 1990, luchadores obreros de todas las nacionalidades, los colores y los idiomas se verán atraídos al legado político de Malcolm al avanzar hacia perspectivas proletarias, internacionalistas y anticapitalistas.

(a) Estos revolucionarios jóvenes se convertirán en cuadros y dirigentes no solo de las renovadas luchas contra toda expresión de racismo y opresión nacional, sino del movimiento obrero y de partidos comunistas.

(b) Este hecho subraya la importancia de los esfuerzos de los comunistas por mantener en existencia los escritos y discursos de Malcolm y ampliar su difusión a las capas más amplias posibles de combatientes y revolucionarios entre los trabajadores y agricultores de Estados Unidos y del mundo.

(5) Los maldirigentes de clase media en la nacionalidad negra se visten cada vez más con el manto de Malcolm X en sus esfuerzos por ganarse una base entre los jóvenes que se ven atraídos al ejemplo de Malcolm. Al mismo tiempo, estas capas pequeñoburguesas les temen a los jóvenes trabajadores —sean negros, blancos o de otra nacionalidad— y los desprecian, haciendo eco a la propaganda burguesa sobre los "peligros de la subclase". (Algunos también mantienen una concepción romántica de la "subclase", desde una distancia prudente, proyectando sobre los jóvenes negros su propia misoginia y brutalidad burguesas.)

(a) Algunas de estas fuerzas de clase media pretenden tergiversar la evolución política de Malcolm, describiendo su último año de vida como una retirada de sus posiciones revolucionarias, ya que supuestamente había ido convergiendo hacia las perspectivas de Martin Luther King, o incluso hacia el liberalismo. Haciendo caso omiso de la franca oposición de Malcolm a los partidos Demócrata y Republicano, estos liberales proyectan su propia

trayectoria y retórica política sobre Malcolm y buscan presentarlo como precursor de la Coalición Arco Iris de Jesse Jackson.

(b) Muchas de estas y otras corrientes políticas pequeñoburguesas practican la política de la demagogia en nombre del nacionalismo (y a veces también del "marxismo"). En fuerte contraste con el ejemplo y la conducta de esas corrientes, Malcolm X surgió como un revolucionario íntegro que conocía desde las raíces el carácter conservador y en el fondo burgués de la corrupción de depender de los ingresos derivados de pequeños comercios embusteros y del crimen organizado. Llegó a ser inmune a los anhelos y resentimientos de clase media, al *red baiting*, al *race baiting* y a los halagos estalinistas; ni hablar del racismo (antihaitiano, antiasiático, etcétera), del antisemitismo, de los prejuicios contra la mujer, o semejante demagogia oportunista de cualquier tipo.*

(6) Malcolm X ofrece una prueba viva de la capacidad de los luchadores de disposición revoluciona-

---

* La expresión *red baiting* en inglés significa la práctica de insinuar demagógicamente que las posiciones políticas de una persona no merecen ser consideradas objetivamente porque el que las plantea es "sospechoso" de ser comunista, ser simpatizante del comunismo, o estar bajo la disciplina de una organización comunista.

Race baiting, por parte de un individuo de una nacionalidad oprimida (o un individuo que dice hablar a nombre de sus intereses), consiste en recurrir al mismo método demagógico para crear prejuicios contra la credibilidad o las aptitudes de liderazgo de una persona cuya piel es de un color diferente. Por extensión, este término a veces se usa al referirse a métodos semejantes que aluden al origen nacional, idioma o credo religioso. NOTA DEL TRADUCTOR

ria entre las filas de la clase trabajadora para ampliar su visión y encaminarse hacia el comunismo y hacia un papel de dirigencia revolucionaria del mayor calibre histórico. Su ejemplo refuerza el criterio de que los cuadros dirigentes experimentados del PST que son negros son precursores del desarrollo de un liderazgo comunista mucho más amplio que surgirá de crecientes luchas y claridad política.

(a) Dada la mayor diferenciación de clases en la nacionalidad negra en la actualidad, los luchadores de disposición nacionalista que surjan de un nuevo brote de avances en la lucha por la liberación de los negros no tardarán en orientarse hacia una visión mundial más amplia, hacia el marxismo. Tendrán una mejor oportunidad que la generación de las Panteras Negras para evitar la trampa de confundir el estalinismo con el marxismo.[18]

---

18. El Partido de las Panteras Negras por la Autodefensa se fundó en 1966 en Oakland, California, en respuesta al asesinato de un joven negro de 16 años de edad a manos de la policía. Durante los años subsiguientes, miles de jóvenes negros y otras personas, repugnados por los males del racismo y en busca de estrategias para atacar la causa de la opresión que combatían, se vieron atraídos al partido. Sin embargo, al buscar soluciones anticapitalistas, el liderazgo de las Panteras Negras dio con el estalinismo, que a la sazón contaba con reservas considerables a nivel mundial. A fines de la década de 1960, la combinación de métodos matonistas, ilusiones colaboracionistas de clases, y aventuras ultraizquierdistas que las Panteras Negras asimilaron del estalinismo los dejó completamente vulnerables a las mortíferas operaciones de desbaratamiento del FBI y otras agencias policiacas. Una veintena de miembros de las Panteras fueron muertos, o directamente por la policía —como en el caso de

(b) Mientras más amplias sean las batallas contra el racismo, mientras más abnegado sea el compromiso para luchar por la liberación de los negros, y mientras más amplios sean los esfuerzos del movimiento obrero y su vanguardia para asumir estas luchas, tanto más grandes serán las oportunidades de los cuadros del Partido Socialista de los Trabajadores y la Alianza de la Juventud Socialista para lograr más influencia, reclutar más miembros y renovar sus filas.

(c) En Estados Unidos, como en otros países imperialistas, la "hora de la nación" y la revolución socialista triunfarán juntas.

C. Una fracción de la clase obrera internacional y su vanguardia combatiente

1. Los cuadros del PST son una fracción de la clase obrera, de sus combatientes de vanguardia, y de la dirección que va surgiendo de las filas de los sindicatos.

a) Los trabajadores comunistas no cuentan con una "estrategia sindical" distinta de la estrategia proletaria revolucionaria más amplia, reflejada en el propio trabajo de masas que se desprende de la dinámica de la lucha de clases y de los esfuerzos por impulsar la lucha por un gobierno de trabajadores y agricultores.

(1) Los comunistas en los sindicatos buscan colaborar

Fred Hampton, asesinado en su cama en 1969 por la policía de Chicago—, en tiroteos con la policía, o entre sí mismos, atizados por provocadores gubernamentales. Otros numerosos militantes de las Panteras fueron víctimas de cargos fabricados y encarcelados injustamente.

con todos los sindicalistas combativos para usar las tácticas más *eficaces* que impulsen la lucha obrera y aumentar la experiencia y confianza de los dirigentes entre las filas.

(2) Los comunistas apoyan y promueven tácticas que les permitan a las filas ejercer su peso a fin de desplegar la fuerza de los sindicatos y de esta forma buscar solidaridad.

(3) Esto es lo contrario de la línea de acción de los funcionarios, que confían en formas crecientes de colaboración con la clase patronal, lo cual carcome la fuerza sindical y desmoraliza y despolitiza a los militantes. Ningún aspecto de la orientación de la cúpula sindical coincide con una orientación revolucionaria.

b) Los trabajadores que son comunistas participan en batallas sindicales para promover la lucha por la transformación de los sindicatos en instrumentos revolucionarios de combate, como parte de una marcha hacia la revolución socialista.

(1) Un elemento de esta lucha es la perspectiva de un ala izquierda de lucha de clases en el movimiento sindical.

(2) El enfoque táctico que se desprende de la estrategia comunista se plasma en el programa adoptado en 1938, cuando la organización obrera portadora de la continuidad comunista en Estados Unidos adoptó el nombre de Partido Socialista de los Trabajadores: "Son válidos todos los métodos que elevan la conciencia de clase de los trabajadores, su confianza en sus propias fuerzas, su disposición a la abnegación en la lucha. Son inadmisibles aquellos métodos que le inculcan a los oprimidos el miedo y la

sumisión frente a sus opresores. . .".[19]

2. Los cuadros del PST son una fracción de los revolucionarios que luchan por hacer avanzar la batalla mundial contra la opresión imperialista y la explotación capitalista.

   a) Nuestra colaboración con otros luchadores no se basa en factores ideológicos, por ejemplo, el hecho de que sean o no comunistas.

   (1) Partimos de los hechos que reflejen la decisión de combatir el imperialismo en lugar de buscar un acomodamiento con él.

   (2) Marchamos hombro a hombro con aquellos que —independientemente de su nivel actual de resistencia— rehusen subordinar los intereses de los trabajadores y agricultores a los de cualquier capa de los explotadores capitalistas.

   (3) Seguimos la continuidad de los hombres y mujeres combatientes que a través de la historia han dicho "no" a la explotación y la opresión en lugar de ponerse de rodillas.

   b) Solo entre los luchadores, entre los revolucionarios de acción se podrá forjar comunistas al calor de la lucha. Y es solo entre la clase trabajadora que podrá surgir la vanguardia política de masas de estos combatientes.

   c) La lección de los más de 150 años de lucha política del movimiento obrero moderno es la siguiente: llegar a ser y seguir siendo revolucionario significa llegar a ser comunista.

3. Los cuadros del PST son una fracción de los comunistas en el mundo.

---

19. *El programa de transición para la revolución socialista* por León Trotsky (Barcelona: Editorial Fontamara, 1977), págs. 76–77.

a) Estamos ligados a una continuidad política comunista que se remonta
   (1) a Marx y Engels y la corriente internacional de la Liga de los Comunistas que ayudaron a fundar en 1847;
   (2) pasando por Lenin, los bolcheviques y los primeros cinco años de la Internacional Comunista;
   (3) por Trotsky y los comunistas que lucharon por continuar la trayectoria de Lenin contra la insistencia de Stalin en la posibilidad de construir el socialismo en un solo país y llegar a un acomodamiento a largo plazo con los gobernantes imperialistas;
   (4) por la forja de un liderazgo comunista en Cuba y la renovación de la vanguardia comunista a nivel de masas por primera vez desde principios de los años treinta;
   (5) hasta el vínculo con el legado bolchevique-leninista que se manifiesta en la corriente comunista internacional de la cual somos parte.

b) Reconocemos que es indispensable el programa comunista —la generalización de las experiencias y lecciones de las luchas de la clase obrera internacional— y que ese programa tiene peso decisivo como arma de la clase trabajadora en la revolución socialista.
   (1) La continuidad y claridad políticas de una vanguardia comunista internacional son necesarias porque el programa y la estrategia que la clase obrera precisa para impulsar la lucha revolucionaria por la liberación nacional y el socialismo no pueden generarse automáticamente a partir de una u otra huelga o batalla política librada por trabajadores y agricultores.

(2) El comunismo generaliza las lecciones del movimiento obrero
   (a) desde una óptica histórica más amplia que la que ofrece cualquier batalla específica (ve el presente como parte de la historia; utiliza las lecciones del pasado reflejadas en la experiencia viva actual);
   (b) en un marco geográfico más amplio (el de la lucha de clases internacional); y
   (c) a partir de las relaciones entre *todas* las clases de la sociedad moderna vistas desde la óptica de la clase trabajadora.
(3) Solo los cuadros comunistas que sean puestos a prueba y estén fogueados en el combate obrero tendrán la *experiencia* necesaria y se habrán *merecido* el respeto de sus compañeros de lucha que les garantizará a ellos y a sus publicaciones la receptividad sin la cual es imposible reclutar a capas de la vanguardia obrera al partido y programa comunistas.

D. La estrategia comunista para la construcción del partido hoy

1. Los "seis puntos" esbozados en la carta redactada en 1988 por Mary-Alice Waters, "La estrategia comunista para la construcción del partido hoy: una carta a camaradas en Suecia" son fundamentales para forjar las fuerzas comunistas en los años noventa.[20]
   a) Estos seis puntos —el viraje a la industria, la centralización política, el ritmo semanal de la vida política obrera, la expansión del trabajo amplio de propaganda en torno a Pathfinder, el reclutamiento

---

20. Reproducida en este número.

de jóvenes, y el internacionalismo proletario bajo el estandarte de la nueva Internacional— resumen la línea de acción que necesita hoy día el Partido Socialista de los Trabajadores para desarrollar un trabajo de masas eficaz como parte integrante de los trabajadores combativos y como parte de las fuerzas comunistas internacionales.

b) Esta estrategia señala también el único camino posible para avanzar hoy día hacia una convergencia más amplia y a largo plazo de las fuerzas comunistas en el mundo.

2. La experiencia colectiva de los últimos tres años del PST, y de cada una de las ligas comunistas con las que colaboramos, nos convence de que debemos considerarnos *como parte* de la creciente centralización internacional que surge de esta estrategia y, a un grado cada vez mayor, debemos considerar que nuestra actividad está *decidida* por ella. Esta realidad tiene pertinencia especial en el caso del PST, cuyo peso es mayor debido a su continuidad política, su experiencia y su tamaño.

a) Más y más hemos compartido ritmos y prioridades políticas similares en nuestras actividades en torno a tareas tales como nuestra orientación hacia los combativos mineros del carbón, la campaña de solidaridad con la huelga de la aerolínea Eastern, la labor en defensa de Mark Curtis, el trabajo de solidaridad con Cuba y la actividad contra el apartheid.

b) La promoción de las publicaciones de Pathfinder y la expansión de las distribuidoras y librerías de Pathfinder han desempeñado y siguen desempeñando un papel clave en la labor de aumentar el impacto y fortalecer las bases de nuestro arsenal común de propaganda.

(1) Las publicaciones de Pathfinder se han converti-

do cada vez más en herramientas esenciales para nuestra colaboración con otros revolucionarios y comunistas alrededor del mundo.

(2) Cada organización comunista ha enfrentado el reto de asumir más responsabilidad política para dirigir la profesionalización y expansión de la promoción y venta de Pathfinder y su integración a todos los aspectos de nuestro trabajo, basado en una creciente centralización internacional de este esfuerzo.

c) Mediante la difusión internacional del semanario *The Militant* y la mayor colaboración de trabajadores a nivel internacional en su producción y financiamiento, hemos tomado medidas adicionales con miras a convertir el *Militant* en el organizador y centralizador político de nuestro trabajo.

(1) La distribución de *Perspectiva Mundial, Lutte ouvrière, New International* y *Nouvelle Internationale* como suplementos del *Militant* ha fortalecido nuestra capacidad de mantener contacto con diversas fuerzas de la clase obrera en muchos países.[21]

(2) A través de nuestras ventas semanales, incluidas las ventas a las entradas de fábricas, y mediante nuestras campañas internacionales de suscrip-

---

21. En 1991 se produjo el primer número de *Nueva Internacional* como publicación hermana en español de *New International*, y en 1993 apareció el primer número de *Ny International* en sueco. La revista bimensual en francés *Lutte ouvrière* cambió de nombre a *L'internationaliste* en enero de 1991. En la primavera de 1992 dejó de publicarse para que el movimiento comunista pudiera enfocar sus recursos editoriales en francés en la traducción de *Nouvelle Internationale* y de libros y folletos marxistas editados por Pathfinder.

ciones y de renovación de suscripciones, hemos comenzado a desarrollar un público lector a largo plazo de luchadores obreros alrededor del mundo, a quienes el *Militant* y nuestras demás publicaciones les resultan armas indispensables.

d) Esta colaboración internacional en la aplicación de una estrategia para la construcción del partido que centraliza nuestra labor, resumida en los seis puntos, es la vía para aumentar nuestra capacidad de influencia colectiva.

(1) Es lo opuesto de un reagrupamiento programático de organizaciones revolucionarias basado en una lista de puntos o "principios" políticos de acuerdo y desacuerdo.

(2) Es lo opuesto de una centralización que pasa principalmente por organismos ejecutivos integrados por dirigentes escogidos entre los partidos de diversos países (sean escogidos por los propios partidos de una forma federativa, o electos por un congreso internacional soberano).

(3) Aumenta nuestra responsabilidad mutua al trabajar con otros revolucionarios y comunistas, y al hacer esto, fortalece la disciplina y las normas proletarias al poner esto en práctica.

3. El movimiento comunista forma parte de la vanguardia combativa de la clase obrera internacional; no es parte de una "izquierda" política ambiguamente carente de clases. Este hecho nos dicta un doble eje de trabajo político:

a) Luchamos para propiciar al máximo la acción unitaria (por ejemplo, el trabajo de solidaridad sindical con los trabajadores de la Eastern y de la Pittston, la defensa de Cuba, el movimiento antiapartheid, las batallas por los derechos de la mujer y los negros). Nuestra lucha contra el sectarismo y el faccionalismo, y a favor de la unidad de acción, expresa el hecho de que los comunistas son la única corriente política que no tiene intereses históricos que no sean los de la clase obrera.

b) En el marco de la batalla para promover la unidad de acción, como dice el *Manifiesto Comunista*, los comunistas también representan y preparan el *futuro* del movimiento obrero. Presentamos una perspectiva política comunista. Esto permite que los trabajadores combativos comiencen a diferenciarnos políticamente de todas las variedades de corrientes pequeñoburguesas dentro del movimiento obrero.

(1) El socialismo no es un conjunto de ideas que pueda sumarse al sindicalismo, al nacionalismo o al feminismo, para impulsar así los intereses históricos de la clase trabajadora.

(2) Tales formas de conciencia espontáneas, parciales y en el fondo burguesas o pequeñoburguesas reflejan la radicalización inicial de los luchadores de vanguardia, y al mismo tiempo expresan el hecho de que estos luchadores aún no han cruzado el puente hacia el comunismo.

(3) La conclusión de que el fundamento necesario para erradicar todas las formas de explotación y opresión y transformar las relaciones humanas es la conquista del poder y la construcción del socialismo por los trabajadores y agricultores, requiere primero un salto cualitativo en la conciencia política de los trabajadores. Las luchas y los movimientos de protesta social progresistas deben entenderse desde la óptica de esta marcha de la clase trabajadora hacia el poder.

(4) Este desarrollo de la conciencia solo puede ser producto de las experiencias de combate combi-

nadas con la generalización de las lecciones de estas luchas como parte de la historia de la lucha de los trabajadores por su emancipación.

4. Se hace cada vez más grande y aguda la divergencia entre los comunistas y las corrientes pequeñoburguesas dentro del movimiento obrero mundial.

   a) Los comunistas no forman parte de la "izquierda antiestalinista", de los "progresistas", de las "fuerzas democráticas" o de los "marxistas-leninistas": todos estos rótulos han sido apropiados por diversas corrientes pequeñoburguesas que incluyen una u otra combinación de estalinistas, socialdemócratas y radicales antimarxistas o liberales.

   b) No somos parte del "movimiento trotskista" o de la Cuarta Internacional, corrientes que al término de la década de 1980 emprendían una trayectoria que rechazaba una vía comunista hacia la construcción de partidos de trabajadores-bolcheviques que forman parte de las filas combatientes de la clase trabajadora.

   c) No nos orientamos hacia ningún ala de los partidos estalinistas (incluido el Partido Comunista Sudafricano o el Partido Comunista de Filipinas); ni hacia ningún sector estalinista o centrista que considere la perestroika como parte del camino hacia el futuro (tales como los periódicos *Guardian* y *Frontline*);[22] ni hacia quienes justifican la represión estalinista al

---

22. El *Guardian* y *Frontline* eran las publicaciones de dos corrientes del entorno estalinista amplio que en diversas ocasiones durante los años setenta y ochenta se orientaron hacia uno u otro sector de la casta burocrática del estado obrero chino. Posteriormente, ambas corrientes se disolvieron como parte de la desintegración del estalinismo mundial después de 1990.

identificarla falsamente con la dictadura del proletariado (tal como el Partido Mundo Obrero).

d) Divergimos de toda corriente "izquierdista" o "progresista" de oposición organizada en el movimiento sindical. Estamos más lejos que nunca de aquellos que van detrás de una u otra ala o figura de la cúpula sindical, buscando puestos que les permitan "estar mejor situados" para transformar los sindicatos.

5. Por ser los comunistas parte de la creciente resistencia de los luchadores de vanguardia en la clase trabajadora, podemos llegar a ser, y a veces somos, el blanco de ataque de fuerzas anti-obreras.

a) Nos atacan, no por cometer errores ultraizquierdistas o sectarios, o por estar mucho más adelantados o más a la izquierda que el resto de los trabajadores combativos, sino más bien porque formamos parte de la resistencia.

(1) La policía, los patrones y los derechistas no buscan atacar principalmente a los comunistas, sino a la vanguardia más amplia de trabajadores combativos de la que formamos parte.

(a) A menudo nos hallamos en la línea de fuego porque, a diferencia de la mayoría de los militantes, también somos miembros de una organización política revolucionaria identificable.

(b) Como individuos, nos damos a conocer por nuestra participación en luchas sobre toda una gama de frentes, tanto dentro como fuera de nuestros centros de trabajo.

(c) A veces simplemente sucede que somos uno entre varios luchadores que están siendo atacados.

(2) Al combatir dichos ataques, a menudo tenemos que asumir responsabilidades desproporcionadas

respecto a nuestro tamaño y nuestra influencia en el movimiento obrero en la actualidad.

(a) Si explicamos con confianza política que lo que está en juego son los derechos e intereses de todos los luchadores, entonces hay sectores más amplios de trabajadores, agricultores y personas de disposición democrática que asumen más y más la lucha como propia.

(b) Al responder oportunamente a las tentativas de los derechistas y las fuerzas antiobreras de reducirle el espacio político a la vanguardia obrera, *se puede ganar más* espacio para el movimiento revolucionario, conforme círculos democráticos más amplios identifican la lucha como propia (por ejemplo, el Mural de Pathfinder, la proscripción de libros de Pathfinder en Granada, el arresto en Irlanda del Norte del representante de ventas de Pathfinder Pete Clifford).[23]

---

23. En el período aproximado de un año previo a la redacción de esta resolución, los miembros y partidarios del Partido Socialista de los Trabajadores y de las ligas comunistas en otros países habían logrado el apoyo de una amplia gama de organizaciones e individuos destacados en respuesta a diversos ataques gubernamentales y derechistas contra los derechos políticos. En noviembre de 1988, miembros del Parlamento, del Consejo Nacional de Libertades Civiles y otros individuos protestaron contra la detención sin cargos de Pete Clifford, representante de ventas de Pathfinder en Irlanda del Norte, bajo ocupación británica. Clifford fue interrogado y detenido por veinticuatro horas bajo la llamada Ley de Prevención del Terrorismo, antes de que lo dejaran en libertad para que continuara su recorrido de ventas.

A principios de 1989, el gobierno impuesto por Washington en Granada prohibió 86 libros de Fidel Castro, Malcolm X, Nelson

(c) Al profundizarse la polarización de clases, se torna más y más esencial combinar la defensa política con medidas de seguridad apropiadas para proteger las actividades del movimiento comunista, medidas que ayudarán a educar *políticamente* a los dirigentes surgidos de las filas y a ganar su apoyo.

b) En el caso fabricado contra Mark Curtis, la policía al principio persiguió a Curtis, no al PST.

Mandela y Carlos Marx, entre otros publicados o distribuidos por Pathfinder. Varios miembros del Congreso estadounidense y de los parlamentos británico y canadiense; el Centro Norteamericano de PEN, la organización de escritores; el Sindicato de Trabajadores Petroleros de Trinidad, y muchos otros emitieron protestas.

En diciembre de 1989, el Mural de Pathfinder —pintado sobre el muro de seis pisos de alto del Edificio de Pathfinder, representado en la portada del presente número de *Nueva Internacional*— fue atacado por derechistas con bombas de pintura, dañando su parte inferior. El ataque ocurrió a solo semanas de haberse inaugurado el mural, y poco después de que el diario *New York Post* publicara un editorial titulado "Off the Wall — That's Where it Belongs" ("Abajo el mural: Allí merece estar"). El editorial del *Post* terminó con un llamamiento provocador a la acción: "Hay que quitar el mural". El demagogo ultraderechista Patrick Buchanan escribió en su columna difundida a nivel nacional: "¿No es irónico? En Europa oriental, las víctimas del comunismo tumban imágenes de Marx y Lenin; en la capital norteamericana de las artes, se alzan sus retratos [y] Fidel Castro se yergue sobre la Carretera Oeste". Artistas, sindicalistas y muchos otros en Nueva York y otras partes de Estados Unidos, y alrededor del mundo, inmediatamente condenaron el ataque. Hasta el alcalde electo de Nueva York, David Dinkins, hizo una declaración pidiendo el arresto de los responsables del ataque. Un nuevo ataque con bomba de pintura, ocurrido en marzo de 1991, también provocó una amplia gama de protestas.

(1) Mark Curtis ejemplificaba a otros trabajadores jóvenes que al igual que él resistían la ofensiva brutal de los patrones de la industria empacadora de carne, que luchaban por los derechos de otros trabajadores que eran inmigrantes, que organizaban luchas contra el acoso racista policiaco, y que se oponían a las restricciones contra los derechos de la mujer.

(2) Los partidarios de Curtis han atraído un creciente número de fuerzas a la lucha, desde Iowa hasta todas las puntas del globo, elevando el precio político que los gobernantes deben pagar por mantener preso a Curtis y ampliando al máximo el espacio político que le permita llevar a cabo trabajo comunista.

(3) Esta campaña internacional, centralizada políticamente, para explicar el contexto del caso amañado y para ganar apoyo a favor de la libertad de Curtis ha sido organizada desde el seno del movimiento obrero, en el cual Curtis es un luchador comunista activo, no simplemente un hombre que pide justicia. La campaña de defensa ha sido de importancia fundamental para profundizar la proletarización y avanzar en el desarrollo internacional de las ligas comunistas.

c) Asimismo, los esfuerzos de desbaratamiento por parte de la Liga Obrera van dirigidos contra la vanguardia combatiente de la clase trabajadora. Desde 1977 hemos tenido que librar una batalla para ayudar a que otros reconozcan las actividades de este grupo antiobrero desde esta perspectiva y enfrenten políticamente el desafío de atraer e incorporar a fuerzas más amplias a la lucha para combatirlo.

(1) Tuvimos que aprender a explicar la importancia,

para los derechos democráticos y para el movimiento obrero, de rechazar la campaña de calumnias de *cop baiting** contra el PST (la calumnia que acusaba a Joseph Hansen, George Novack, Jack Barnes y los "12 de Carleton" de ser agentes del FBI) y derrotar el ataque contra la libertad de asociación política planteado por la demanda judicial iniciada por la Liga Obrera y entablada por Alan Gelfand contra el PST.[24]

---

* La expresión en inglés *cop baiting* o *agent baiting* significa la práctica de tratar de desacreditar a activistas u organizaciones en el movimiento obrero o en luchas sociales más amplias al insinuar demagógicamente que son agentes policiacos, o hacer acusaciones directas en ese sentido. A veces esto asume la forma de sugerir que las posiciones políticas de un individuo no hacen más que beneficiar los intereses del enemigo de clase y que, por tanto, dicha persona debe ser un policía o agente provocador.

NOTA DEL TRADUCTOR

24. Como aspecto central de su operativo de hostigamiento y desbaratamiento contra el Partido Socialista de los Trabajadores y otros combatientes de vanguardia en el movimiento obrero, la Workers League (Liga Obrera) lanzó una amplia campaña pública de calumnias en 1975, acusando a la dirección del PST de estar controlada por agentes dobles del gobierno estadounidense y de la policía secreta de Moscú. Además de los veteranos dirigentes del PST Joseph Hansen y George Novack, otros blancos de esta campaña de *cop baiting* incluían al actual secretario nacional del PST, Jack Barnes, a la directora de *New International*, Mary-Alice Waters, y a varios otros miembros del partido que habían sido reclutados al movimiento comunista a principios de los años sesenta siendo estudiantes en la universidad Carlton College en Northfield, Minnesota. En *Healy's Big Lie: The Slander Campaign against Joseph Hansen and George Novack* (La gran mentira de Healy: la campaña de difamación contra Joseph Hansen y George Novack) se presenta una respuesta detallada a este intento internacional de fabricar acusaciones. Se encuentra en la

(2) Nuestro objetivo no es ni jamás ha sido que el PST por sí solo combata y derrote a la Liga Obrera. Eso sería un repliegue contraproducente y dañino hacia una política sectaria. Buscamos convencer a fuerzas amplias dentro de los movimientos obrero y progresistas a que recurran a sus propias experiencias para que sepan reconocer el carácter antiobrero de los ataques de la Liga Obrera y responder de la forma apropiada a los ataques contra los derechos políticos de sindicalistas y otros luchadores, así como a las amenazas contra su seguridad física.

(3) Gracias a sus crecientes experiencias con los intentos de desorganización de luchas sindicales por parte de la Liga Obrera (por ejemplo, la huelga de los mineros del cobre en Arizona en 1983–84, la huelga contra la Hormel en 1985–86, la huelga de los trabajadores papeleros en 1987–88, la huelga de la Pittston en 1989, la huelga del sindicato de la costura ILGWU contra la Domsey en Brooklyn

---

serie "Educación para socialistas", publicada por Pathfinder.

En 1979 un cuadro de la Liga Obrera llamado Alan Gelfand —que había estado trabajando como agente de esa organización al interior del PST y que posteriormente fue expulsado— entabló una demanda judicial pidiendo un dictamen de un tribunal federal para destituir a la dirección del PST basado en el argumento de que el liderazgo estaba dominado por espías policiacos. El objetivo de la demanda era ocupar el tiempo de la dirigencia del PST y agotar los recursos económicos del partido. La jueza federal Mariana Pfaelzer permitió que este pleito abusivo se prolongara por diez años, hasta que falló a fines de 1989 que el caso de Gelfand "es infundado y siempre lo fue", y que se había realizado "en gran parte con el propósito de producir materiales para los ataques políticos de la Liga Obrera contra el PST".

en 1990), cada vez más trabajadores se dan cuenta de que su propia lucha contra la interferencia es la misma lucha que la que nosotros libramos. Esta conciencia existe también entre un pequeño pero creciente número de trabajadores a nivel internacional, a partir de sus experiencias con grupos asociados a la Liga Obrera en otros países (por ejemplo, el Partido Comunista Internacional en Gran Bretaña, la Liga Socialista del Trabajo en Australia, y vestigios de grupos en Canadá y Nueva Zelanda).

(4) Es con esta postura que nosotros y otros partidarios del Comité de Defensa de Mark Curtis le estamos haciendo frente a la campaña internacional de interferencia que realiza la Liga Obrera y que estamos ahondando la comprensión de lo que está en juego en esta campaña internacional de defensa.

d) El Mural de Pathfinder y su defensa han suscitado una respuesta muy amplia. Esto es una expresión del lugar que Pathfinder y nuestro movimiento están logrando ocupar como parte de una vanguardia más amplia de combatientes y revolucionarios en la lucha de clases en Estados Unidos y a nivel mundial.

(1) El mural es de por sí reconocido alrededor del mundo como importante muestra de arte pública, producto de un esfuerzo extenso de colaboración internacional.

(a) Le ha permitido a nuestro movimiento asumir iniciativas nacionales e internacionales cuyo impacto va mucho más allá de nuestro tamaño, recursos, y peso actuales dentro del movimiento obrero.

(b) Tiene el valor especial de presentar visualmente y de forma sumamente eficaz el carácter político de Pathfinder. Para nuestro movimiento es un arma valiosísima tanto para promocionar Pathfinder como para hacer contacto con fuerzas más amplias.

(c) Su propia existencia, su mantenimiento y la amplitud de apoyo que goza, les abre la mente a los revolucionarios en otros países permitiéndoles apreciar con más exactitud las posibilidades políticas actuales de la lucha de clases en Estados Unidos.

(2) Los ataques contra el mural son parte de la creciente polarización en torno a la libertad artística y a la libertad de expresión en general (por ejemplo, la censura como requisito para que el gobierno financie las artes; la formulación de cargos contra el director del Centro de Artes de Cincinnati por la exposición de la obra de Mapplethorpe; la pena de muerte dictada contra Salman Rushdie, etcétera).[25]

---

25. En 1989 el Congreso estadounidense aprobó una ley que le prohibía a la Fundación Nacional para las Artes (NEA) financiar obras consideradas "obscenas o indecentes" de acuerdo con requisitos dictados en el proyecto de ley. Al enfrentar mucha oposición pública contra esta censura, al año siguiente el Congreso retiró esta restricción a la asignación de fondos para la NEA por ese plazo de tres años.

En octubre de 1990, Dennis Barrie, director del Centro de Artes Contemporáneas en Cincinnati, Ohio, fue exonerado de cargos de obscenidad. El gobierno municipal había presentado estos cargos contra Barrie varios meses antes a raíz de una exposición de obras del fotógrafo Robert Mapplethorpe.

En febrero de 1989, el gobierno de Irán dictó una orden de muerte contra el novelista Salman Rushdie, declarando que su libro *Los versos satánicos* era blasfemo contra el islam. A mediados de 1998, Rushdie aún permanecía en la clandestinidad bajo protección policiaca en el Reino Unido.

(3) El mural —y las giras de conferencias del pintor cubano Aldo Soler y las de otros artistas de Nicaragua, El Salvador y Sudáfrica que participaron en el proyecto— son ejemplos de cómo un partido de trabajadores puede colaborar con artistas de disposición revolucionaria para darle impulso al comunismo entre capas más amplias de estudiantes y trabajadores, incluidos mineros del carbón, trabajadores de las aerolíneas, trabajadores agrícolas y granjeros.

E. La lucha por un partido proletario

1. El Partido Socialista de los Trabajadores ha conquistado el viraje a la industria.[26]

   a) Un porcentaje alto y estable de cuadros está en las diez fracciones sindicales industriales nacionales del partido.

   (1) Desde su base en los sindicatos industriales, el partido ha hecho de la clase trabajadora su medio político: trabajadores sindicalizados y no sindicalizados, empleados y desempleados, nacidos en Estados Unidos e inmigrantes, trabajadores agrícolas y urbanos.

   (2) El eje de la labor del partido —desde la venta de su prensa y sus publicaciones, hasta sus campañas políticas y su participación en luchas más amplias— se encuentra en el seno de la clase

---

26. El viraje del Partido Socialista de los Trabajadores a los sindicatos industriales en la segunda mitad de los años setenta, y su experiencia en llevar a cabo esta orientación estratégica en las dos décadas posteriores, se abordan detalladamente en *El rostro cambiante de la política en Estados Unidos* por Jack Barnes (Pathfinder, 1999).

trabajadora y los sindicatos.

(3) El partido en su conjunto pasó la prueba de incorporarse de lleno a las luchas sindicales más importantes de 1989-90 como parte de la naciente vanguardia de combatientes obreros.

b) Cada rama del PST es hoy una rama del viraje.

(1) En cada rama del partido, la gran mayoría de los miembros pertenecen a fracciones sindicales nacionales o a comités de empleos.

(2) Hoy día, la vida y el ritmo semanal de un partido estructurado en torno a trabajadores que están en fracciones sindicales es la experiencia de la gran mayoría de los cuadros.

(a) Esto es un requisito para que el partido organice y dirija a todos sus cuadros —estén o no en la industria— en actividades disciplinadas basadas en una perspectiva política común.

(b) En ello se fundamenta la preparación del partido para el combate de clases.

(c) Es la base sólida sobre la cual el partido puede lograr la homogeneidad política y llegar a decisiones democráticas, tomar iniciativas no anticipadas y realizar virajes y repliegues difíciles, así como resolver debates sobre cuestiones de rumbo y táctica.

c) La conquista del viraje por el PST se expresa en los círculos concéntricos cada vez más amplios de trabajadores amigos del partido, que nos han llegado a conocer y respetar en el trabajo, en el sindicato, y a través de nuestro trabajo político más amplio.

(1) Estos amigos incluyen activistas sindicales que se suscriben a nuestra prensa y que están deseosos que se los cite en el *Militant* sobre lo valioso que les resulta el periódico para su labor; que a ve-

ces hacen contribuciones económicas y asisten a actividades del partido; que colaboran con nosotros en actividades de solidaridad con huelgas o vienen a actividades de frente único que estamos divulgando.

(2) Este logro aumenta la influencia del partido en los sindicatos y en el campo político en general.

2. El PST consolidó el viraje durante la última parte de los terceros "días de perros" en la historia de nuestro movimiento.

a) Los primeros días de perros (1929–33) los describió Jim Cannon en *La historia del trotskismo americano*.[27]

---

27. En 1928 James P. Cannon y otros dirigentes y cuadros fundadores del Partido Comunista fueron expulsados por la dirigencia estalinista, por defender el curso revolucionario internacionalista de la Internacional Comunista y sus partidos nacionales durante la época de Lenin. Los expulsados se reagruparon bajo el nombre Liga Comunista de Estados Unidos (CLA — Communist League of America). Poco después, Stalin dictó un viraje ultraizquierdista que desorientó aún más a la mayoría de las filas del PC, incluidos algunos que al principio habían estado dispuestos a considerar lo que planteaban Cannon y sus camaradas. "En esos días de perros del movimiento, se nos bloquearon todos los contactos", dijo Cannon en una serie de charlas en 1942, editadas y publicadas más tarde bajo el título *La historia del trotskismo americano (1928–38). Informe de un partícipe*. ".Esos fueron los días más difíciles de los 30 años que he militado en el movimiento: aquellos días [de 1929 a 1933], los años del terrible aislamiento hermético, con todas las dificultades que le acompañaron. El aislamiento es es el medio natural del sectario, pero para el que tiene el instinto del movimiento de masas, es el más cruel de los castigos" (págs. 129, 133). Los "días de perros" se acabaron con el ascenso inicial de la resistencia obrera y las luchas de agricultores y jóvenes en 1933–34, y con el viraje de la CLA hacia dichas oportunidades. Estas culminaron pocos años después en huelgas,

b) Los segundos días de perros se dieron en la década de los cincuenta.

(1) Al concluir ese período, habíamos perdido la estructura nacional de fracciones industriales del partido.

(2) Lo profundo de ese repliegue se ve en el hecho de que aún con el crecimiento inicial de la Alianza de la Juventud Socialista desde su fundación en 1960 —y la aceleración del reclutamiento de fuerzas más jóvenes ante el impacto de la Revolución Cubana, el auge de la lucha por los derechos de los negros, y la oposición inicial a la expansión de la guerra en Vietnam— la pérdida neta de militantes no tocó fondo sino hasta fines de 1967.

c) Los terceros días de perros comenzaron con el repliegue del movimiento obrero tras la recesión de 1981–82, seguido por la desbandada cuyo ímpetu solo comenzó a aflojarse en 1986. A escala internacional, decayó el ímpetu de los avances revolucionarios de la segunda mitad de los setenta (Granada, Nicaragua, Irán, la independencia de las antiguas colonias portuguesas en Africa, la derrota del imperialismo norteamericano y la unificación en Vietnam) al acrecentar el imperialismo su contraofensiva y asestar duros golpes.

(1) Desde el inicio de los terceros días de perros, el partido ha experimentado una importante reducción en su militancia.

(2) Hemos organizado un repliegue en el número, la distribución y la variedad de ramas (Albany, Albuquerque, Cincinnati, Dallas, Denver, Gary,

---

ocupaciones de fábricas y otras batallas a través de las cuales los sindicatos industriales llegaron a ser un combativo movimiento social de masas en Estados Unidos.

Harrisburg, Indianapolis, la Cuenca del Hierro, Lincoln, Louisville, Nueva Orleans, San Antonio, San Diego, Seaside, Tidewater, Toledo).

(3) Abandonamos la estructura de los comités distritales (Chicago/Gary, Baltimore/Washington, Area de la Bahía del Norte de California, Nueva York/Nueva Jersey).

d) Dada la nueva resistencia en los sindicatos y en la clase trabajadora en 1989–90, que confirmó el fin de la desbandada indicado antes por las luchas en las fábricas empacadoras de carne, ahora vamos saliendo —sin haberlos dejado atrás todavía— estos terceros días de perros del movimiento comunista en Estados Unidos. La evolución de la lucha de clases en el año que viene será lo que decida cuán rápidamente los dejaremos atrás.[28]

---

28. A pesar de las expectativas en 1990, los terceros "días de perros" de la clase obrera en Estados Unidos (y en la mayoría de los países imperialistas) no terminaron sino con el renovado brote de resistencia entre la clase trabajadora y capas oprimidas en 1997–98. El año después de la aprobación de esta resolución se destacó por los preparativos bélicos y la guerra asesina organizada por Washington contra Iraq entre agosto de 1990 y marzo de 1991. Aunque el desenlace de la guerra fue un desastre para Washington, el patrioterismo y triunfalismo promovidos por los gobernantes norteamericanos antes, durante y después del ataque contra Iraq —que en gran medida ocurrió sin ser impugnado— desanimaron la combatividad de la clase trabajadora en Estados Unidos.

La economía capitalista estadounidense cayó en una recesión durante los ocho meses de preparativos bélicos y la guerra a fines de 1990 y comienzos de 1991. El ascenso posterior del ciclo económico capitalista fue tan débil que la tasa oficial de desempleo siguió aumentando el año siguiente, alcanzando el 7.5 por ciento en 1992. A fines de 1997, la tasa media de crecimiento anual para

3. En la última década el partido tuvo que enfrentar y responder a los retos políticos que eran indispensables para la conquista del viraje.

   a) El viraje fue conquistado por cuadros cuya confianza política es cada vez mayor; que están libres de ataduras y listos para mudarse adonde sea necesario; que consideran sus empleos como responsabilidades políticas; cuyo compromiso financiero refleja una subordinación más amplia de su vida personal a la construcción de un partido proletario; y que demuestran en la práctica que el centralismo revolucionario y la disciplina proletaria que se desprende de éste son requisitos para una participación eficaz en la lucha de clases.

   b) Al dirigir los elementos necesarios de un repliegue, lo hicimos de tal manera de poder ampliar la estructura y el funcionamiento de un partido del viraje, y permitir que el partido tomara iniciativas audaces en respuesta a acontecimientos en la lucha de clases.

   (1) Continuamos asignando a un porcentaje considerable del liderazgo nacional electo a trabajar sobre el terreno, en las fracciones industriales y las ramas.

   (2) Prestamos atención política al sostenimiento de comités de empleos en cada rama; a los esfuerzos

---

la década de los noventa era del 2.18 por ciento, apenas la mitad de la tasa media del 4 por ciento que había prevalecido durante el cuarto de siglo antes de la recesión mundial de 1974–75.

Los efectos políticos del triunfalismo surgido de la guerra, junto con el inicio de las condiciones de deflación, prolongaron el repliegue por cinco años más. Durante este período el partido siguió perdiendo miembros, y consolidó sus fuerzas en dieciocho ciudades, trece menos que en la época en que se escribió esta resolución.

constantes por mantener ramas con múltiples fracciones; a mantener la perspectiva de llevar a cabo ventas semanales en las entradas de fábricas; a no retroceder de la militancia provisional; y a impulsar nuestro trabajo con los partidarios activos en las ramas que sean lo suficientemente fuertes para hacerlo.

(3) Llevamos a cabo el viraje de una manera democrática, inclusiva e imparcial. En respuesta a esto, una minoría de la dirección y de los miembros, que no podía aguantar el trabajo en una organización proletaria de carácter centralista revolucionaria, realizó una escisión en 1983 que, lejos de debilitar, reforzó políticamente al partido.

(4) Organizamos un esfuerzo nacional respecto a dos fracciones industriales que de otra forma no hubiésemos podido sostener dada la reducción de la militancia y la reducción del número de ramas.

(a) Una orientación hacia la resistencia en las regiones carboníferas: A principios de 1987, cuando existía el mayor peligro de que se diera marcha atrás al viraje a raíz de la desbandada del movimiento sindical, el Comité Nacional llegó a la conclusión de que las batallas libradas en las empacadoras de carne durante el año anterior marcaban una ruptura en la desbandada. El CN reafirmó la orientación del partido hacia los combativos mineros del carbón, tomó medidas especiales para fortalecer la fracción del UMWA y las siete ramas en las regiones carboníferas, y rechazó casi por unanimidad una propuesta para comenzar a exceptuar de dicha orientación a una o más de estas ramas.

i) Esta orientación se reforzó en 1989 con nuevas medidas especiales para aprovechar —tanto en el Oeste como en el Este— las nuevas oportunidades políticas en torno a la huelga de la Pittston y a la resistencia más amplia entre los mineros.

ii) Estos esfuerzos centralizados sentaron las bases para la colaboración entre el PST y otras ligas comunistas en impulsar el trabajo común con mineros del carbón fuera de Estados Unidos. El primer paso importante ha sido la decisión de la Liga Comunista en Gran Bretaña de construir una fracción en la Unión Nacional de Mineros, fortalecer sus ramas en las zonas mineras, y convertir esta orientación hacia el carbón en parte de los cimientos sobre los cuales se va a construir el partido allá.

(b) La fracción del UFCW y el Distrito de Iowa: En respuesta a la ola de luchas libradas en las plantas empacadoras de carne en el Medio Oeste en 1986–87, hicimos lo necesario para establecer una fracción en el sindicato UFCW en las empacadoras de carne, incluida la formación de tres ramas nuevas (Des Moines, Iowa; Austin, Minnesota; y Omaha, Nebraska) y un Distrito de Iowa a principios de 1987. Supimos reconocer y actuar a partir del hecho de que la viabilidad de la fracción nacional en la industria empacadora de carne depende de que el partido tenga una sólida base de ramas del Medio Oeste, en estos estados y en estados aledaños.

(5) Las conferencias regionales de trabajadores activos en la primavera de 1987 y las dos series de

conferencias políticas regionales en 1989 fueron importantes para seguir organizando a los cuadros del partido con el fin de avanzar siguiendo estos lineamientos hacia la conquista del viraje.[29]

c) El partido reconoció y enfrentó las presiones diferenciales que pesan sobre los cuadros que son mujeres, en momentos en que la correlación de fuerzas de clases en los años ochenta se expresaba en el repliegue y la desbandada de los sindicatos, el decaimiento del movimiento por la liberación de la mujer, y la ofensiva ideológica capitalista contra las conquistas logradas anteriormente por las mujeres.[30]

(1) Estas presiones se vieron acentuadas por el lento

---

29. Al concluir una conferencia de trabajadores activos, celebrada en Pittsburgh en julio de 1998, el Partido Socialista de los Trabajadores adoptó medidas para reconstruir una fracción en el sindicato de mineros UMWA y fortalecer sus fracciones tanto en el sindicato de la industria alimenticia UFCW como en el sindicato UNITE (formado en 1995 por una fusión de los sindicatos de la costura ILGWU y ACTWU). Durante el repliegue del movimiento obrero al comienzo de los noventa, el partido perdió su fracción en el UMWA a raíz de las cesantías y la fuerte reducción de las posibilidades de contratación en las minas. A la vez, las fracciones del partido en el UFCW y UNITE se volvieron desproporcionadamente pequeñas respecto a otras fracciones sindicales. Al aumentar la resistencia obrera en 1997–98, el partido se orientó hacia estas nuevas oportunidades para fortalecer nuevamente su trabajo en estos sectores de importancia estratégica para la clase trabajadora y el movimiento sindical.

30. Ver la introducción por Mary-Alice Waters a *Cosmetics, Fashions, and the Exploitation of Women* (Los cosméticos, las modas y la explotación de la mujer) por Joseph Hansen, Evelyn Reed y Mary-Alice Waters (Nueva York: Pathfinder, 1986). En español, la introducción se publicó en los números de agosto y septiembre de 1986 de *Perspectiva Mundial*.

ritmo de reclutamiento, y el aumento de la edad promedio de los cuadros del partido.

(2) Reconocimos que la presión que hacía que las mujeres se replegaran desproporcionadamente de las responsabilidades de liderazgo en el partido no era producto de un supuesto nivel más alto de sexismo enfrentado por las mujeres que trabajaban en la industria.

(a) El aumento cualitativo en el porcentaje de mujeres que son trabajadoras asalariadas y en el porcentaje de mujeres en la fuerza laboral —combinado con el amplio impacto político de la lucha por la igualdad de la mujer— sigue debilitando el arraigo de los prejuicios reaccionarios contra la mujer, sigue aumentando el peso de las dirigentes obreras en la lucha por la emancipación de la mujer, y sigue contribuyendo al avance de la mujer dentro del liderazgo amplio de los sindicatos y de la lucha de clases.

(b) El viraje del partido a los sindicatos industriales ha sido y sigue siendo vital para hacer avanzar la confianza y las capacidades de liderazgo de los comunistas que son mujeres. Continúa transformando la conciencia del movimiento comunista en su totalidad —tanto de hombres como de mujeres— hacia una valoración política de las mujeres, no como género sino como trabajadoras-bolcheviques y dirigentes. Fue decisivo para que el partido saliera relativamente ileso tras la desbandada del movimiento feminista, cuyo liderazgo es de la clase media.

(3) El partido se organiza conscientemente a fin de

aumentar al máximo el número de mujeres que integran los organismos directivos y que asumen importantes responsabilidades tanto públicas como internas. Sin embargo, rechazamos el concepto de tratar de compensar por las presiones más grandes que pesan sobre los cuadros femeninos manteniendo un porcentaje fijo de mujeres en cargos de dirección, incluso con un sistema que en la práctica sería de "cuotas", por más disfrazado que sea.

(a) Reconocimos que, a pesar de nuestros deseos subjetivos, los efectos de la opresión de la mujer en la sociedad capitalista van pesando más sobre las mujeres a medida que van envejeciendo. No es por una falla del partido que el porcentaje de mujeres en los organismos directivos de la Alianza de la Juventud Socialista es y seguirá siendo en general más alto que en los comités directivos del partido. No es por una falla del partido que el porcentaje de mujeres en los comités directivos de las ramas es y seguirá siendo, por lo general, más alto que en la dirección nacional y central del partido. No se trata de una falla del partido si el porcentaje de mujeres en el Comité Nacional disminuye un poco durante un período en que el movimiento obrero se encuentra en repliegue, el reclutamiento es lento y nuestros cuadros envejecen.

(b) Todas estas tendencias indican la etapa en que nos encontramos en la historia de la evolución de la lucha de la mujer por la emancipación, en la lucha de clases, y en la construcción de partidos proletarios. El negar estas realidades sociales llevaría inexorablemente al debilitamiento de la dirección nacional del partido y a la destrucción del proceso constante y a largo plazo de desarrollo de cuadros.

(c) El reconocer que las presiones que enfrentamos se deben a importantes factores sociales e históricos no disculpa la falta de conciencia, la indiferencia o la falta de trabajo continuo para disminuir los obstáculos que enfrentan los cuadros que son mujeres y que asumen mayores responsabilidades de dirección. Esa es una obligación permanente para una organización comunista, obligación que el PST ha sabido cumplir mejor que cualquier otra.

(4) Existen dos pautas que sirven para evaluar el progreso del partido en seguir fomentando la confianza y capacidades como dirigentes de los cuadros que son mujeres.

(a) El partido estaría perdiendo terreno innecesariamente si el porcentaje de mujeres en la industria comenzara a disminuir respecto al porcentaje de mujeres en la militancia.

(b) Estaríamos perdiendo terreno si dejáramos de exigirles a los cuadros femeninos electos a los comités directivos que asumieran toda la gama de arduas tareas y responsabilidades que corresponden a la dirección del partido.

d) Como parte de conquistar el viraje, el partido pudo enfrentar y debatir a fondo la incompatibilidad de toda forma de *race baiting* con la construcción de un partido y liderazgo proletarios y comunistas. Codificó esta conquista en un informe publicado, con el acuerdo casi unánime de los miembros.

(1) Es la primera vez en la historia del movimiento

obrero en cualquier parte del mundo que se ha tratado políticamente el *race baiting*, rechazándolo de forma intransigente como método de funcionar que es destructivo y antiproletario.

(2) Este logro del PST es una conquista política que le ha de servir al conjunto del movimiento comunista internacional y a todos los movimientos de liberación nacional, ya que el *race baiting* no es un fenómeno aislado, y tiene una dinámica corrosiva que termina por destruir cualquier organización revolucionaria o progresista. Corrompe el desarrollo objetivo de un liderazgo e impide que se pueda desarrollar jamás una relación entre cuadros en condiciones de igualdad política.

(3) El veneno del *race baiting* ha sido endémico por mucho tiempo en el Partido Comunista de Estados Unidos y en los círculos influenciados por éste tanto en Estados Unidos como a nivel internacional. Nuestro rechazo de esta práctica pequeñoburguesa nos ha preparado mejor como comunistas para enfrentar dicha corrupción. Los estalinistas y otros individuos, corrientes y camarillas que dicen representar los intereses de las nacionalidades oprimidas introducen el *race baiting* a los movimientos de protesta social, grupos de solidaridad y organizaciones políticas.

(a) El *race baiting* se ha convertido en parte del repertorio de estas capas, que lo usan contra el ala proletaria y las fuerzas jóvenes para tratar de mantener o lograr burocráticamente el control de organizaciones políticas o de protesta social. (Nuestras experiencias en el Partido Político Negro Independiente Nacional [NBIPP] nos demostraron con creces el desarrollo de esta dinámica.)[31]

(b) El no combatir y superar el *race baiting* corromperá todo desarrollo de dirigentes en las organizaciones del movimiento obrero y de las nacionalidades oprimidas. Reforzará toda forma de racismo (contra los haitianos, los asiáticos), antisemitismo y reacción; el *race baiting* puede convertirse en un puente hacia estos fenómenos y una forma de encubrirlos.

e) Estos dos logros políticos del movimiento comunista pudieron ser conquistados solo por un partido que era políticamente homogéneo, cuyos cuadros en su gran mayoría estaban entre las filas de la clase trabajadora y en vías de conquistar el viraje. Al mismo tiempo, sin estos logros habría sido imposible conquistar el viraje.[32]

4. Enfrentamos numerosos retos en la estructuración de la dirección de un partido que ha conquistado el viraje,

---

31. Ver *The National Black Independent Political Party* (El Partido Político Negro Independiente Nacional; Nueva York: Pathfinder, 1981), y la resolución del Partido Socialista de los Trabajadores de 1985, "La perspectiva revolucionaria y la continuidad leninista en Estados Unidos", en el número del 4 de febrero de 1985 de *Perspectiva Mundial*.

32. Para leer una presentación más completa sobre estas cuestiones de liderazgo proletario, ver "Preparing the Election of the National Committe" (Preparación de la elección del Comité Nacional) por Mary-Alice Waters y "Race Baiting and Communist Leadership" (*Race baiting* y liderazgo comunista) por Mac Warren. Ambos se encuentran en *Background to "The Changing Face of U.S. Politics" and "U.S. Imperialism Has Lost the Cold War"* (Antecedentes a "El rostro cambiante de la política en Estados Unidos" y a "El imperialismo norteamericano ha perdido la Guerra Fría"; Nueva York: Pathfinder, 1998).

como parte de un movimiento comunista internacional cuyas organizaciones integrantes se encuentran en diferentes etapas de la conquista del viraje.

a) El tamaño y la envergadura del aparato de propaganda basado en Nueva York (la operación editorial, su labor comercial y promocional, la imprenta y los periódicos) tienen sentido únicamente desde el punto de vista de las responsabilidades que aceptamos como parte de un movimiento comunista internacional.

(1) El aparato está fuera de proporción respecto al tamaño y a los recursos del PST por sí solo, y a una sola organización de nuestro carácter le resultaría insostenible a largo plazo.

(2) La estructura actual es comprensible y sostenible únicamente si tenemos en cuenta su carácter doble transitorio.

(a) Es el aparato de propaganda del PST, que debe llegar a estar en proporción al tamaño, a los recursos y a la capacidad de la dirección del partido.

(b) Es un aparato internacional de propaganda en proceso de formación, organizado y proporcionado para corresponder a las necesidades de un movimiento mundial y basarse en sus recursos.

(3) Nuestra meta no es que cada una de las ligas comunistas emule el aparato de Nueva York, librando gradualmente al PST de sus responsabilidades "internacionales".

(a) Al contrario, iremos asumiendo cada vez más responsabilidad colectiva por este aparato de propaganda, cuya expansión permite que nuestro trabajo refleje la aplicación centralizadora de la estrategia comunista para la

construcción del partido en la actualidad, que resumimos en los "seis puntos".

(b) Más y más, éste será el desafío concreto que hemos de enfrentar para que avance el movimiento internacional.[33]

b) El partido ha adecuado su estructura y la organización de su dirección para cumplir con las exigencias que impone un período en el cual el reclutamiento es lento, la edad promedio de la militancia sigue en ascenso, y son menos frecuentes las experiencias políticas en el trabajo de masas que rápidamente fomentarían una transición en el liderazgo.

(1) Los organizadores de ramas que mantienen trabajos industriales de jornada completa se han convertido en la norma, bajo las condiciones existentes de la lucha de clases y la etapa actual de la construcción del partido.

(2) Un porcentaje elevado del conjunto de los cuadros del partido ha tenido la experiencia de asumir responsabilidades en la imprenta y en el aparato nacional.

(a) Este porcentaje sería menor en un período más acelerado de reclutamiento y crecimiento de la militancia.

(b) La experiencia en la cual hay camaradas que

---

33. Ver "Extending the Arsenal of Communist Propaganda and Reconquering the Apparatus through Revolutionary Centralism" (Ampliar el arsenal de propaganda comunista y reconquistar el aparato mediante el centralismo revolucionario) por Mary-Alice Waters, aprobado por el congreso del Partido Socialista de los Trabajadores en junio de 1991. Aparece en un boletín de la serie "Educación para socialistas" titulado *Pathfinder Was Born with the October Revolution* (Pathfinder nació con la Revolución de Octubre; Nueva York: Pathfinder, 1998).

vienen de la industria, trabajan en el aparato, y luego vuelven a incorporarse a las fracciones, ha sido y sigue siendo un factor importante en el progreso de nuestra homogeneización política y nuestro carácter proletario.

(3) Seguimos manteniendo un porcentaje considerable del liderazgo nacional que trabaja sobre el terreno: en la dirección de las ramas y de las fracciones sindicales industriales. El proceso combinado de reubicar a dirigentes del aparato al terreno, y de recurrir a dirigentes de las ramas y las fracciones para darles tareas y responsabilidades en el centro, fortalece y amplía a los cuadros nacionales del partido.

(a) Aprovecha al máximo y homogeniza la experiencia de la amplia dirección del partido.

(b) Bajo las condiciones objetivas que vivimos, facilita la asimilación de generaciones más jóvenes de cuadros a responsabilidades en la dirección nacional.

c) La estructura y orientación fundamentales de las fracciones nacionales del partido en los sindicatos industriales siguen siendo las que delineó Joel Britton en el informe que dio en 1985 a nombre del Comité Nacional, y que fue aprobado por congreso del PST.[34] Nuestra participación en las batallas de la Eastern y

---

34. El informe "Building the Party's Nine National Industrial Fractions" (La construcción de las nueve fracciones industriales nacionales del partido), por Joel Britton, se encuentra en *Background to "The Changing Face of U.S. Politics" and "U.S. Imperialism Has Lost the Cold War"* (Antecedentes a "El rostro cambiante de la política en Estados Unidos" y a "El imperialismo norteamericano ha perdido la Guerra Fría").

la Pittston confirma que:
(1) la dirección de las fracciones se desarrolla actuando como dirigentes en la lucha obrera, en el trabajo de masas; y que
(2) es ése el camino que permite renovar al máximo la dirección de un partido comunista.

d) Con la conquista del viraje, las ventas a las entradas de fábricas destinadas a la construcción de las fracciones resultan más importantes que nunca como aspecto normal del ritmo semanal que deben llevar los miembros del partido.

(1) Estas ventas semanales, dirigidas por los comités ejecutivos de las ramas, permiten que todos los miembros se mantengan en contacto con las fábricas, los talleres y las minas donde queremos organizar fracciones. Ayudan a desarrollar y reforzar políticamente las fracciones industriales ya establecidas.

(2) Además, estas ventas nos dan una manera de entablar contacto cada semana con obreros industriales en fábricas donde no contamos con fracciones.

e) Los comités de empleos de las ramas son instituciones permanentes y vivas, que están bajo la dirección de los comités ejecutivos de las ramas.

(1) Ayudan a diversificar y modificar las prioridades de las fracciones y a mantenernos al corriente de las oportunidades de contratación, para hacer avanzar nuestra perspectiva de construir ramas de fracciones múltiples.

(2) El comité de empleos tiene la misma importancia cuando todos los miembros de la rama están empleados en las industrias seleccionadas que cuando varios miembros o miembros provisiona-

les están en busca de empleos. Los cambios y los nuevos retos (incluso los esfuerzos por reclutar a nuevos miembros o colaborar con la Alianza de la Juventud Socialista) nunca están muchos meses en el futuro.

f) Una de las pruebas de fuego de una rama proletaria es el grado al cual se mantiene políticamente atenta a la alianza de trabajadores y agricultores que está en proceso de formación.

(1) Siempre estamos probando formas de entrar en contacto y colaborar con pequeños agricultores y sus organizaciones; ayudando a movilizar la solidaridad de los sindicatos y de otros con las luchas de los agricultores, e integrar a los pequeños agricultores al apoyo con huelgas y otras actividades de solidaridad obrera; y tratando de ampliar el número de lectores del *Militant*, de los libros y folletos de Pathfinder, y de revistas entre los que trabajan la tierra.

(2) Seguimos prestando atención política cuidadosa a los trabajadores agrícolas y a sus luchas y organizaciones. Los trabajadores asalariados del campo representan un puente importante entre la ciudad y el campo, entre el movimiento sindical y el conjunto del pueblo trabajador no sindicalizado en el campo.

(3) La experiencia demuestra que existe la posibilidad de ahondar el trabajo agrícola y fortalecer nuestros partidos al ampliar nuestra colaboración internacional.

g) Uno de los aspectos de la mayor proletarización del partido ha sido nuestro progreso en organizar a los camaradas que no son miembros del partido como parte del movimiento comunista.

(1) Miembros provisionales
 (a) La decisión tomada por el partido en 1989 de prolongar la militancia provisional a seis meses es el resultado de las experiencias que tuvimos en la conquista del viraje. Esta prolongación de la militancia provisional ayuda a abrir más ampliamente las posibilidades de reclutar al partido proletario, independientemente del empleo actual de los candidatos a miembros.
  i) La experiencia nos indica que un período de seis meses es necesario para darle suficiente tiempo al partido de llevar a cabo su responsabilidad de ayudarles a los candidatos a miembros a hacer una transición de manera de integrarse a los cuadros cuya vida se subordina a los ritmos y prioridades de un partido proletario.
  ii) Para los candidatos a miembros, este cambio no es simplemente una cuestión de educación política. Es, ante todo, lo que se necesita para facilitar la transición de sus empleos y ritmos de funcionamiento anteriores a una vida de obreros industriales organizados en fracciones sindicales como parte de una rama con un ritmo semanal de actividad.
  iii) El PST es diferente de cualquier otra organización a la que haya pertenecido el miembro provisional; tiene prioridades y un ritmo de trabajo diferentes. Esta es la realidad no solo para estudiantes o trabajadores no industriales, sino incluso para trabajadores cuya experiencia anterior

fue como miembros de un sindicato industrial.

iv) El ser miembro del partido cambia la relación entre lo personal y lo político: dónde uno trabaja, cuánto gana y cómo dispone de sus ingresos, e incluso impone límites a las amistades que tiene (ni policías, ni capataces, etcétera).

v) El período de militancia provisional debe durar lo suficiente como para que los aspirantes a miembros se integren al comité de empleos de la rama para tener una buena oportunidad de ingresar a una de las diez fracciones nacionales del partido en sindicatos industriales.

vi) Por último, hace falta suficiente tiempo para que las ramas organicen un programa inicial de lectura y discusión que cubra la historia y las ideas del partido.

(b) La decisión de convertirse en miembro constitucional del partido es de mucho más peso que la de convertirse en miembro provisional.

i) El pago de la cuota de iniciación requerida por la constitución del partido señala el momento en que un individuo deja de ser miembro provisional para asumir no solo todas las responsabilidades sino todos los derechos de un miembro del partido.

ii) El aceptar todos los derechos de un miembro del partido es la más grande de todas las responsabilidades. Tu voto cuenta, y compartes con los demás la responsabilidad plena de la toma de decisiones sobre la orientación que todos los miembros del movimiento comunista van a llevar a cabo.[35]

(2) Partidarios activos

(a) La claridad sobre las normas de militancia en el partido nos permite reconocer la diferencia en el ritmo de actividad política y en las responsabilidades que pueden asumir los partidarios que no son miembros, para que podamos trabajar con ellos a plenitud como un grupo organizado de camaradas, como parte de un movimiento comunista común.

(b) Los partidarios activos del partido están organizados como agrupación nacional.

i) Son partidarios activos del Partido Socialista de los Trabajadores, no de una rama específica. El comité ejecutivo de una rama decide por votación su ingreso como par-

---

35. En 1995 el Partido Socialista de los Trabajadores llegó a la conclusión de que el período de militancia provisional no era, por el momento, la forma más eficaz para que las ramas del partido guiaran a los trabajadores y jóvenes a realizar la transición hacia los ritmos y hábitos proletarios de la militancia partidista. Dado el tamaño más reducido de la mayoría de las ramas, en la práctica se hacía cada vez más difícil distinguir entre el período de candidatura y el de militancia en el partido; asimismo se fue reduciendo el número de ramas capaces de mantener el programa de educación de seis meses para los candidatos a miembros. En el congreso de 1995 el PST puso fin al período de candidatura y decidió que cada rama organizara una serie de clases destinada a facilitar el reclutamiento, la educación y la integración de los nuevos miembros. Además, al atraer al movimiento comunista a una pequeña capa de jóvenes en 1994–95, y al fundarse sobre esa base una nueva organización socialista de jóvenes, se abrió un nuevo terreno de entrenamiento para posibles reclutas al Partido Socialista de los Trabajadores.

tidarios activos, y le corresponde entonces la responsabilidad de organizar el trabajo político de dichos partidarios.

ii) Ser partidario activo no es una relación informal con el partido ni tampoco es sencillamente una relación designada por el individuo; es una categoría de militancia en el movimiento comunista. Existe un lista definible de partidarios activos establecida por un voto, así como ocurre con los miembros del partido.

(c) Los partidarios activos realizan labores políticas de manera regular bajo la dirección del partido. No son simplemente contribuyentes monetarios o personas que de vez en cuando asisten a los foros. Los partidarios activos le ayudan al partido a recurrir a la ayuda y asistencia económica de esta capa más amplia de amigos y simpatizantes.

(d) Todas las contribuciones mensuales que los partidarios activos se comprometen a donar al partido, no importa su tamaño, van directamente a la tesorería nacional del partido.

(e) Al igual que los miembros del partido, los partidarios activos hacen trabajo político y lo disfrutan, pero a diferencia de los miembros no subordinan sus prioridades personales al ritmo de un partido de trabajadores.

i) Los partidarios activos están libres de la responsabilidad de las discusiones y debates en que las ramas toman decisiones. No tienen acceso a la información interna del partido, ni a sus boletines o discusiones internas. No participan en la toma de decisiones. Apoyan al partido como organización a la que se sienten atraídos y a la cual juzgan de acuerdo al trabajo público y la prensa de ésta.

ii) Los partidarios activos no pertenecen a las fracciones sindicales industriales ni a las estructuras de los comités del partido.[36]

iii) El *Militant* es el organizador político semanal de los partidarios activos.

(f) Al igual que los miembros del partido, los partidarios activos están organizados con miras a llevar a cabo actividades políticas estructuradas en torno a la estrategia comunista para la construcción del partido, pero lo hacen de una manera selectiva —y no general— decidida y organizada por el partido (Amigos del Mural de Pathfinder, campañas de difusión de la prensa y electorales, trabajo en las librerías, los mítines auspiciados por el Militant Labor Forum, la defensa de Mark Curtis y otras campañas de defensa, el trabajo de solidaridad con Cuba y Sudáfrica, actividades de apoyo a huelgas, etcétera).

(g) Ante todo, el trabajo de los partidarios activos incluye la recaudación sistemática de fondos entre los amigos del partido y de los propios partidarios activos, labor que organizan y eva-

---

36. Ver "Party Membership and Active Supporters" (Militancia en el partido y los partidarios activos), cartas de Jack Barnes y Joel Britton en *Background to "The Changing Face of U.S. Politics" and "U.S. Imperialism Has Lost the Cold War"* (Antecedentes a "El rostro cambiante de la política en Estados Unidos" y a "El imperialismo norteamericano ha perdido la Guerra Fría").

lúan con dirigentes del partido como parte de sus reuniones periódicas.

(3) La Alianza de la Juventud Socialista[37]

---

37. En marzo de 1992, los Comités Nacionales del Partido Socialista de los Trabajadores y de la Alianza de la Juventud Socialista sostuvieron una reunión conjunta para discutir la mejor forma de aprovechar las oportunidades de reclutar a jóvenes al movimiento comunista. En la década anterior, a medida que el movimiento sindical tanto en Estados Unidos como a nivel mundial sufría reveses, la militancia de la AJS había mermado, y la edad promedio de sus miembros y dirigentes había superado lo que sería la norma para una organización revolucionaria de jóvenes. La reunión directiva conjunta decidió que el próximo paso a dar para captar a una nueva generación a la política proletaria, y mantener a la vez la continuidad del movimiento juvenil comunista representado por la Alianza de la Juventud Socialista, era la disolución de la AJS "en un movimiento de jóvenes que apoyan activamente la alternativa socialista [en la campaña presidencial en Estados Unidos] a los candidatos bipartidistas de la guerra, el racismo y la depresión, y que participan en acciones de protestas sociales y otras actividades políticas junto a los miembros del Partido Socialista de los Trabajadores".

Menos de dos años después, en 1994, grupos de jóvenes de disposición revolucionaria de varias ciudades norteamericanas comenzaron a colaborar para reconstruir una organización comunista juvenil. En reuniones en abril de 1994 en Chicago, Illinois, y en Oberlin, Ohio, en agosto del mismo año, adoptaron inicialmente el nombre de Comité Organizador de la Juventud Socialista y luego el de Juventud Socialista. Basados en más experiencias y actividades políticas comunes, los delegados de los capítulos de la Juventud Socialista procedentes de todas partes de Estados Unidos celebraron su primer congreso en Minneapolis, Minnesota, en abril de 1996, aprobando una declaración de principios políticos y organizativos. En el otoño del mismo año, el Comité Nacional del PST y el Comité Nacional de la JS decidieron formar fracciones conjuntas de sus miembros en los sindicatos industriales. La Juventud Socialista celebró su segun-

(a) Existe una diferencia entre la AJS y el PST en cuanto al ritmo de actividad, la experiencia y la vida interna de la organización.

   i) El PST se construye en torno a los ritmos de un partido de obreros industriales. En cambio, la AJS es una organización no solo de trabajadores jóvenes sino de estudiantes de secundaria y universitarios que no son miembros del partido.

  ii) Dada la conquista del viraje por el PST, esta brecha entre las dos organizaciones es considerable si se compara con la mayor parte de los treinta años de existencia de la AJS. Para un miembro de la AJS, el ingreso al

---

do congreso en Atlanta, Georgia, en marzo de 1997. El tercer congreso nacional se celebró en Los Angeles a principios de diciembre de 1998.

En este proceso participaron desde un comienzo jóvenes de disposición revolucionaria de otros países, trabajando para forjar grupos de la Juventud Socialista en Australia, Canadá, Francia, Islandia, Nueva Zelanda, el Reino Unido, Suecia y otros países.

"La historia de este siglo ha demostrado que antes de que surjan luchas obreras a una escala generalizada, reforzadas entre sí, primero comienzan a rebelarse grupos de jóvenes contra los efectos más brutales y degradantes de las contradicciones económicas y sociales del capitalismo", explicó el secretario nacional del PST Jack Barnes ante los participantes del encuentro en Chicago de 1994. ". . . En términos numéricos, no son muchos los que en estos momentos podemos reclutar al movimiento revolucionario, pero están esparcidos por todo Estados Unidos". Ver "La marcha del imperialismo hacia el fascismo y la guerra" en el número 4 de *Nueva Internacional,* especialmente las páginas 285–306 y 414–35.

Ver también el "Manifiesto de la Juventud Socialista" al comienzo de este número de *Nueva Internacional.*

partido hoy día representa un paso político mucho más grande que antes. Esto subraya la responsabilidad que tienen los cuadros del partido para trabajar políticamente con los miembros de la AJS, brindándoles la historia del partido y discutiendo las ideas contenidas en nuestro arsenal básico de libros.

(b) Nuestra tarea central consiste en ayudar a reclutar a la AJS. Los miembros del partido deben ayudar a ampliar los contactos hablando en recintos universitarios y atrayendo a individuos interesados a las clases y actividades organizadas por la AJS.

5. El trabajo para lograr el máximo de homogeneidad política es un eje permanente del desafío de forjar partidos proletarios.

a) Partiendo de experiencias y orígenes personales heterogéneos, que juntos fortalecen la experiencia colectiva de los cuadros comunistas, todos los miembros llegan a identificarse con la marcha estratégica de la clase obrera.

(1) La homogeneidad política de los cuadros del partido no se logra sin esfuerzos. La conquistan cuadros que toman en serio sus experiencias en la lucha de clases y se esfuerzan por lograr una comprensión política común de ellas, enriqueciendo así la teoría marxista.

(2) Es la única base sobre la que se pueden resolver, a través de las experiencias comunes y la discusión democrática, las diferencias que existan en la evaluación de nuevas coyunturas y tácticas, permitiendo decisiones con autoridad sobre nuestra orientación y nuestras acciones colectivas desti-

nadas a impulsar el trabajo partidista.

b) Al hacer reajustes en respuesta al ritmo más lento del reclutamiento y de la transición de liderazgo en los últimos años, ha sido necesario efectuar un repliegue consciente respecto a dos instituciones de importancia vital para la homogeneización política del partido y del movimiento mundial.

(1) No hemos organizado una sesión de la escuela de dirección del partido desde 1986.

(a) Un partido obrero revolucionario debe prestarle atención especial a la educación homogénea del liderazgo. Por eso el restablecimiento de la escuela de dirección en 1980 vino acompañado desde un principio con la decisión de dirigir el partido hacia la industria.[38]

(b) Nuestro repliegue de la escuela de liderazgo desde 1986 ha frenado la homogeneización, no solo de la dirección del PST, sino de una dirección comunista internacional.

(c) La interrupción de las sesiones regulares de la escuela de dirección también ha debilitado la atención centralizada que se debe dar a través de las ramas a la educación marxista de los cuadros del partido. Como aspecto permanente de las actividades del partido, dicha educación es vital para desarrollar la homogeneidad política. La serie de clases sobre Lenin organizada por todas las ramas en la primera mitad de los años ochenta fue parte integral de nuestro progreso político

---

38. Ver "La educación del liderazgo de un partido proletario" en *El rostro cambiante de la política en Estados Unidos* por Jack Barnes, págs. 415–32, así como las págs. 171, 184–85, y 218–19.

como partido del viraje.[39]

(2) No hemos producido un nuevo número de *New International* desde mediados de 1987.

(a) Aunque hemos seguido conquistando importantes problemas políticos y programáticos —tales como los tratados en este proyecto de resolución— hemos tenido que aplazar repetidamente el trabajo concentrado que hace falta para publicar estos logros de una manera que pueda utilizarse en público.

(b) Para los cuadros y otros luchadores, *New International* sigue siendo la mejor fuente de estudio sobre las perspectivas políticas y programáticas en torno a las cuales se van forjando nuestras fuerzas a escala internacional.

(3) La falta de sesiones de la escuela de dirección y de nuevas ediciones de *New International* fomenta la despolitización, la superficialidad política, y frena nuestra transición de liderazgo. El reto que enfrentamos para el próximo año es el de organizarnos para restablecer estas dos armas que siguen siendo de suma importancia para nuestro progreso político.[40]

---

39. El programa de estudio para esas clases, "Lenin's Conception of the Class Forces and Strategy in Making the Russian Revolution (1902–1917)" (El concepto de Lenin sobre las fuerzas de clases y la estrategia necesarias al hacer la revolución rusa, 1902–1917) se encuentra en *Two Study Guides on Lenin's Writings* (Dos guías para el estudio de los escritos de Lenin), parte de la serie "Educación para socialistas" de Pathfinder.

40. Desde que se aprobó esta resolución en agosto de 1990, se han editado otros cinco números de *New International*, entre ellos el que corresponde al presente número de *Nueva Internacional*. Además se lanzó la revista *Nueva Internacional*, publicán-

c) Los luchadores se acercan al movimiento obrero revolucionario rebelándose contra la autoridad. Al enfrentar el reto de dirigir políticamente la asimilación de estos jóvenes combatientes al partido, los comunistas valoramos y reforzamos su actitud de independencia, de creciente confianza, y de crítica hacia las tradiciones, las normas y los valores burgueses y pequeñoburgueses.

(1) Al mismo tiempo, dentro del movimiento comunista, los cuadros aprenden sobre todo a sentir respeto por la continuidad política y las tradiciones, las normas y los valores de una organización proletaria, las más caras conquistas del movimiento obrero revolucionario en la época moderna.

(a) Aprendemos a valorar el carácter profundamente radical de pertenecer a una organización que aplica las lecciones del movimiento comunista de los años treinta y las contribuciones políticas de Trotsky para guiarse en el quehacer político cotidiano; que revisa y corrige estas guías comparándolas con las de Lenin, los bolcheviques y la Internacional Comunista; y que coteja a Lenin —como él mismo hiciera— con Marx, Engels y las conquistas de las organizaciones internacionales comunistas y obreras de las que fueron dirigentes fundadores.

---

dose, incluyendo el presente, cinco números hasta la fecha. Se han publicado también dos números más de la publicación en francés *Nouvelle Internationale* y los primeros dos de la edición en sueco de *Ny International*. Las ediciones en francés y sueco correspondientes al presente número de *Nueva Internacional* están programadas para comienzos de 1999.

(b) En este sentido, el movimiento comunista es el movimiento más tradicional y conservador, y al mismo tiempo el más radical y revolucionario.

(2) El tomar y aprovechar esta tradición comunista es un acto político colectivo que combina:
(a) la educación marxista organizada (con clases, libros y folletos, revistas y periódicos políticos) que constantemente desarrolla la politización de los cuadros del partido;
(b) el fomento y la ayuda para desarrollar el hábito de leer los clásicos marxistas y la historia del partido; y
(c) las experiencias comunes en la lucha de clases mediante las ramas y fracciones sindicales del partido, lo que lleva a debatir y decidir nuestra línea de acción.

(3) Ante todo, los trabajadores se integran a una organización revolucionaria para encontrar una forma disciplinada de funcionamiento que haga eficaces las luchas de su clase contra las fuerzas aparentemente insuperables del enemigo de clase.

d) El Partido Socialista de los Trabajadores es el partido comunista más antiguo del mundo.

(1) Es a través del PST que se ha plasmado la continuidad fundamental de un movimiento comunista internacional que es políticamente homogéneo. Dicha continuidad se ha desarrollado de forma acumulativa, al entrelazarse de forma ininterrumpida las distintas generaciones de dirigentes: una continuidad política y organizativa que se remonta a los orígenes de la Internacional Comunista.

(2) Este hecho le impone al PST, como parte de un

movimiento mundial, responsabilidades que solo podremos cumplir si reconocemos que esta continuidad comunista ininterrumpida es y seguirá siendo una conquista internacional, una conquista que solo ha sido posible gracias a la colaboración internacional.

6. La ofensiva patronal, que ha durado más de diez años, no ha logrado desplazar al movimiento obrero del centro del escenario de la política en Estados Unidos. Este hecho, que era nuestro punto de partida, lo podemos evaluar correctamente únicamente si reconocemos el gran peso que tiene su impacto potencial sobre la correlación mundial de fuerzas de clases. Al entenderlo como un hecho fundamental de la política internacional, podemos entablar contacto con otros trabajadores en todo el mundo para que hagamos frente colectivamente a las responsabilidades y realicemos los avances comunistas que esto presagia.

"Lo que Cuba puede ofrecer al mundo es su ejemplo"
—SEGUNDA DECLARACIÓN DE LA HABANA

De la sierra del Escambray al Congo
En la vorágine de la Revolución Cubana
Víctor Dreke
Un protagonista dirigente del movimiento revolucionario cubano por más de medio siglo habla sobre sus experiencias en 1965 como segundo al mando de la misión internacionalista en el Congo dirigida por Che Guevara. Describe el júbilo creativo del pueblo trabajador de Cuba, tanto en su país como en otros, al defender su curso revolucionario.
US$18. También en inglés.

Nuestra historia aún se está escribiendo
La historia de tres generales cubano-chinos en la Revolución Cubana
Armando Choy, Gustavo Chui y Moisés Sío Wong
Tres generales de las Fuerzas Armadas Revolucionarias de Cuba hablan sobre la importancia histórica de la inmigración china a Cuba, y sobre el papel de los cubanos de ascendencia china en más de cinco décadas de acción revolucionaria e internacionalista.
US$20. También en inglés, persa y chino.

La Primera y Segunda Declaración de La Habana
En ninguna parte se abordan con mayor franqueza y claridad los problemas de estrategia revolucionaria que hoy enfrentan los hombres y mujeres en las primeras filas de luchas en América que en estos dos documentos, intransigentes condenas del saqueo imperialista y de "la explotación del hombre por el hombre". Aprobadas en sendas asambleas de un millón de cubanos en 1960 y 1962, siguen vigentes para el pueblo trabajador en todo el mundo.
US$10. También en inglés, francés, persa, árabe y griego.

Che Guevara habla a la juventud
Ernesto Che Guevara

Guevara desafía a los jóvenes de Cuba y del mundo a que trabajen y se vuelvan disciplinados. A que se sumen a las primeras filas de las luchas, sean grandes o pequeñas. A que se conviertan en otro tipo de ser humano, a medida que luchan junto a trabajadores en todas partes para transformar el mundo.
US$15. También en inglés y griego.

Playa Girón/Bahía de Cochinos
Primera derrota militar de Washington en América
Fidel Castro, José Ramón Fernández

En menos de 72 horas de combate en abril de 1961, las fuerzas armadas revolucionarias de Cuba derrotaron una invasión de 1 500 mercenarios organizada por Washington. El pueblo cubano sentó un ejemplo para los trabajadores, agricultores y jóvenes en todo el mundo: que dotados de conciencia política, solidaridad de clase, valentía y una dirección revolucionaria, es posible hacer frente a un poderío enorme y a probabilidades aparentemente irreversibles y vencer.
US$22. También en inglés.

Marianas en combate
Teté Puebla y el Pelotón Femenino Mariana Grajales en la guerra revolucionaria cubana, 1956–58
Teté Puebla

La general de brigada Teté Puebla, la mujer de más alto rango en las Fuerzas Armadas Revolucionarias de Cuba, se integró a los 15 años a la lucha para derrocar a la dictadura de Batista. Esta es su historia: desde la clandestinidad urbana, hasta su papel de oficial en el primer pelotón femenino del Ejército Rebelde. Por cinco décadas, la lucha por transformar la condición social y económica de la mujer en Cuba ha sido inseparable de la revolución socialista.
US$14. También en inglés y persa.

www.pathfinderpress.com

RICH STUART / MILITANT

Sindicalistas socialistas conversan sobre el semanario en inglés *The Militant* y sobre libros y folletos revolucionarios con mineros del carbón a la entrada de una mina en Virginia del Oeste, mayo de 1997. "Nos esforzamos por realizar una labor comunista consecuente y profesional en los sindicatos, acompañándola de una proletarización *cada vez más profunda* de la experiencia y composición del partido y su dirección".

LA ESTRATEGIA COMUNISTA PARA LA CONSTRUCCIÓN DEL PARTIDO HOY: UNA CARTA A CAMARADAS EN SUECIA

Por Mary-Alice Waters

Nueva York, Nueva York
30 de mayo de 1988

Estimada camarada:

Indicas en tu carta que piensas asistir a la conferencia y al congreso del partido en Oberlin en agosto [de 1988]. Me agrada mucho que vayas a estar allí, porque es la mejor forma de que obtengas una idea exacta de lo que

---

Mary-Alice Waters, directora de New International *y dirigente del Partido Socialista de los Trabajadores, envió esta carta a un grupo de trabajadores comunistas en Suecia en mayo de 1988. En marzo de ese año, Waters había participado en una delegación internacional de liderazgo que visitó Suecia para reunirse con estos compañeros.*

Esta carta sirvió de base para la sección titulada "La estrategia comunista para la construcción del partido hoy", en la cuarta parte de la resolución política del PST de 1990, publicada en este número, "El imperialismo norteamericano ha perdido la Guerra Fría". La carta se publicó junto a la resolución en el boletín interno del partido para ser debatido en las ramas del PST y por los delegados al congreso del partido ese año. Además de aprobar la línea general de la resolución política en su conjunto, los delegados adoptaron otra resolución breve en la que se incorporaban y resumían los principales puntos de esta carta.

Como a menudo sucede, la carta escrita en el transcurso de una verdadera lucha política para aclarar ideas y definir una línea de acción es más nutrida y concreta que cualquier resolución abreviada. Cuando los miembros del partido y de la Juventud Socialista discuten lo que llegó a conocerse como "los seis puntos", es a esta carta a la que vuelven. Debe leerse como parte integral de la resolución, "El imperialismo norteamericano ha perdido la Guerra Fría".

está haciendo el PST, de lo que creemos que los comunistas alrededor del mundo deben estar haciendo hoy, y el porqué. La resolución que vamos a debatir y que será llevada a votación, junto con los informes y el debate en el propio congreso, así como los talleres, clases, mítines y discusiones informales a realizarse de forma paralela, se enfocarán precisamente en estas cuestiones decisivas.[1]

Por supuesto que vamos a debatir estas cuestiones desde la óptica de trabajadores comunistas en Estados Unidos, y no como "comunistas norteamericanos". Como ustedes saben, no creemos que debemos estar haciendo una cosa mientras los camaradas en Suecia, México o Granada hacen otra cosa distinta. Hacemos lo mejor posible para partir, no de la "política estadounidense", sino de la política mundial y de la necesidad de reconstruir un liderazgo comunista mundial. Tratamos de impulsar una estrategia para avanzar en ese sentido, una estrategia que armonice con los acontecimientos que suceden día a día entre los trabajadores y agricultores del mundo y su vanguardia. Esta es la estrategia que aplicamos en todo lo que hacemos, y creemos que otros comunistas deberían hacer lo mismo. Pero lo que no les ofrecemos es asesoramiento táctico sobre cómo hacer esto en Suecia (o en otro país).

ESTO ES IMPORTANTE, porque en tu carta varias veces interpretas cosas que dijo, o que crees que dijo, un miembro de la delegación internacional de dirección que estuvo en Suecia hace un par de meses, como consejos tácticos

---

1. La resolución que el congreso del PST debatió y aprobó en 1988, "Lo que anunció la caída de la bolsa de valores de 1987", se encuentra en el número 4 de *Nueva Internacional*.

sobre cómo luchar para convencer a otras personas de que sigan una línea de acción comunista, y como sugerencias tácticas sobre lo que ustedes deben hacer para construir un partido comunista en Suecia hoy día. Estoy segura de que lo último que tenía en mente ese camarada era dar ese tipo de consejos.

Te voy a enviar un paquete con los materiales que todas nuestras ramas están utilizando como base para una serie educativa previa al congreso. Se basa en artículos publicados en el *Militant* en el último año, y sería muy útil si tú y otros camaradas en Luleå (ya sea que vengan o no al congreso del PST) los leyeran y debatieran.[2] La resolución política que estamos redactando desarrollará los mismos temas fundamentales: el carácter de la crisis progresiva que hemos estado viviendo, el impacto diferencial que tiene sobre diversas capas del pueblo trabajador alrededor del mundo, y el carácter de la crisis económica y social anunciada por la caída de la bolsa de valores en octubre pasado y sus consecuencias para los trabajadores y agricultores; los lineamientos que definirán la reconstrucción de un movimiento comunista; el carácter y las tareas de los pequeños núcleos comunistas en la actualidad: lo que debemos hacer para enfrentar los desafíos que ya tenemos por delante y prepararnos conscientemente para los que han de venir.

Si estudian a fondo el material de esta serie educativa preliminar, a los camaradas que asistan les va a resultar más provechosos tanto la resolución como el propio congreso.

---

2. La ciudad de Luleå cuenta con una acería grande cerca de la región donde se explota el mineral de hierro en el norte de Suecia. Varios miembros del grupo de comunistas a quienes se dirigía esta misiva vivían y trabajaban entonces en Luleå.

Además del congreso del PST, en Oberlin habrá una reunión de grupos de camaradas de diversos países que en el último año han participado en la organización a nivel internacional de presentaciones del libro *Che Guevara and the Cuban Revolution* (Che Guevara y la Revolución Cubana). El esfuerzo, centralizado por Pathfinder, de aumentar la difusión internacional de la literatura comunista, y especialmente la presentación política y promoción de su nueva colección de artículos y discursos de Che, ha sido una experiencia sumamente valiosa —que ningún grupo de sectas u organizaciones estalinistas habría podido tener— y que todos queremos evaluar políticamente. Estoy segura de que los grupos que han participado en esto van a querer partir de Oberlin ya organizados a nivel internacional para que en los próximos meses multipliquen estos logros con la presentación de otros libros que están por publicarse, entre ellos *The Economic Thought of Ernesto Che Guevara* (El pensamiento económico de Ernesto Che Guevara), *Thomas Sankara Speaks* (Habla Thomas Sankara) y una nueva colección de discursos de Malcolm X.[3]

---

3. *Che Guevara and the Cuban Revolution*, la colección más completa en inglés de los escritos y discursos de este dirigente revolucionario, se editó en octubre de 1987, coincidiendo con el vigésimo aniversario de la muerte en combate de Guevara y otros compañeros en Bolivia. Los partidarios de Pathfinder organizaron presentaciones públicas del libro, con una amplia gama de oradores y mensajes, en quince ciudades en Australia, Canadá, Estados Unidos, Islandia, Nueva Zelanda, el Reino Unido y Suecia. En los dos años posteriores, se hicieron presentaciones alrededor del mundo de los libros de Pathfinder *Che Guevara: Economics and Politics in the Transition to Socialism* (Che Guevara: economía y política en la transición al socialismo, edición en inglés de *El pensamiento económico de Ernesto Che Guevara*) por Carlos Tablada;

Esta es la clase de organización internacional que surgirá de las discusiones que tendrán lugar en Oberlin este verano, y todos los camaradas que estén interesados en hacer esto participarán en la discusión.

Haces referencia a seis puntos que un miembro de la delegación planteó durante la discusión que sostuvo contigo en marzo. Aunque no oí lo que dijo este camarada, estoy bastante segura de que sé a lo que se refería, porque éstos son puntos que también hemos debatido en la dirección del PST. Los camaradas en la dirección de la Liga Obrera Revolucionaria en Canadá, la Liga Comunista en Gran Bretaña, y la Liga de Acción Socialista en Nueva Zelanda, entre otros, también han tenido discusiones similares.[4] Verás que se plantean en nuestra próxima resolución.

Tu RECAPITULACIÓN de los seis puntos no es del todo correcta y ciertamente, como señalas, cualquier idea de que son requisitos a cumplir antes de agosto de 1988 es absurda. Tu comentario de que no es evidente cómo se han de realizar dentro de ese espacio de tiempo es un eufemismo humorista.

No obstante, los seis puntos a los que nos referimos sí constituyen la base concreta para la actividad comunista en la actualidad. Se desprenden de la necesidad de enfrentar una situación *objetiva* que se desenvuelve en el mundo. El hacer avances sobre cada uno de estos fren-

---

Thomas Sankara Speaks; y *Malcolm X: The Last Speeches* (Malcolm X: los últimos discursos).

4. Posteriormente, la Liga Obrera Revolucionaria y la Liga de Acción Socialista cambiaron sus nombres a Liga Comunista en Canadá y Liga Comunista en Nueva Zelanda, respectivamente.

tes sí es un requisito para contar con más organización comunista internacional y una actividad común más eficaz. Y esa organización y actividad serían el resultado más importante de verdaderos avances en torno a los seis puntos.

¿Cuáles son esos seis puntos?

EL PRIMERO Y MÁS IMPORTANTE es el viraje. Todos encaramos el desafío que representa avanzar en la construcción de organizaciones de trabajadores comunistas que lleven a cabo una labor política consecuente de carácter comunista (en contraste con actividades radicales y sindicalistas) en el entorno del partido, que es la clase obrera industrial: empleados y desempleados, nacidos aquí o inmigrantes, sindicalizados o no. Nos esforzamos por realizar una labor comunista consecuente y profesional en los sindicatos, junto con una *mayor* proletarización de la experiencia y la composición del partido y su dirección.

El segundo punto es la necesidad de la *centralización política* para construir un partido del viraje. La práctica nos ha demostrado más concretamente lo que esto significa. El viraje no lo pueden realizar individuos que consigan trabajo en la industria, o solo un grupo de fracciones sindicales, o una minoría dentro de un partido cuya mayoría no sea comunista en la práctica. El viraje puede hacerse realidad únicamente si constituye el eje del trabajo de una *organización* cuya dirección se empeña en lograr la homogeneidad y centralización políticas, llevando a cabo (en un país determinado) una orientación política internacional.

No se puede construir una organización proletaria sin realizar un trabajo consecuente para desarrollar fracciones coordinadas y centralizadas a nivel nacional en diversos sindicatos e industrias. Eso no puede lograrse si no se dispone tanto de ramas como de fracciones que a su vez son sólidas, seguras de sí, y desarrolladas políticamente de una manera global. Las ramas y las fracciones tienen ciertas diferencias en cuanto a sus tareas, pero a través del contenido político común de su trabajo, se refuerzan mutuamente.

El viraje no se puede iniciar, ni tampoco se puede impulsar en momentos decisivos de su desarrollo, a menos que el liderazgo político central asuma un papel directo en su conducción.

Como podrás ver al leer los reportajes en el *Militant* sobre la serie de Conferencias de Trabajadores Activos que organizamos en un espacio de varios meses el año pasado, en el PST hemos aprendido que este punto es el mayor de nuestros desafíos. El viraje nunca se conquista de una vez por todas. Incluso contando con un partido relativamente fuerte y políticamente homogéneo que inició el viraje hace ya más de una década, nos dimos cuenta de que las presiones de la ofensiva patronal de los últimos años en realidad nos estaban haciendo retroceder respecto al viraje. Tuvimos que reorganizarnos, consolidar varias ramas, y volver a conquistar aspectos políticos esenciales de la construcción de un partido del viraje.

Tuvimos que aceptar la posibilidad de que si dirigíamos al partido para recuperar el terreno cedido bajo las presiones de los últimos años, se podría terminar dividiendo a los cuadros o a la dirección. Pero sabíamos que si fracasábamos en nuestra obligación de reconquistar el viraje y retrocedíamos gradualmente hacia ramas y fracciones que actuaban con más y más descentralización y en consecuencia con cada vez menos homogeneidad política, las divisiones serían inevitables y, bajo esas condiciones, serían más profundas y más destructivas para la posibilidad de construir un partido proletario.

Al respecto, las organizaciones en Nueva Zelanda y en Canadá han tenido experiencias en cierto grado paralelas a la nuestra. En Gran Bretaña los camaradas han descubierto que aunque muchos de ellos pensaban que se habían organizado para llevar a cabo el viraje dentro de la Liga Socialista, resultó ser una ilusión. No porque no hayan tratado —estaban muy bien capacitados para intentarlo— sino porque *no se puede hacer a menos que haya una organización comunista*.[5]

No estoy familiarizada con lo que ustedes hacen en Suecia, o con el tipo de discusiones que han tenido en Luleå en los últimos meses. Como indiqué al principio, tampoco pretendo ofrecerles consejos tácticos. Pero lo que sí sé con seguridad que no están haciendo es construir un partido del viraje, o ahondar el viraje dentro del Partido Socialista de Suecia, porque no es posible hacerlo.

EL TERCER PUNTO tiene que ver con la necesidad de establecer un ritmo semanal en la vida política de las ramas y de las fracciones. El ritmo de nuestro trabajo político —como la mayoría de las cosas en esta sociedad— lo dicta la organización capitalista de la producción. Los horarios que tanto nosotros como nuestro entorno político estamos obligados a seguir, los dicta la necesidad

---

5. Los partidarios del viraje a la industria y de otras políticas comunistas en el Reino Unido fueron expulsados de la Liga Socialista en enero de 1988, una semana antes de un congreso nacional en el que su plataforma habría obtenido la mayoría. Los expulsados siguieron adelante con el congreso, que había sido cancelado de forma antidemocrática, y tomaron el nombre de Liga Comunista.

que tenemos de vender nuestra fuerza de trabajo. Una de las primeras cosas que siempre ocurre cuando un partido o una rama comienza a desmoralizarse y alejarse de una orientación proletaria es que alguien plantea que las reuniones semanales de las ramas son demasiado, que los "trabajadores" no tienen tiempo de asistir tan frecuentemente a las reuniones. Se toma la decisión de sostener las reuniones de rama cada dos semanas, o hasta a veces con menos frecuencia. Una vez que se abandona la norma semanal, se destruye una de las bases irremplazables de la vida disciplinada de un partido centralizado de combate. No tarda en desaparecer el ritmo semanal de los foros, las clases, las ventas a las entradas de fábricas, las reuniones regulares de las fracciones y el trabajo de reclutamiento. Porque sí organizamos nuestras vidas de semana en semana, y si el partido no organiza nuestro trabajo político de acuerdo a ese ritmo, otra cosa sí lo organizará.

La actividad pública de un partido comunista debe organizarse en torno al uso sistemático de un periódico semanal. Una publicación quincenal o de menos frecuencia no puede brindar ese ritmo, ni puede responder a los sucesos políticos con rapidez suficiente para orientar al partido y a sus partidarios. Por eso durante el período reciente los camaradas de países que no son Estados Unidos han comprendido la importancia de usar el *Militant* como organizador central de un programa semanal de actividades. Esto aumenta el valor de las publicaciones menos frecuentes, permitiéndoles concentrarse en sus aspectos más fuertes. El *Militant* es el único semanario comunista en inglés que existe en estos momentos (y en muchos otros idiomas ni siquiera existe un periódico comunista que tenga alguna frecuencia). Hemos ido avanzando en el uso más eficaz de este periódico.

En el PST complementamos el uso del *Militant* con nuestras otras herramientas de propaganda. Así usamos *Perspectiva Mundial* y *New International*, y a veces también ciertos folletos. En otros países, los camaradas usan estas publicaciones y *Nouvelle Internationale*, así como sus propios periódicos quincenales o mensuales, que son considerablemente más pequeños que el *Militant*. Los camaradas en Gran Bretaña, Australia e Islandia aún no cuentan con publicaciones regulares propias, y han constatado —inclusive en Islandia donde el inglés no es el primer idioma— que pueden usar el *Militant* con más éxito de lo que habían pensado al principio.

El cuarto punto es la expansión de nuestro trabajo de propaganda comunista en torno a la editorial Pathfinder y las librerías Pathfinder, o la Pathfinder internacional (y no la "Internacional Pathfinder") según se puede describir con cada vez más precisión.

Es aquí donde hemos tenido la experiencia común más concreta en el último año, de la cual hemos aprendido mucho sobre lo que es posible. Sin embargo, recién ahora estamos vislumbrando las posibilidades y obligaciones actuales de Pathfinder desde una perspectiva histórica, como parte de la reconstrucción de un movimiento comunista mundial.

Es difícil aceptar el hecho —y actuar a partir del hecho— de que, dados nuestro reducido tamaño y recursos limitados, existe un número creciente de tareas irreemplazables a nivel mundial que *solo* Pathfinder va a realizar. Sabemos que aún estamos lejos de realizar nuestro potencial. Afortunadamente, el círculo de amigos y aliados de Pathfinder se va ampliando a nivel internacional, desde el Caribe hasta Oceanía, porque otros también necesitan —y empiezan a entender— lo que solo Pathfinder puede realizar.

Por definición, nuestro trabajo de propaganda en torno a Pathfinder no tiene límites. Ya sea que hablemos de Che y la Revolución Cubana, o de la caída de la bolsa de valores de 1987 y la crisis que se ahonda y que anticipan los trabajadores por todo el mundo, o de la vigencia que tienen los debates de la Internacional Comunista para los trabajadores y agricultores en la actualidad, estamos hablando de problemas vitales para el futuro del pueblo trabajador en todos los países.

Y NUESTRA TAREA más elemental hoy es la de difundir la propaganda comunista por donde podamos en el mundo. En realidad, aparte de Cuba, donde la existencia de un partido comunista de masas que domina políticamente un régimen revolucionario de trabajadores y agricultores brinda ciertas posibilidades adicionales, el trabajo de propaganda, entendido correctamente, es lo único que pueden hacer los comunistas hoy día: todo lo que hacemos va dirigido a lograr entre el pueblo trabajador un apoyo más amplio a una perspectiva internacionalista proletaria.

Dado el carácter y el alcance de la expansión de Pathfinder en el último año, nos vemos obligados a prestarle atención especial. Fue por eso que acordamos auspiciar una reunión para Pathfinder después del congreso este verano en Oberlin, con miras a organizar nuestros próximos pasos a nivel internacional. Es una reunión que todos los participantes nos hemos ganado. Es fruto de la dinámica de lo que hemos conquistado en la práctica en los últimos doce meses.

El quinto punto es la juventud. Es una cuestión de orientación política, no una cuestión organizativa. No estamos planteando formar grupos juveniles u organizar comisiones juveniles o algo así. De hecho, al examinar la cuestión de la juventud políticamente y evaluar las experiencias a nivel internacional, podemos evitar medidas organizativas prematuras de esa índole.

En todo nuestro accionar, nos concentramos sobre todo en los trabajadores jóvenes combativos que son los cuadros comunistas del futuro. Son estos jóvenes combatientes, así como los estudiantes que se ven atraídos a las luchas obreras y están predispuestos a unirse a una organización proletaria, con quienes buscamos entrar en contacto con la propaganda comunista. Son ellos a quienes estamos tratando de reclutar. Son ellos —quienes en su abrumadora mayoría no son miembros de ninguna organización políticamente centralizada— los que se verán más afectados por los sucesos cataclísmicos que se avecinan, y que serán los combatientes más decididos.

Nuestra orientación política hacia la juventud tiene una importancia especial debido al incremento de la edad promedio de todas nuestras fuerzas, y a las crecientes presiones que esto produce para que nos adaptemos a los ritmos y a las normas de la sociedad en la que vivimos, incluso a los sindicatos de los cuales somos miembros. Podremos medir nuestro éxito por nuestra capacidad de encontrar el camino hacia una nueva generación, y ganarla a un partido comunista.

El sexto punto tal vez podría llamarse, "bajo la bandera de la nueva Internacional".

La organización comunista internacional que se originó en la época de Lenin fue destruida por el estalinismo. La continuidad del comunismo internacional se mantuvo viva durante una época considerable mediante la oposición bolchevique-leninista y la Cuarta Internacional, no obstante sus debilidades y errores. Cuando se fundó la Internacional en 1938 era correcto declarar, como señala el Programa de Transición, que más allá de las filas de la Cuarta Internacional no existía "en el planeta una sola corriente revolucionaria digna de este nombre".[6] Sin embargo, con el triunfo en 1959 de la Revolución Cubana y la posterior construcción de una dirección comunista en Cuba que sigue avanzando, esa declaración dejó de ser correcta.

La "prueba de fuego" de la Revolución Cubana siempre ha sido la prueba de reconocer el lugar que ocupa la *dirección* comunista en Cuba y actuar a partir de esa comprensión.

El balance histórico está claro. El liderazgo de la mayoría de las fuerzas organizadas a través del Secretariado Unificado de la Cuarta Internacional ha respondido a esta prueba más como una secta ultraizquierdista que como una dirección comunista. Como señaló el dirigente del PST Joe Hansen, ésta era la realidad tanto durante los años de la desviación guerrillerista como lo es en la actualidad.[7] Siempre se dedicaban a la política de grupos

---

6. La Cuarta Internacional, que el Partido Socialista de los Trabajadores ayudó a fundar y a dirigir, fue forjada por comunistas alrededor del mundo que buscaban mantener la continuidad de la trayectoria del Partido Bolchevique y de la Internacional Comunista según los había guiado V.I. Lenin hasta su muerte en 1924. El programa de fundación de la Cuarta Internacional —"La agonía del capitalismo y las tareas de la Cuarta Internacional" por el dirigente bolchevique León Trotsky, programa que fue debatido y aprobado por el Partido Socialista de los Trabajadores para someterlo ante el congreso de fundación— aparece en *El programa de transición para la revolución socialista* por Trotsky (Barcelona: Editorial Fontamara, 1977).

7. Ver *The Leninist Strategy of Party Building: The Debate on Guerri-*

pequeños. Siempre estaban *compitiendo* con la dirección cubana, empeñados en suplantarla con una dirección trotskista organizada por el Secretariado Unificado. Esta errada postura política hacia el Partido Comunista de Cuba se ha venido codificando aún más después de 1979, con la respuesta de la mayoría del Secretariado Unificado ante los triunfos revolucionarios en Granada y Nicaragua. La resolución de 1981 sobre Cuba del Comité Ejecutivo Internacional y la resolución del congreso mundial de 1985, "La etapa actual de la construcción de la Cuarta Internacional", codifican estas posiciones. Se podría agregar que ha sido similar la respuesta del Secretariado Unificado ante la dirección comunista que ha venido surgiendo en el seno del Congreso Nacional Africano (ANC) en la última década. Por grotesco que parezca, también la ven como una amenaza, como un rival.

LA RECONSTRUCCIÓN del movimiento comunista internacional no va a pasar por la Cuarta Internacional (Secretariado Unificado), y mucho menos por las otras corrientes que se reclaman trotskistas o alguna variante de la Cuarta Internacional. Provocará una mayor desintegración de las fuerzas del Secretariado Unificado. Por eso decimos (y lo hemos dicho durante el período de transición que hemos atravesado en el último quinquenio) que marchamos bajo la bandera de la nueva Inter-

---

lla Warfare in Latin America (La estrategia leninista para la construcción del partido: el debate sobre la guerra de guerrillas en América Latina; Pathfinder, 1979) por Joseph Hansen, así como su libro *Dynamics of the Cuban Revolution: A Marxist Appreciation* (Dinámica de la Revolución Cubana: una evaluación marxista; Pathfinder, 1978).

nacional. Buscamos aumentar la colaboración con comunistas que se han forjado en experiencias históricas distintas a las nuestras y, en este proceso, captaremos las fuerzas que estén dispuestas a romper con el trotskismo para ser comunistas.

No decimos, ni creemos, que no existan comunistas en la Cuarta Internacional. Varios individuos que hoy militan en las diversas agrupaciones que conforman la mayoría en el Secretariado Unificado participarán en la reconstrucción del movimiento comunista a nivel mundial. Sin embargo, sería un error político fatal *orientarse* hacia ellos, en vez de trazar una línea de acción comunista a nivel internacional y seguirla de forma consecuente. Unicamente así podremos afectar a quienes se puede ganar: allí y en otros ámbitos.

Cabe señalar que no somos los únicos en el Secretariado Unificado que reconocemos que la Cuarta Internacional se está desmoronando por su incapacidad de encarar los desafíos de hoy. Una parte considerable de la sección francesa, por ejemplo, declara sin ambages que es un error tratar de construir un partido comunista hoy. Creen que el balance desde 1968 hasta 1988 comprueba que quienes se esforzaron en construir un partido leninista iban en pos de un unicornio azul. Su conclusión es que la Liga Comunista Revolucionaria debe reconocer ese hecho y reagruparse con otros para construir un partido centrista, antes de que sea demasiado tarde incluso para eso.

La sección alemana ya se dividió entre los que se unieron a los Verdes (denominándolo el partido de la clase trabajadora alemana actual y futura) y los que se fusionaron con el ex maoísta Partido Comunista de Alemania. En México, el Partido Revolucionario de los Trabajadores ni finge que la adhesión a la Cuarta Internacional sea un requisito para ser miembro.

La crisis histórica de la Cuarta Internacional es un hecho reconocido por la mayoría de las fuerzas dentro del Secretariado Unificado. Sin embargo, como lo demuestran los pocos ejemplos arriba mencionados, se ofrecen respuestas diametralmente opuestas sobre las raíces políticas de la crisis y el derrotero que los comunistas deben trazar hoy día.

De forma resumida, son éstos los seis puntos. Como puedes observar, no tienen nada de nuevo. Si vuelves a leer el informe sobre el viraje aprobado en el congreso mundial celebrado en 1979 (y otros artículos sobre el viraje publicados en el libro *El rostro cambiante de la política en Estados Unidos*), el informe sobre Nicaragua presentado por la minoría en el congreso mundial, "Su Trotsky y el nuestro", la resolución política que aprobamos en el último congreso del PST, los principales artículos de *New International*, los artículos para la discusión publicados en el *Militant* que cité anteriormente: ahí se encuentra todo. Es de especial importancia destacar lo que advierte el informe sobre el viraje sobre las consecuencias de *no* llevar a cabo la política que plantea.[8]

---

8. "El viraje y la construcción de un movimiento comunista mundial", el informe de Jack Barnes aprobado por el congreso mundial de la Cuarta Internacional en 1979, se encuentra en *El rostro cambiante de la política en Estados Unidos* (Pathfinder, 1999). La resolución minoritaria sobre Nicaragua, "Nicaragua: cómo llegó al poder el gobierno obrero y campesino", y el informe presentado por Jack Barnes sobre esta resolución, aparecen en el número 3 de *Nueva Internacional*. "Su Trotsky y el nuestro" por Jack Barnes se publicó en inglés en el número 1 de *New International;* en español apareció en el número del 5 de marzo de 1984 de *Perspectiva Mundial*. La resolución política aprobada por el congreso de 1985 del PST, "The Revolutionary Perspective and Leninist

En todo ese material estamos hablando del viraje, del trabajo de propaganda comunista, y de la estrategia leninista para construir el partido hoy, que solo se puede comprender y conquistar mediante una labor práctica en este sentido.

No es posible avanzar sobre uno de los seis puntos sin tratar de avanzar sobre todos ellos. Por supuesto, en la práctica, todos avanzamos de manera desigual, y así tiene que ser. Pero todo intento de desarrollar un aspecto de la orientación comunista haciendo caso omiso de los demás, o rechazándolos, terminará en un retroceso sobre todos los frentes. El progreso sobre los seis puntos, sobre los cimientos del viraje, es la prueba con la cual debemos evaluar si los núcleos comunistas han conquistado o no suficiente terreno común para lograr una verdadera homogeneidad política, trascendiendo las fronteras nacionales y sentando las bases objetivas para la organización internacional.

HACES REFERENCIA al "marco de convergencia comunista", término que se ha empleado en diversos documentos redactados por nosotros y por otros camaradas. Es uno de los puntos que los delegados debatieron en el congreso de la Liga Comunista en Gran Bretaña en enero pasado, y que nosotros debatimos en una de las reuniones recientes de nuestro Comité Nacional. Mientras más lo debatimos,

---

Continuity in the United States" (La perspectiva revolucionaria y la continuidad leninista en Estados Unidos) se encuentra en el número 4 de *New International;* en español se publicó en el número del 4 de febrero de 1985 de *Perspectiva Mundial;* dos capítulos de esta resolución se publicaron en *El rostro cambiante de la política en Estados Unidos.*

más coincidimos en que no es una buena expresión, porque crea más ambigüedades y más problemas de los que resuelve. En la medida que existe una convergencia de fuerzas comunistas a nivel mundial, es decir, en la medida que la frase tiene significado alguno en el mundo de hoy, es sencillamente la consecuencia de lo que diversas organizaciones comunistas están haciendo. Al hacerlo, se encuentran yendo en la misma dirección.

La convergencia comunista no es una meta que nos fijamos: una quimera. Tampoco es una organización embrionaria imaginaria. No formamos parte de alguna "corriente de convergencia comunista" que abarque el ANC, el PC cubano, el FSLN, o quién sabe qué otros grupos revolucionarios que a veces se catalogan como parte de dicha convergencia. El PC cubano no es nuestra dirección, y mucho menos lo es el ANC, el FSLN o cualquier otra organización. Trazamos una perspectiva comunista mediante la colaboración práctica con otras fuerzas organizadas con las que nos hallamos marchando por un mismo camino y que se encuentran en la misma *etapa histórica* de experiencias, nivel de organización y tamaño.

En ese proceso nos hallaremos trabajando con otros —con cuadros del ANC, miembros del FSLN y del PC cubano— en campañas y proyectos específicos donde se junten las trayectorias políticas de revolucionarios —y de comunistas— en etapas muy diferentes de experiencia, nivel de organización, diferenciación, y tamaño.

Debe subrayarse que el punto de partida para todo lo dicho anteriormente no es una evaluación de la Cuarta Internacional ni de ninguno de sus partes integrantes. Partimos del mundo en que vivimos, de las complejidades de ese mundo, y trazamos una orientación política para los comunistas. Solo entonces resulta válido examinar hasta qué punto una organización, incluyendo la Cuarta

Internacional y sus secciones, sabe ponerse a la altura.

Ya que no le atribuyes a la dirección de la Cuarta Internacional nada más que desorientación, no es necesario añadir nada a lo que ya he dicho acerca del Secretariado Unificado. Lo dejaré a un lado.

P ERO SÍ QUIERO REITERAR la opinión de la dirección del PST en cuanto a la sección sueca.[9] No creemos que sea posible reformarla para que sea una organización comunista. En este sentido tampoco afirmo nada nuevo. Fue el criterio que expresamos en ocasión del último congreso mundial, después de que varios compañeros de nuestra dirección hubiesen ido a Suecia y tenido la oportunidad de observar directamente el trabajo de la sección. Parece que ustedes están llegando a una conclusión semejante cuando dicen que "cada vez más nos damos cuenta de que hemos perdido la batalla por el PS".

El Partido Socialista sueco no es el único que ya no se puede reformar. Es la misma situación en todas las secciones de la Cuarta Internacional excepto Canadá, Nueva Zelanda y la sección simpatizante en Estados Unidos. La experiencia de la última década nos ha dado pruebas abundantes del hecho de que ninguna de las secciones logró llevar a cabo el viraje, profundizar su composición y liderazgo proletario internacionalista, y avanzar en la construcción de un partido comunista sin una batalla política y una escisión profunda. La gran falla de los camaradas en la dirección de las diversas secciones europeas que al principio apoyaban el viraje fue que

---

9. En ese entonces, los camaradas a quienes se dirigió esta carta eran miembros del Partido Socialista, la sección sueca de la Cuarta Internacional.

faltaron completamente a su responsabilidad y no estuvieron dispuestos a *dirigir* cuando quedó evidente que el avance en la construcción de un partido proletario supondría necesariamente una escisión. El *no* romper con los viejos amigos y con el pantano familiar y cómodo de las camarillas rivales les resultó más importante que ser comunistas.

SIN EMBARGO, hay algo especial en cuanto al papel que desempeñó el partido sueco en esta lucha política que se dio entre 1979 y 1982. Esos cuatro años fueron decisivos. Fue la dirección del PS la que, a nombre de la mayoría en el Comité Ejecutivo Internacional, dirigió la contrarrevolución en cuanto al viraje. Después del congreso mundial de 1979, en el que la dirección sueca, al igual que muchas otras, votó a favor del informe sobre el viraje, la sección sueca tuvo la oportunidad de comenzar a transformarse en un partido comunista. Eso, por supuesto, habría llevado a una escisión, incluso con camaradas de la dirección que se habían convertido en sindicalistas. Sin embargo, al llegar la reunión del Comité Ejecutivo Internacional en 1982, esa posibilidad ya estaba excluida. De eso hace ya seis años.

La contrarrevolución dirigida por la sección sueca jugó un papel importante en el futuro de la Cuarta Internacional. Tom Gustafsson, uno de los dirigentes centrales del PS, dio el informe de la mayoría del Secretariado Unificado en que se planteó la contrarrevolución contra el viraje en la reunión del CEI de 1982. Fundamentando su informe principalmente en la experiencia sueca, amonestó a los franceses por arrastrar los pies y polemizó con ellos de que no era posible derrotar "el (brutal) viraje norteamericano" simplemente oponiéndose a él y rechazándolo. Su derrota solo se lograría admitiendo que era necesario proletarizar la composición de nuestras secciones y tomando medidas para que una minoría apreciable de los camaradas se incorporara a trabajos y sindicatos industriales, pero a la vez desarrollando una orientación política —en los sindicatos y en el trabajo del partido— que fuese la negación del viraje. Es lo que denomino el "viraje sueco".

Sin embargo, el "viraje sueco" no era un tipo de viraje como tampoco el "pulgar" del oso panda es un tipo de dedo pulgar. No es un rodeo o una ruta alterna, más difícil, por una misma vía histórica de evolución. Es un obstáculo y luego una trampa mortal, una trampa que obstruye e impide la construcción de un partido del viraje.

Esto es importante, porque lo que sucedió en Suecia fue el tipo de experiencia que más puede corromper a los comunistas que luchan por dirigir un verdadero viraje. Hizo que la lucha en Suecia fuese *más* difícil que en Gran Bretaña, por ejemplo. Significa que los camaradas en Suecia que tratan de construir un partido del viraje tienen que superar una desventaja mayor, tienen más que desaprender debido al carácter del partido producido por el "viraje sueco".

No quiero decir que Suecia fue el único lugar donde echó raíces ese modelo de "contrarrevolución contra el viraje en nombre del viraje". El "viraje belga" jugó un papel similar y puede que haya otros más.

El mayor error de juicio de los camaradas en Suecia no fue que no percibieran lo que estaba sucediendo. Sí lo percibieron y les ayudaron a otros a apreciar la profundidad de la corrupción política. Pero por un tiempo después de 1982, ustedes mantuvieron la esperanza de que algunos factores externos cambiarían todo esto, que tal vez las experiencias de la Cuarta Internacional se harían sentir y ayudarían a cambiar el rumbo político del partido sueco. Pero lo que sucedió fue precisamente lo contrario. En ese sentido, el Partido Socialista "dirigió" a la Cuarta Internacional, y el liderazgo de la Cuarta Internacional reforzó la contrarrevolución sueca contra el viraje.

Esto llega al meollo del asunto. *El impacto del acontecer mundial no puede transformar un partido que ha institucionalizado una contrarrevolución contra el viraje.* Solo al comprender este hecho se podrá apreciar la profundidad del problema. Hoy día es imposible que una influencia externa conduzca al PS a que se convierta en una organización comunista.

Si te entiendo correctamente, éste es el aspecto de tu carta del que más discrepo. Afirmas, "la situación actual es que el PS difiere en ciertos sentidos de otras secciones europeas de la Cuarta Internacional. Una actitud más positiva hacia el ANC no es mero oportunismo. Creemos que hay camaradas en la dirección y en el partido que han sido influenciados por los sandinistas. No hay por qué sobreestimar estos rasgos positivos, y no hay manera de saber cómo le harán frente a una ofensiva sectaria y faccional por parte del Secretariado Unificado. Pero ésta es la situación *ahora".*

COINCIDO CONTIGO en que no es mero oportunismo. Además, el esforzarse para ayudar a la revolución nicaragüense y a la lucha de masas contra el apartheid en Sudáfrica, y el verse atraído por ellas, es positivo, no importa de quién se trate. Es muy posible que, respecto a ciertas cuestiones políticas en torno a los acontecimientos revolucionarios en Nicaragua y Sudáfrica, algunos compañeros de la dirección del PS sostengan posiciones más acertadas que las que prevalecen en el Secretariado

Unificado. Creo que eso también ocurre en otras secciones de la Cuarta Internacional.

Sin embargo, existen literalmente millones de personas en el mundo hoy día que apoyan al ANC o que están influenciados por los sandinistas. Pero eso no necesariamente los lleva más a ser comunistas. En realidad, para muchos sucede precisamente lo contrario. Apoyan el sandinismo y el FSLN porque creen que son una alternativa al comunismo. Tratan de contraponer la "vía nicaragüense" a la "vía cubana". En cierta medida ésta es la posición hasta en el Secretariado Unificado.

De forma similar, como bien han de saber por sus experiencias en Suecia, existe un sinnúmero de fuerzas liberales y socialdemócratas que aportan ayuda masiva al ANC, precisamente porque esperan que al hacerlo podrán influenciar el rumbo de la revolución sudafricana e impedir el desarrollo de un liderazgo comunista dentro del ANC.

Todos estamos a favor de dar ayuda masiva al ANC y a los sandinistas, no importan los motivos. La experiencia ha demostrado que los revolucionarios en Sudáfrica y en Nicaragua son muy capaces de bregar con "amigos" que tienen objetivos estratégicos diferentes. Mientras más liberales, radicales, socialdemócratas, ultraizquierdistas o quien sea participen en la ayuda práctica, mejor.

Sin embargo, nosotros tenemos un punto de partida distinto: la reconstrucción de un liderazgo comunista a nivel mundial. El simple hecho de mantener una actitud positiva hacia el ANC o estar influenciados por los sandinistas no representa en sí un paso en esa marcha estratégica. El trabajo internacionalista proletario realizado por una organización comunista sí lo vuelve a uno *más* comunista. Pero si el trabajo de solidaridad con Nicaragua o Sudáfrica no es desde un principio un aspecto inseparable de la construcción de un partido comunista, el realizarlo no lo hace a uno más comunista, como tampoco sucede con las decenas de miles de personas que realizan trabajo radical de solidaridad, incluyendo la participación en brigadas de trabajo, asistencia a conferencias internacionales, etcétera. Y tampoco hace que ese trabajo sea menos útil en lo inmediato.

El verse atraído *políticamente* hacia la dirección de la Revolución Cubana es, para muchos, algo de un carácter distinto, creo yo, que estar a favor del ANC o de FSLN. Esto es aún más cierto hoy día, dado el rumbo claro que ha emprendido la dirección central respecto a la rectificación.[10] Resulta más difícil verse atraído al PC cubano y no dar un paso hacia el comunismo, y por eso no vamos a ver un cambio "pro-cubano" ni en el PS ni en la Cuarta Internacional.

Pero incluso el mostrarse "positivo" hacia el PC cubano o verse "influenciado" por él, no lo lleva a uno necesariamente a ser comunista. Todos conocemos a muchos estalinistas que se muestran "positivos" hacia el PC cubano. No se capta jamás a nadie al comunismo simplemente porque se vea atraído a ideas o porque esté influenciado por ideas. Estas se deben expresar y concretizar en la práctica de una organización proletaria —aun cuando solo sea un núcleo— en el país en el que uno lleva a cabo la política. Incluso Marx y Engels no llegaron a ser comunistas sino hasta que los reclutaron los cuadros de un partido obrero revolucionario. Es la única forma. Uno se hace comunista mediante la práctica obrera revolucio-

---

10. Para leer más sobre el proceso de rectificación en Cuba, ver el primer inciso de la cuarta parte de "El imperialismo norteamericano ha perdido la Guerra Fría", que aparece en el presente número.

naria dirigida de manera consciente.

Ante las presiones de los grandes acontecimientos del mundo, los partidos pequeños que se reclaman revolucionarios se van a desmoronar. Lo que será decisivo para ganar a personas de esas fuerzas, además de captar otras fuerzas más importantes, será la existencia de un núcleo comunista independiente y seguro de sí, por pequeño que sea, que actúe con la clara intención de convertirse en un partido comunista y que pueda atraer a aquellos trabajadores que se vean estremecidos por los grandes acontecimientos —sin importar de dónde vengan— y enseñarles un camino a seguir. Eso es lo que ha sucedido siempre en cada hito de la historia del movimiento comunista.

Volverá a suceder bajo el impacto de la crisis económica y social que ya se ha anunciado, y no tendremos que esperar el siglo XXI para que esto se empiece a desenvolver.

No HABLO DE CÓMO ACTUAR a partir de este entendimiento. No *propongo* nada. Parto de un hecho histórico con el cual uno está o no está de acuerdo, y según el cual uno actúa o no actúa. Y añado lo que considero otro hecho, confirmado por la nutrida experiencia histórica. Si los comunistas permanecen demasiado tiempo dentro de una organización que, a su juicio, no se puede transformar en un partido proletario, tarde o temprano serán incapaces de dejarla (aun si algún día la dejan en el sentido organizativo). Con cada año que pasa, uno no hace más que cumplir otro año más de edad y volverse un poco menos flexible, un poco menos capaz de desaprender lo que había creído aprender sobre cómo construir un partido proletario actuando como una oposición minoritaria leal.

Si emprenden su propio camino, esto no les garantiza que se vayan a transformar en una organización comunista. Pero no hacerlo, en cierto momento, sí garantiza que no lo van a hacer.

Recalcas que no se puede construir un partido a menos que se produzcan grandes sucesos en la lucha de clases mundial. Desde luego, ésos son los únicos momentos en que una organización comunista puede crecer rápidamente. Pero hay otro punto más fundamental. Si no se inicia la ardua tarea de construir una organización de trabajadores comunistas *antes* de esos sucesos, será prácticamente imposible que de ellos se forme una organización *comunista*.

Estoy totalmente de acuerdo contigo cuando sostienes que el Partido Socialista no es un partido socialdemócrata pequeño ni un partido reformista. Pero das una parte de la respuesta al señalar que en Suecia no hay cabida para tal formación. Yo diría que lo mismo también sucede en otros países.

El problema sigue siendo el mismo que ha sido desde que se constituyó la sección sueca a principios de los años setenta. No obstante ciertos errores de derecha, su trayectoria es la de una secta ultraizquierdista que busca la forma de avanzar como parte de una corriente de la "izquierda revolucionaria". Esto siempre va a engendrar cierta cantidad de politiquería sindical, ilusiones electoreras y —cada vez más— adaptaciones a las "características nacionales". Otro aspecto de tu carta que no considero del todo correcto es tu referencia al fallido "intento de escisión en el congreso mundial". Es verdad que algunos de los que integran la dirección de la Internacional intentaron organizar una escisión antes del congreso mundial de 1985 y quedaron amargamente decepcionados cuando impedimos que la escisión se consumara y se codificara en un voto del congreso mundial. Aunque fallaron la forma y el momento escogidos para el operativo de escisión (hecho que le brindó a los comunistas un poco más de tiempo para organizarse y luchar, y para reorientarse políticamente para enfrentar la realidad de la Cuarta Internacional), *de hecho* la escisión se profundizó cualitativamente. Al día siguiente del congreso mundial, se rechazó la propuesta que le hicimos a la dirección de que Jack Barnes y yo nos mudáramos a París para compartir las responsabilidades cotidianas de la dirección. Por primera vez, el Comité Ejecutivo Internacional *excluyó* de una forma visible del Buró del Secretariado Unificado a todos los camaradas del PST. Además, la sección canadiense, la única sección del hemisferio occidental que compartía los criterios del PST, fue excluida incluso del Secretariado Unificado.

Desde entonces, la escisión de hecho ha sido total, y sus formas han continuado extendiéndose. Un organismo denominado el Secretariado Unificado se reúne ahora tres o cuatro veces al año, sin siquiera contar con quórum para muchas de sus deliberaciones, para debatir un temario de temas que incluye muy pocos puntos que realmente tengan importancia política. Las verdaderas discusiones ocurren fuera de dichas reuniones.

INDICAS QUE TE PREOCUPA que el camino que ustedes sigan en Suecia podría afectar la situación de la Liga Comunista en Gran Bretaña respecto a la Cuarta Internacional. No creo que esto debe preocuparles. Nada de lo que ustedes hagan allí podrá influir este asunto en lo más mínimo. Ya está decidido. Fue el Buró del Secretariado Unificado el que provocó la escisión y dio pasos para reconocer a la minoría de la sección británica. El

Secretariado Unificado codificó esta decisión sin vacilaciones unas semanas más tarde. No es que los camaradas británicos no hayan decidido *cómo* combatir su expulsión, sino que no hay nada significativo que *puedan hacer*. La próxima reunión del CEI ratificará las acciones del Secretariado Unificado, si es que no las amplía. No existirá *ningún interés* en este punto, literalmente. Muchos de los miembros del CEI abandonarán la sala de una forma llamativa cuando se llegue al punto correspondiente del orden del día, o se pondrán a leer una novela hasta que llegue la hora de votar. Entonces confirmarán que la Liga Comunista no es ni sección ni organización simpatizante de la Cuarta Internacional.

LA LUCHA en el Partido Socialista de Suecia no girará en torno a la Liga Comunista de Gran Bretaña. Será en torno a orientaciones políticas contrapuestas en la lucha de clases sueca, comenzando por la reunión para presentar *Che Guevara and the Cuban Revolution,* el aumento de la distribución de los libros de Pathfinder, la distribución del *Militant,* la colaboración con otros que hagan las mismas cosas a nivel internacional, incluida la Liga Comunista, y la importancia central que tienen dichas actividades en la construcción de un partido del viraje.

La "cuestión británica" es en realidad solo una pantalla que encubre el único verdadero asunto internacional, la "cuestión del PST". Así de pésimas están las cosas en la Cuarta Internacional. A los camaradas británicos en realidad los expulsaron por la afrenta de vender el *Militant* y no un "periódico británico", según les gritó desdeñosamente un miembro del Grupo Socialista Internacional británico. O por convertirse en "Big Macs", según describió zalameramente un miembro del Secretariado Unificado su pecado. Tardará un poco más —pero no mucho más— para que se reconozca como secciones solamente a aquellas que *no* vendan el *Militant*. Cuando haya que votar al respecto, también habrá muy poco interés en la votación por parte de ambos lados. Reflejará, y de manera acertada, una realidad política que es mucho más grande y más fundamental.[11]

Aparte de las cosas obvias a las que, según indicas, se refirió un miembro de la delegación internacional de dirección durante nuestra visita a Suecia en marzo —como organizar la expansión del trabajo propagandístico internacional en torno a Pathfinder, una organización internacional puede plantearse únicamente como consecuencia de la actividad comunista concreta del tipo que he venido planteando. Solo puede surgir de una convergencia real de agrupaciones comunistas que logren conquistar esta trayectoria como organizaciones internacionalistas del viraje. La verdad es que hoy día no existe tal conjunto de organizaciones, por lo que es correcto referirse a los seis puntos como requisitos.

Son los mismos en todas partes. Y todos debemos juz-

---

11. En mayo de 1989, el grupo de comunistas de Luleå y otras ciudades a los que se dirigió la presente carta celebraron una conferencia y votaron a favor de formar la Liga Comunista en Suecia. Un año más tarde, en junio de 1990, el Partido Socialista de los Trabajadores y las ligas comunistas y grupos de revolucionarios en Australia, Canadá, Francia, Islandia, Nueva Zelanda y Suecia afiliados anteriormente al Secretariado Unificado de la Cuarta Internacional, decidieron cada uno formalizar lo que durante cierto tiempo ya había sido la realidad, y poner fin a estos vínculos, fueran éstos fraternos o estatutarios. Ver el número 1 de *Nueva Internacional,* págs. 11–13, y *El rostro cambiante de la política en Estados Unidos: La política obrera y los sindicatos* por Jack Barnes, págs. 228–29.

gar nuestros propios partidos —ya sea que cuenten con cinco miembros o con quinientos— usando la misma pauta, es decir, si sabemos ponernos a la altura de lo que nos exigen los retos políticos que enfrentamos. Así esperamos que cada miembro individual del PST juzgue al PST. No es diferente en ningún otro país del mundo.

Vamos a poder debatir todo esto más detenidamente durante la conferencia de Oberlin este verano, pero no quise demorar en contestar algunos de los puntos más importantes que planteas en tu carta. La presente ha resultado más extensa de lo que había previsto cuando la empecé. Espero que resulte útil.

Espero también que aún puedas convencer a más camaradas de Luleå de venir a Oberlin. Todavía no es demasiado tarde.

La conferencia de Oberlin del año pasado se destacó sobre todo por su carácter internacionalista. De las discusiones allí sostenidas salió la perspectiva que trazamos hacia el uso más amplio a nivel internacional del *Militant*, hacia la expansión de Pathfinder y hacia las presentaciones del libro *Che Guevara and the Cuban Revolution*.

El congreso y la conferencia de este año se destacarán más que nada por lo que logremos en reconquistar la importancia política central del viraje como piedra angular de todo lo que hacemos. Esto servirá de base para dar otro paso cualitativo en el uso de nuestras herramientas de propaganda comunista como parte integral de una trayectoria hacia una mayor proletarización y un mayor internacionalismo. De esta comprensión surgirá también un impulso hacia una orientación que pueda lograr un nivel potencialmente nuevo de homogeneidad política internacional.

Esto es importante no solo para las agrupaciones más pequeñas. Es igualmente importante para el PST. Desde que la perspectiva del viraje fue derrotada en la Cuarta Internacional, la realidad es que nosotros tampoco hemos formado parte de una organización internacional. Pero no hay internacionalismo sin organización internacional. Y los avances que logremos en el sentido del que estamos hablando también afectarán profundamente el PST.

Saludos comunistas,
f/ Mary-Alice
Mary-Alice

Dirigentes revolucionarios

El Manifiesto Comunista
Carlos Marx y Federico Engels
Explica por qué el comunismo no es un grupo de principios preconcebidos sino la línea de marcha de la clase obrera hacia el poder, que surge de "las condiciones reales de una lucha de clases existente, de un movimiento histórico que se desarrolla ante nuestros ojos". El documento de fundación del movimiento obrero revolucionario moderno.
US$5. También en inglés, francés, persa y árabe.

La última lucha de Lenin
Discursos y escritos, 1922–23
V.I. Lenin
En 1922 y 1923, V.I. Lenin, dirigente central de la primera revolución socialista en el mundo, libró lo que sería su última batalla política. Lo que estaba en juego era si esa revolución, y el movimiento internacional que esta dirigía, mantendría el curso proletario que había llevado al poder a los trabajadores y campesinos en octubre de 1917.
US$20. También en inglés y griego.

La revolución traicionada
¿Qué es y adónde va la Unión Soviética?
León Trotsky
En 1917 los trabajadores y campesinos de Rusia hicieron una de las revoluciones más profundas de la historia. Sin embargo, al cabo de 10 años, una capa social privilegiada, cuyo principal vocero era José Stalin, ya estaba consolidando una contrarrevolución política. Este estudio clásico ilumina el origen del desmoronamiento de la burocracia soviética y los conflictos que se agudizan en las antiguas repúblicas de la URSS.
US$20. También en inglés, persa y griego.

... en sus propias palabras

Cuba y Angola:
La guerra por la libertad
Harry Villegas ("Pombo")

Esta es la historia del aporte inédito de Cuba a la lucha para liberar a África del azote del apartheid. Y de cómo, al hacerlo, se fortaleció la revolución socialista cubana.
US$10. También en inglés.

Malcolm X habla a la juventud

"La joven generación de blancos, negros, morenos y demás: ustedes están viviendo en tiempos de revolución", dijo Malcolm X en diciembre de 1964. "Por mi parte, yo me sumaré a quien sea, no me importa de qué color seas, siempre que quieras cambiar la situación miserable que existe en este mundo". Cuatro charlas y una entrevista que él brindó a jóvenes en los últimos meses de su vida.
US$15. También en inglés, francés, persa y griego.

In Defense of Socialism
(En defensa del socialismo: Cuatro discursos sobre el 30 aniversario de la Revolución Cubana, 1988–89)
Fidel Castro

El dirigente revolucionario describe el papel decisivo de los combatientes voluntarios cubanos en la etapa final de la guerra en Angola contra las fuerzas invasoras del régimen sudafricano del apartheid. No solo es posible lograr el progreso económico y social sin la competencia a muerte del capitalismo, dice el líder cubano, sino que el socialismo es el único camino para la humanidad. En inglés y griego.
US$15

WWW.PATHFINDERPRESS.COM

Puerto Rico: La independencia es una necesidad
Rafael Cancel Miranda

Este dirigente independentista puertorriqueño —uno de los cinco encarcelados por Washington por más de 25 años, hasta 1979— habla sobre la realidad brutal del coloniaje norteamericano, la campaña para liberar a los presos políticos puertorriqueños, el ejemplo de la revolución socialista cubana y la lucha actual por la independencia.
US$6. También en inglés y persa.

La revolución granadina, 1979–83
Discursos de Maurice Bishop y Fidel Castro

El triunfo de la revolución en la isla caribeña de Granada en 1979 bajo la dirección de Maurice Bishop dio esperanzas a millones en el continente americano. Valiosas lecciones sobre el gobierno de trabajadores y agricultores que fue derrocado en 1983 en un golpe de estado estalinista.
US$10

Somos herederos de las revoluciones del mundo
Discursos de la revolución de Burkina Faso, 1983–87
Thomas Sankara

Los campesinos y trabajadores en este país de África Occidental crearon un gobierno popular revolucionario y comenzaron a combatir el hambre, el analfabetismo y el atraso económico impuestos por la dominación imperialista, así como la opresión de la mujer heredada de siglos de sociedad de clases. Cinco discursos del dirigente de esta revolución.
US$10. También en inglés, francés y persa.

WWW.PATHFINDERPRESS.COM

ÍNDICE

A

Abel, I.W., 98
Aborto, 202
Abrantes, José, 271
Abstencionismo, 16, 131
Acción política obrera independiente, 123, 288–89
Afganistán, 172, 178, 206, 242, 281
AFL-CIO, 113, 116–20. *Ver también* Cúpula sindical; Sindicatos
Africa: Cuba y, 34, 76, 263–64; explotación imperialista de, 25, 65, 140, 190, 297; luchas antiimperialistas en, 21, 235, 325. *Ver también* Angola; Burkina Faso; Sudáfrica
Agricultores y campesinos, 138; ascenso de lucha por, 15, 293–94; PST y, 340; en Unión Soviética, 225, 229, 268. *Ver también* Alianza obrero-campesina
Albania, 245, 266
Alemania, 152, 166, 170, 286, 287; su creciente vulnerabilidad, 19–20, 146–49, 150; fascismo en (década de 1930), 20, 228, 255, 287; oriental, 19–20, 146–48, 164, 224, 232; sección de la Cuarta Internacional en, 371
Alianza de la Juventud Socialista (AJS), 300, 325, 332, 346–48;
y la Revolución Cubana, 276, 325
Alianza obrero-campesina, 193, 340; en Cuba, 277–78, 285; en Nicaragua, 177; en Rusia, 198, 215, 225, 268. *Ver también* Agricultores y campesinos
Alianzas revolucionarias, 33, 84–87, 300
América Latina, 25, 174; explotación de, 65, 66, 139–41; lucha antiimperialista en, 21, 32, 72–73. *Ver también* Cuba
Angola, 172, 178–80, 265, 274
Antiapartheid, movimiento, 127, 181, 182, 309, 311, 345, 378–80. *Ver también* Sudáfrica
Antisemitismo, 201, 298, 302, 335
Aquino, Corazón, 173
Arafat, Yasir, 184
Argentina, 139–40; y guerra de las Malvinas, 149–50, 173
Armamento nuclear, 159–61, 163, 166, 167, 169–70
Armenia, 256–57
Asia: explotación imperialista de, 25, 65, 141, 152, 190, 297; luchas de liberación nacional en, 21, 235, 273; Unión Soviética y, 202, 203–4, 256–57
Asociación de Pilotos de Aerolíneas (ALPA), 109

Asociación Fraterna de Mecánicos de Aeronaves (AMFA), 118–19
Asociación Internacional de Mecanometalúrgicos (IAM). *Ver* Eastern, huelga contra aerolínea
Australia, 150–51, 155, 286; Liga Comunista en, 366, 385
Azerbaiyán, 232, 256–57

B

Background to "The Changing Face of U.S. Politics" and "U.S. Imperialism Has Lost the Cold War" (Antecedentes a "El rostro cambiante de la política en Estados Unidos" y a "El imperialismo norteamericano ha perdido la Guerra Fría"—Barnes, Britton y otros), 124–25, 335, 338, 345
Bahía de Cochinos, 34, 237
Baliño, Carlos, 77
Bancarrotas, tribunal de, 109–11
Banca y crisis bancaria, 25, 138–39, 143–44
Bell Curve, The (La curva de campana—Herrnstein y Murray), 251
Berlín, muro de, 39, 146
Bishop, Maurice, 6, 257, 290; su derrocamiento y asesinato, 174, 221, 281
Blair, Anthony, 150
Bolchevique-leninista, oposición, 261, 307, 368
Bolcheviques, 215–16, 261; y continuidad comunista, 197, 286, 307, 351; presunción estalinista de mantener continuidad con, 23, 167, 216; su trayectoria comunista, 203–5, 210, 261
Bolsa de valores: caída de 1987, 143, 359; japonesa, 151–52
Bonapartismo, 157, 158, 228, 287; regímenes estalinistas y, 200, 214, 242–43, 245
Bonos de alto riesgo, 142
Boyle, Tony, 101
Brasil, 140
Brutalidad policiaca, 46, 157–58, 317
Buchanan, Patrick, 38; y Mural Pathfinder, 3–4, 316
Bujarin, Nicolás, 5
Bulgaria, 232, 245
Burkina Faso, 189
Burnham, James, 251
Burocratización del mundo, La (Rizzi), 251
Bush, George (padre), 18
Buthelezi, Mangosuthu, 181–82, 208

C

Camboya, 172, 221
CAME (Consejo de Ayuda Mutua Económica), 68, 211
Campamento de la Solidaridad (UMWA), 103, 125, 131
Campesinos. *Ver* Alianza obrero-campesina
Canadá, 150, 154; Liga Comunista en, 361, 364, 385
Cannon, James P., 6, 291, 324
Capital especulativo, 64
Capitalismo: su ciclo comercial, 37, 63, 143–44, 224, 231, 326–27; su creciente vulnerabilidad, 39, 63–64, 67, 86, 143, 190, 249, 255; y crisis bancaria, 25, 138, 143–44; su crisis deflacionaria, 24, 37, 138, 140, 147, 151–52, 169; globo de deudas, 141–42, 144; incapaz de detener resistencia de trabajadores, 97, 189, 255; inversión en capacidad produc-

tiva, 142–43, 145; su naturaleza de "sálvese el que pueda", 65; ofensiva contra el movimiento obrero, 97, 98–99, 137, 145, 292, 353, 363; su penetración global, 25–26, 63; tendencia de la tasa de ganancias a bajar, 64, 137, 144, 166, 189; su triunfalismo, 17, 61, 250, 251, 254, 326–27. *Ver también* Imperialismo norteamericano

Capitalismo de estado, 236

Carpio, Salvador Cayetano, 221–22

Carta de la Libertad (Sudáfrica), 180, 208

Carter, James, 97

Casey, William, 173

Castro, Fidel, 5, 6, 75, 81–82, 86–87, 257, 272–73, 282, 300; sobre caída de la URSS, 24; y Che Guevara, 29, 218, 286; y la continuidad comunista, 196–97, 261–62, 280, 285, 290–91; sobre Nicaragua y Granada, 273–74; sobre el Período Especial, 31; sobre el privilegio y la corrupción, 267; sobre el socialismo, 71, 79, 88, 196–97, 285

Censura, 158

Central de Trabajadores de Cuba (CTC), 30–31

Centralismo revolucionario, 15, 37, 52, 132–33, 216, 220, 308–9, 311, 327, 328, 362–64

Checa, República, 165

Checoslovaquia, 206, 224, 242

Che Guevara and the Cuban Revolution (Che Guevara y la Revolución Cubana-Guevara), 210, 218, 360, 384, 386

Che Guevara: economía y política en la transición al socialismo (Tablada), 126, 218, 360

Chicanos, 291

China, 152, 209, 227, 238; revolución en, 159, 234, 235, 236, 266

CIO (Congreso de Organizaciones Industriales), 118, 234, 289

Clase media, 86, 137–38, 292; negros y, 295–96

Clase trabajadora: al centro del escenario político, 35, 97, 353; su conciencia cambiante, 108, 291–92, 312–13; en estados obreros deformados, 163–66, 190, 217, 231–32, 241–42, 244, 257; en Europa occidental, 148, 153; y lucha contra guerra imperialista, 122, 175–76; ofensiva capitalista contra, 97, 98–99, 137, 292, 353, 363; su resistencia creciente, 15, 26, 35–36, 38, 101–5, 112–13, 251–52, 293, 294, 314, 326, 329; en el Tercer Mundo, 25, 83–84, 190; en la transición al socialismo, 191–97. *Ver también* Acción política obrera independiente; Sindicatos

Clifford, Pete, 315

Clinton, William, 30, 165

Coalición Arcoiris, 253, 282, 302

Coard, Bernard, 174, 221, 281

"Coexistencia pacífica", 168, 198, 253

Colectivismo burocrático, 236

Comité Pro Trato Justo a Cuba, 275

Comunidad Europea, 148, 150

Comunismo, 17, 258; su falsificación estalinista, 23, 218–21, 223, 245; y movimiento obrero, 307–8, 311–13; su rechazo por FSLN, 252, 281, 284, 379. *Ver también* Continuidad comunista; Marxismo

Congreso Nacional Africano (ANC,

Sudáfrica), 168, 374, 378–80; su trayectoria revolucionaria, 180–82, 208, 256. *Ver también* Mandela, Nelson; Sudáfrica
Congreso Panafricanista (PAC, Sudáfrica), 208
Continental, aerolínea, 112
Continuidad comunista, 46, 230, 368–69; Cuba y, 34, 261, 266–67, 285; pretensiones estalinistas de, 23, 167, 220–21; PST y, 51, 276, 305, 306–7, 309, 351, 352–53; ruptura con estalinismo, 207, 237–38, 261, 266, 368
Contratos sindicales, 98, 102, 119; óptica colaboracionista de clases sobre, 115
Corea: guerra de (1950–53), 159–60; norte, 174, 234, 266; sur, 141, 174
Cosmetics, Fashions, and the Exploitation of Women (Los cosméticos, la moda y la explotación de la mujer—Hansen, Reed, Waters), 330
"Crisis de los misiles", 34
CTC. *Ver* Central de Trabajadores de Cuba
Cuarta Internacional: su crisis histórica, 368–72, 374–79, 382–85; PST y, 313, 382–85, 387
Cuba, 28–35, 74–75, 237; su antiimperialismo, 72–74, 186, 210–12, 265; ataques norteamericanos contra, 72–73, 74–75, 80, 174, 184–89, 261; combate de abusos burocráticos en, 238–39, 270–71, 278–80; y continuidad comunista, 34, 261, 266–67, 285; democracia en, 81–82, 87; dirección comunista en, 237, 261–80, 284–86, 369–70; como ejemplo, 29, 34–35, 240, 266–67, 275; y estalinismo, 27, 265–66, 227–78; su internacionalismo proletario, 29, 76, 186, 210–12, 238–39, 256, 263–65, 266–67, 280; misiones internacionalistas, 34, 179, 263–65, 274–75; negros y mujeres en, 272–73, 280; Período Especial, 27, 28, 30–31, 69, 78–79, 88, 168–69; PST y, 275–76, 369–70; y Unión Soviética, 69, 168–69, 187, 283; visita papal, 30. *Ver también* Partido Comunista de Cuba; Rectificación, proceso de
Cuito Cuanavale, 179–80, 264, 275
Cúpula sindical: adaptación a, 107, 132, 314; su capitulación ante patrones, 98; su colaboracionismo de clases, 113–20, 152, 165–66, 292, 305; en huelga contra Eastern, 105–6; y Partido Demócrata, 114, 116–17, 288–89; procura atraer militantes, 121; su resquebrajamiento, 108, 121–22
Currey, Fred, 99, 100
Curtis, Mark, 127, 316–17, 320

D

Daily Worker, 290
Debs, Eugene V., 5
"Declaración de los mambises del siglo XX", 29–30
Defensa, campañas de, 314–16. *Ver también* Curtis, Mark
Deflación, 24, 37, 138, 140, 147, 151–52, 169
de Klerk, Fredrick W., 180, 182
de la Guardia, Antonio, 271
de la Guardia, Patricio, 271
Democracia: burguesa, 82–83, 157, 251–52; en Cuba, 81–82
Depresión: de década de 1930, 25, 142, 224, 287; que viene, 25, 138,

140–41, 190
Derechistas, grupos, 158, 314. *Ver también* Fascismo
Derechos democráticos, 157–58, 200, 251–52
Desarrollo desigual y combinado, 64
Desempleo, 152, 153; en Estados Unidos, 37, 295, 326
Desorden mundial del capitalismo, El (Barnes), 38, 157
Destino Manifiesto, 74
Deuda: globo de, 141–42, 144; del Tercer Mundo, 65, 139–41, 212
"Días de perros" del movimiento comunista, 36–37, 38, 324–27
Dictadura del proletariado: sus bases económicas y políticas, 198; en Cuba, 26, 34, 184–86, 264, 291; estalinismo y, 220–21, 228, 313–14; su rechazo por FSLN, 252; en Rusia soviética, 21, 203, 249; como única vía, 258, 280, 284–86
Dinamarca, 148
Dinkins, David, 316
Directorio Revolucionario (Cuba), 75, 277
Dobbs, Farrell, 6, 122, 275, 282, 291
Douglas, Paul, 99, 100, 112
Drogas, 82; y los pretextos bélicos de Washington, 171, 173–74, 188
Du Bois, W.E.B., 5
Dynamics of the Cuban Revolution (Dinámica de la Revolución Cubana—Hansen), 276, 370

E

Eastern, huelga contra aerolínea (1989-91), 35–36, 37, 99, 102, 103, 104, 105–13; PST y, 110–12, 123–27, 129–34

Eastern Airline Strike, The (La huelga contra la aerolínea Eastern—Mailhot y otros), 99–100, 113
El Salvador, 172, 189, 221–22, 284
Empacado de carne, industria de, 36, 101–2, 157
En defensa del marxismo (Trotsky), 230, 251
Energía nuclear, 98, 292
Engels, Federico, 5, 23, 49, 68, 220–21, 280, 380; y continuidad comunista, 51, 196–97, 258, 285, 286, 307, 351
Escalante, Aníbal, 277–78
Eslovaquia, 232
España, guerra civil, 221, 229, 288
Estados obreros, deformados y degenerados: bonapartismo en, 200, 214–15, 242–43, 245; capitalismo no ha sido restaurado en, 21, 22, 162–63, 230–32, 243–44, 254; castas privilegiadas en, 161–62, 168, 198–202, 213, 214, 225, 230, 231, 242–43, 246; clase trabajadora dentro de, 163–66, 190, 216–17, 231–33, 241–42, 244, 257; continuidad comunista rota en, 207, 237–38, 244; su creación en posguerra, 234–35, 266; su degeneración estalinista, 198–202; derechos nacionales y autodeterminación en, 202–12, 214, 229; desintegración de aparatos estalinistas en, 17, 146, 161–62, 164, 167, 206–7, 239, 250–51, 254; estancamiento económico en, 222–28, 241; mujeres en, 202, 214; programa comunista para, 239–40; sus relaciones de propiedad, 25–26, 161–62, 195, 223, 230–31, 234–35, 242,

243–44, 255; revolución política en, 233, 239; como "sistema peor que el capitalismo", 262, 267. *Ver también* Estalinismo; Unión Soviética
Estalinismo: su carácter contrarrevolucionario, 198, 227, 230, 254, 258; su fortalecimiento de la posguerra, 235, 236, 266; y el Frente Popular, 24, 288; sus justificaciones ideológicas, 212–22; su maquinaria asesina, 221–22, 229–30, 255, 288; como obstáculo, 23–24, 68–69, 71, 162–63, 220–21, 258, 261, 287, 289; su origen, 199; sus presunciones de marxista, 23, 27–28, 217–20, 222–23, 227, 245; rompe continuidad comunista, 207, 229–30, 237–38, 261, 266, 368; y socialdemocracia, 235, 246–47; sus traiciones, 228–29, 235, 236, 287–90; y victoria nazi, 228, 287; *versus* internacionalismo proletario, 194–95, 205–6, 219
Estonia, 207
Etiopía, 273, 274
Euro, 148, 150

F

Fascismo, 38, 67, 255; en década de 1930, 20, 228–29, 286–87, 288
Federación Americana de Empleados Estatales, de Condado y Municipales (AFSCME), 117–18
Festival Mundial de la Juventud y los Estudiantes (1997), 29
Filipinas, 141, 173
Fondo Monetario Internacional (FMI), 65
Fonseca, Carlos, 6, 284
Fracciones en sindicatos industriales, 322–23, 327–28, 342, 345, 352, 362–64; su estructura nacional, 330, 338–39; y huelgas de Eastern-Pittston, 36, 123–24, 125–26, 130, 132; en minería de carbón y empacado de carne, 328–29
Francia, 152, 199, 228, 235; y rivalidades interimperialistas, 20, 146–47
Franco, Francisco, 229
Frente Farabundo Martí para la Liberación Nacional (FMLN, El Salvador), 284
Frente Popular, 24, 222, 228, 288
Frente Sandinista de Liberación Nacional (FSLN, Nicaragua), 208–9, 379–80; curso hacia la derecha, 176–77, 252, 281–84, 379
Frontline, 313
Fukuyama, Francis, 252
Fusiones: empresariales, 145; sindicales, 117–18

G

Gadafi, Mu'ammar al-, 172
Ganancias, 145; declive en tasa de, 64, 137, 144, 166, 189
Gelfand, Alan, 318–19
Glasnost, 253
"Globalización", 32–33, 61–62, 63–64, 66, 67
Gorbachov, Mijaíl, 23, 167, 206, 220–21, 222, 247–48, 254, 256–57, 282; y perestroika, 226–27, 253, 279–80; su trayectoria bonapartista, 214–15, 243, 245
Granada, 6, 211, 219, 370; invasión por Washington, 174, 175; proscripción de libros, 315–16; significado histórico de revolución, 273–74, 325; traición de revolución, 36, 174–75, 187, 189,

221, 280-81
Gran Bretaña. *Ver* Reino Unido
Greenspan, Alan, 251
Greyhound, huelga (1990), 99-100, 125
Guantánamo, base naval estadounidense, 73, 174, 187
Guardian, 313
Guerra, peligro de, 66-67, 253, 255; nuclear, 174
Guerra del Golfo (1990-91), 15, 18, 37, 134, 326
Guerra Fría: el imperialismo norteamericano perdió, 34, 190; qué era, 158-61
Guerra nuclear, 163, 169-70
Guevara, Ernesto Che, 6, 257, 258, 300; su internacionalismo proletario, 29, 76, 210; sobre transición al socialismo, 78, 79-80, 196-97, 218, 269, 280, 286
Gustafsson, Tom, 376-77

H

Hampton, Fred, 304
Hansen, Joseph, 275, 318, 369-70
Healy's Big Lie (La gran mentira de Healy—Hansen y otros), 318-19
Hermann, 188-89
Hipotecas, tasas de, 138
Hiroshima y Nagasaki, 169, 254
Historia del trotskismo americano, La (Cannon), 324
Hitler, Adolfo, 20, 287
Homosexuales, derechos de, 292
Huelga de los obreros de la carne contra la Hormel en Austin, Minnesota, 1985-86, La (Halstead), 101
Huelgas, 15; aerolínea Eastern (1989-91), 35-36, 37, 99-100, 102, 103, 104, 105-13, 129-34; Boeing (1989), 104-5; del carbón (1977-78), 97; del carbón (1981), 100; *Daily News* de Nueva York (1990-91), 125; de enlatados en Watsonville (1986-87), 101-2, 126; General Motors (1998), 38; Greyhound (1990), 99-100, 125; Hormel (1985-86), 101; Local 1199 de trabajadores de hospitales (1989), 112, 125; Massey (1984-85), 103, 112, 120; NYNEX (1989), 112, 125; Pittston (1989-90), 36, 37, 99-100, 102-3, 111, 112-13, 120, 123-24, 125-28, 131, 134, 294; posteriores a Segunda Guerra Mundial, 234; prendas de vestir Domsey (1990), 125; trabajadores del papel (1987-88), 102; UPS (1997), 38
Hungría, 165, 232; levantamiento en (1956), 206, 242

I

Iglesia Católica, 30
Imperialismo: y colapso soviético, 162-63, 190, 254; Cuba e, 72-74, 184-86, 210-12, 265; explotación de países semicoloniales, 25, 65-66, 139-41, 150-51, 190, 297; lucha contra, 21, 31-32, 211, 234-35, 273-74, 291, 325; y rivalidades interimperialistas, 18, 22, 64, 144, 145-52, 163, 166-67, 190. *Ver también* Capitalismo
Imperialismo: fase superior del capitalismo, El (Lenin), 62
Imperialismo norteamericano: y Angola, 178-79, 186; su arsenal nuclear, 159-61, 166, 167, 169-70; y Cuba, 72-75, 82, 184-89, 261; su dominio económico, 144; y Guerra del Golfo, 18, 37, 134, 326-27; y Guerra Fría, 34,

158-61, 190; y guerras de "baja intensidad", 175, 176, 178-79, 187-88; intervención militar, 161, 171, 172, 175-76, 189; su poderío militar, 146, 152, 166, 171-74; su posición debilitada, 163, 189-90, 240-41; y rivalidades interimperialistas, 20, 21-22, 150-52, 166; y Unión Soviética, 22, 160-61, 163, 166-69, 190. *Ver también* Capitalismo
Impuestos, 138, 149, 153
In Defense of Socialism (En defensa del socialismo—Castro), 285
India, 169
Indonesia, 140-41
Ingeniería social, 196
Inkatha (Sudáfrica), 182
Inmigrantes, trabajadores, 15-16, 155-56, 292; ataques contra, 153, 156; fortalecen clase trabajadora, 156-57
Interés, tasas de, 137-38, 143, 149
Internacional Comunista, 5, 205, 250, 367; y continuidad comunista, 197, 249, 286, 307, 351, 352, 368-69; su degeneración estalinista, 230, 261, 368
Internacionalismo proletario, 194-95, 300, 308-9, 367, 379-80; Cuba e, 29, 34-35, 76, 178-79, 186, 210-12, 238-39, 256, 263-65, 266-67, 275, 280; estalinismo e, 194, 205-6, 219
Internationaliste, L' (La internacionalista), 310
International Paper, 112
Intifada, 183
Irán: y guerra Irán-Iraq, 172-73; revolución (1979), 273, 325
Iraq: y guerra Irán-Iraq, 172-73; maniobras de guerra contra (1997-98), 150. *Ver también* Guerra del Golfo (1990-91)
Irlanda del Norte, 315
Israel, 169, 172; y palestinos, 32, 183, 184
Italia, 235, 286-87
Izquierda pequeñoburguesa, 24, 83, 84, 222-23, 247, 313-14, 382; y burocracia sindical, 107, 314

J

Jackson, Jesse, 282, 302
Japón, 20, 24, 141, 151-52, 199
Jones, Mother (Madre Jones), 5
Jruschov, Nikita, 226
Juventud Socialista, 13-17, 38, 45-49, 51-53, 346-47; reclutamiento a, 46-48, 309, 346, 368

K

Kautsky, Karl, 62
Kennedy, John F., 160
King, Martin Luther, 301
Ku Klux Klan, 299

L

Lenin, V.I., 5, 62, 215-16, 268; y autodeterminación, 203-4, 209, 229; y continuidad comunista, 197, 258, 307, 351; Cuba y, 76, 280, 285, 286; y estalinismo, 23, 68, 205, 220; sobre opresión nacional, 203-4, 209, 229
Leninist Strategy of Party Building, The (La estrategia leninista para la construcción del partido—Hansen), 369-70
Letonia, 207, 232
Ley del valor, 171, 195-96, 197, 217-18
Liberación nacional y autodeterminación, 202-12, 304
Libia, 172
Liga Comunista Revolucionaria

(LCR, Francia), 371, 376
Liga Obrera, 107, 317–20
Ligas Comunistas, 336, 361. *Ver también* países individuales
Lituania, 207
López Cuba, Néstor, 283
Lorenzo, Frank, 35–36, 99–100, 105, 110, 111–12
Lucy, William, 118
Lutte ouvrière (Lucha obrera), 310
Luxemburgo, Rosa, 5

M

Maceo, Antonio, 76
Major, John, 150
Malcolm X, 6, 257, 282; su legado político, 297–303
Malcolm X, February 1965: The Final Speeches (Malcolm X, febrero de 1965: los discursos finales), 299
Malcolm X: The Last Speeches (Malcolm X: los últimos discursos), 360, 361
Malvinas, guerra de las (1982), 149–50, 173, 189
Managerial Revolution, The (La revolución gerencial, Burnham), 251
Mancomunidad de Estados Independientes, 207
Mandela, Nelson, 6, 179, 180, 181, 183, 208, 257
Manifiesto comunista, El (Marx y Engels), 5, 312
Maoístas, 371
Mapplethorpe, Robert, 321
Martí, José, 72–73, 76–77, 80
Marx, Carlos, 5, 68, 220, 223–24, 285; y continuidad comunista, 51, 196–97, 220, 258, 286, 306–7, 351; se integra al movimiento obrero, 49, 380
Marxismo, 15, 23, 63, 70, 303, 348;

Cuba y, 75–76, 78, 218, 280, 284–85; educación en, 128, 349, 352; estalinismo y, 23, 27–28, 67–68, 217–21, 303
McEntee, Gerald, 118
Médica, atención, 100–101, 104, 116
Medio ambiente, 67, 171, 202; lucha para combatir su destrucción, 46, 64–65, 292; y socialismo, 71, 193
Mella, Julio Antonio, 77
Mencheviques, 212–13
México, 38, 139–40, 150–51
Microbrigadas, 270, 272
Milicias de Tropas Territoriales, 186, 274
Militant, The, 275; lectores obreros, 125–26, 128–29, 130, 323; y movimiento mundial, 310–11, 365–66, 384–85, 386
Milken, Michael, 142
Miller, Arnold, 101
1984 (Orwell), 251
Mineros por la Democracia, 101, 120
Moscú, procesos de, 229
Movimiento comunista mundial, 170; y la "convergencia comunista", 373–74; el PST y, 133, 308–11, 335–37, 352–53, 358; su reconstrucción, 249, 257–58, 368–69, 373–74, 379–82, 386–87. *Ver también* Internacional Comunista; Ligas Comunistas; Partido Socialista de los Trabajadores (PST)
Movimiento de la Nueva Joya, 281
Movimiento 26 de Julio, 75, 277
Muhammad, Elijah, 298–99
Mujeres, 30, 46, 193, 195, 283; en Cuba, 272–73, 280; en estados obreros deformados, 201, 202,

214; en industria, 15, 97–98, 331; Malcolm X acerca de, 298–99; movimiento pro derechos de, 122, 291, 293, 311, 317; en el PST, 330–33
Mussolini, Benito, 286–87

N

Nación del Islam, 297–300
Namibia, 179, 180
NBIPP. *Ver* Partido Político Independiente Negro Nacional
Negros, 295–97, 301–2; cuadros del PST, 303; en Cuba, 273, 280; y lucha negra, 289, 291; y luchas obreras, 15, 38, 297
Nelson Mandela Speaks (Habla Nelson Mandela), 183
"Neoliberalismo", 32, 66, 67, 78, 86–87
New International no. 3, 263
New International no. 4, 278, 373
New International no. 6, 175, 187, 267, 273
New Probe by the Workers League against the Communist Movement, A (Un nuevo tanteo por la Liga Obrera contra el movimiento comunista), 107
New York Post, 316
Nicaragua, 211, 325; guerra contra, 172, 176, 283; ocaso de revolución en, 36, 176–77, 187, 189, 252–53, 281–85; Proceso de Autonomía, 208–9; significado de revolución, 273–74; solidaridad con, 293–94, 378–80
Nixon, Richard, 160
Noriega, Manuel, 175
Novack, George, 318
Nueva Internacional, 125–26, 129, 310, 366; su papel, 350
Nueva Internacional no. 1, 134, 159, 385
Nueva Internacional no. 2, 187, 218, 270
Nueva Internacional no. 3, 177, 209, 372
Nueva Internacional no. 4, 13, 24, 139, 151, 157, 358
Nueva Zelanda, 150–51, 155, 286; Liga Comunista en, 361, 364, 375, 385

O

Obreros del Acero Resisten, 98
Ochoa, Arnaldo, 271
OLAS, conferencia de (1967), 31
Organización del Tratado del Atlántico Norte (OTAN), 21–22, 163, 164–65
Organización para la Liberación de Palestina (OLP), 183, 184
Organización Popular de Azania (AZAPO), 208

P

Packinghouse Worker's Fight for Justice: The Mark Curtis Story, A (Una lucha por justicia por un empacador de carne: La historia de Mark Curtis—Craine), 127
Palestinos, 32, 183, 184
Palme, Olof, 282
Panamá, 174, 175, 189
Panteras Negras. *Ver* Partido de las Panteras Negras
Papa Juan Pablo II, 30
Paquistán, 169, 172
Partidarios. *Ver* Partido Socialista de los Trabajadores (PST), partidarios activos
Partido Comunista de Cuba, 79, 87–88, 244, 249, 256, 380; su carácter comunista, 33, 79, 210–12, 261–80, 291, 367, 369; y la "convergencia comunista", 374; su formación, 74–75, 237, 277;

Índice   401

su liderazgo, 28–29, 272–73; y rectificación, 28, 267–68, 271–72. *Ver también* Cuba
Partido Comunista: de Alemania, 228; de Estados Unidos, 288–90, 324, 334; de Filipinas, 313; de Sudáfrica, 313; de la Unión Soviética, 17, 23, 167, 213–17, 245
Partido de la Igualdad Socialista, 107
Partido de las Panteras Negras, 303–4
Partido Demócrata: cúpula sindical y, 114, 116–17, 288–89; Malcolm X sobre, 301
Partido Mundo Obrero, 313–14
Partido Nazi Americano, 299
Partido Político Independiente Negro Nacional (NBIPP), 334–35
Partido Revolucionario Cubano, 77
Partido Revolucionario de los Trabajadores (PRT, México), 371
Partidos Comunistas: sin corrientes revolucionarias en su seno, 248–49; su desintegración, 161, 222, 245–49, 291; sus vínculos a castas dominantes, 244, 246, 247–48. *Ver también* Estalinismo
Partido Socialdemócrata de Alemania, 62, 228, 287
Partido Socialista de los Trabajadores (PST): aparato de propaganda, 336–37; comités de empleos, 323, 327, 339–40, 342; y continuidad comunista, 51, 276, 305, 306–7, 309, 351, 352–53; y Cuarta Internacional, 313, 382–85, 386–87; educación marxista en, 128, 349–50, 352; escisión

de 1983, 328; escuela de dirección, 349; existencia semisectaria, 129; finanzas, 323–24, 327, 344; como fracción de vanguardia obrera, 128, 133–34, 304–5, 311, 323; funcionamiento disciplinado, 37, 48, 311, 323, 327, 336–37, 352, 365; funcionamiento en sindicatos, 120–34, 304–8; durante Guerra del Golfo (1990–91), 18; homogeneidad política, 323, 335, 348, 349, 362, 363, 373; y huelgas de Eastern-Pittston, 110–13, 123–34, 338–39; labor de propaganda, 125–26, 128, 129–30, 309–11, 365–67, 386; liderazgo, 52, 125, 318–19, 327, 328, 331–34, 337–39, 349, 350, 352; y Malcolm X, 300; militancia, 325, 328, 337, 343–45; militancia provisional, 328, 341–43; y movimiento comunista mundial, 133, 309–11, 335–37, 352–53, 358; partidarios activos, 328, 343–46; persecuciones del, 314–20; sus ramas, 17, 18, 52, 130, 132, 323, 325–26, 327–28, 329, 337, 338, 339–40, 341, 342, 349–50, 352, 363, 364–65; reclutamiento, 16, 123, 128, 304, 330–31, 332, 337, 341, 343, 347–48, 368; y Revolución Cubana, 275–76; ritmo semanal, 308–9, 310, 323, 364–65; y trabajo de masas, 16, 38, 121, 125, 308–9, 337, 339; ventas en entradas de fábricas, 328, 339. *Ver también* Fracciones en sindicatos industriales; Viraje a sindicatos industriales
Partido Socialista de Suecia. *Ver* Suecia, sección de la Cuarta Internacional en
Partido Socialista Popular (PSP,

Cuba), 75, 237, 277
Partido Verde (Alemania), 371
Pathfinder, Mural, 3–10, 39, 126, 320–22; ataques contra, 315, 316, 321
Pathfinder nació con la Revolución de Octubre (Waters), 337
Pathfinder Press, 9, 301; su papel, 309–10, 366–67, 384, 386; y trabajadores de vanguardia, 125–26, 128, 129
Paulsen, James, 145
Pena capital, 158
Pensiones, fondos de, 114
Perestroika, 226–27, 253, 280
Perspectiva Mundial. Ver *Militant, The*
Perú, 173–74, 222
Pittston, huelga de (1989–90), 36, 37, 99–100, 102–3, 112–13, 120, 294; PST en, 123–28, 130–32, 134, 338–39; victoria en, 131
Plataforma Programática del Partido Comunista de Cuba, 263
Platt, enmienda, 73
Polonia, 165, 232, 242; levantamiento (1980), 162, 243
Pol Pot, 172, 221
Prisiones, guardias de, 117–18; sistema de, 158, 295–96
Problemas económicos del socialismo en la URSS (Stalin), 218
Proceso de Rectificación, 28, 68–69, 186–87, 188, 267–75, 279, 285. Ver también Cuba
Programa de transición (Trotsky), 305–6, 369
Proteccionismo, 144, 150–52
Puerto Rico, 15, 76, 291–92

Q

Quebec, 154
¡Qué lejos hemos llegado los esclavos! (Mandela, Castro), 179

R

Race-baiting, 333–35
Rádek, Carlos, 5
Rand, Ayn, 251
Reagan, Ronald, 138, 172, 173, 253
Redimensionamiento, 138, 143
Reino Unido, 138, 148, 149–50, 152, 173, 199, 364; Liga Comunista en, 329, 361, 364, 383–84
Revolucionarios de acción, 262, 264, 306
Revolución Rusa (1917), 22, 162, 194, 237–38, 249, 287
Revolución traicionada, La (Trotsky), 162, 230, 243
Rizzi, Bruno, 251
Roach, Stephen, 143
Roosevelt, Franklin, 288–89, 290
Rostro cambiante de la política en Estados Unidos, El (Barnes), 124, 322, 349, 372, 385
Rumania, 202, 232, 245
Rushdie, Salman, 321
Rusia, 20, 25–26, 152, 332–33. Ver también Revolución Rusa; Unión Soviética
Rusia, guerra civil (1918–20), 199, 215–16

S

Sadlowski, Ed, 98
Salarios, 100, 105; diferencias de, 99, 115, 117, 193; recortes de, 99, 101, 114, 145, 155
Salario social, 153, 231, 244
Sandino, Augusto César, 6, 281
Sankara, Thomas, 6, 189, 257, 290–91
São Paulo, Foro de, 86
Secretos de generales (Báez), 34
Segunda Guerra Mundial: ascenso revolucionario en posguerra, 233, 234–35, 236, 237, 266;

Estados Unidos como vencedor, 20–21; estalinismo y, 228–29, 289–90; y movimiento de soldados "Que nos regresen a casa", 159; victoria soviética en, 20–21, 224, 225
Semana laboral, 144, 145
Sendero Luminoso (Perú), 221–22
Sindicato de Trabajadores de Hospitales (Distrito 1199), 112
Sindicato de Trabajadores del Transporte (TWU), 109
Sindicatos: aceptación de cargos en, 121, 314; un ala izquierda de lucha de clases en, 108, 123, 305; amigos del PST en sus filas, 127–28, 323–24; ataque de clase dominante contra, 157–58; creciente resistencia dentro de, 38, 293, 294; su despertar, 114–16, 292; fusiones de, 117–18; grupos de oposición en, 109; y lucha negra, 15–16, 297; liderazgo de filas en, 105, 106–7, 108–10, 120–21; lucha por democracia en, 98, 100–101, 132; su repliegue, 36, 98–100, 325–26; su transformación, 15–16, 121–23, 305. *Ver también* Partido Socialista de los Trabajadores, funcionamiento en sindicatos; sindicatos individuales
Sindicato Unido de Mineros de América (UMWA), 36, 97–98, 100, 234; burocracia de Trumka en, 119–20, 131; fracción del PST en, 328–29, 330; huelga del carbón (1977-78), 97, 100; huelga contra Massey (1984–85), 103, 112, 120; en el oeste, 102. *Ver también* huelga de Pittston
Sindicato Unido de Obreros Automotrices (UAW), 117

Sindicato Unido de Obreros del Acero de América (USWA), 98
Sindicato Unido de Trabajadores Agrícolas (UFW), 38
Sindicato Unido de Trabajadores de Alimentos y del Comercio (UFCW), 101; fracción del PST en, 329, 330
Smith, ley, 290
Social Democracia, 153, 165, 258, 282, 289, 313, 379; y estalinismo, 235, 246–47
Socialismo: Castro sobre, 71, 79, 88, 196–97, 285; Cuba y, 77–81; y "hora de la nación", 304; como necesidad, 27, 33, 67, 69–72, 170, 285; y partido comunista, 195, 198; requiere revolución, 32–33, 71, 83; transición al, 191–98
"Socialismo en un solo país", 34–35, 194, 253
Soler, Aldo, 126–27, 322
Soviets, 194, 213
Stalin, José, 205, 206, 218, 224, 248
Stalin-Hitler, pacto, 229, 289
Sudáfrica: y guerra de Angola, 179–80, 264, 275; lucha revolucionaria en, 180–83, 190; y movimiento mundial antiapartheid, 127, 182, 309, 311, 345, 378–80; problema nacional en, 208
Sudáfrica, la revolución en camino (Barnes), 183
Suecia, 148, 153–54; Liga Comunista en, 383–85; sección de la Cuarta Internacional en, 364, 375–79, 382–84
Su Trotsky y el nuestro (Barnes), 372
SWAPO (Organización Popular del Africa Sudoccidental, Na-

mibia), 179, 275
Sweeney, John, 119-20

T

Tablada, Carlos, 126
Tailandia, 141
Te Kuti, 6
Teamsters, Local 574/544, 122, 290
Teamsters, serie de los (Dobbs), 122, 290
Teicher, Howard, 173
Tercer Mundo, países del: su explotación imperialista, 25, 65-66, 139-41, 150-51, 190, 297; y lucha antiimperialista, 21, 31-32, 211, 234-35, 273-74, 291, 325
Terrorismo: contra Cuba, 75, 187-88; estalinista, 201, 214, 229; fascista, 287; como pretexto bélico de Washington, 171
Thatcher, Margaret, 138, 149
Thomas Sankara Speaks (Habla Thomas Sankara), 189, 360-61
Three Mile Island, 98
Torralbas, Diocles, 271
Trabajadores: informales y marginales, 84; a tiempo parcial y temporales, 115
Trabajadores de Comunicaciones de América (CWA), 112
Trabajo voluntario, 191, 193, 195, 219-20; en Cuba, 265, 270, 272, 280
Trade Unions in the Epoch of Imperialist Decay (Los sindicatos en la época de la decadencia imperialista—Trotsky, Dobbs, Marx), 16
Tratado Norteamericano de Libre Comercio (TLC), 150-51
Tricontinental, conferencia (1966), 31-32
Trotskismo, 313, 370-71
Trotsky, León, 5, 268, 369; y continuidad comunista, 197, 258, 307, 351; sobre estado obrero soviético, 162, 230, 243, 251
Trumka, Richard, 119, 131
TV Martí, 189
Two Study Guides on Lenin's Writings (Dos guías para el estudio de los escritos de Lenin), 350

U

Última lucha de Lenin, La (Lenin, Trotsky y otros), 205
Ultraimperialismo, 32, 61-62
Ultraizquierdismo, 16, 129, 287, 303-4, 314; en Cuarta Internacional, 369-70, 382; estalinista, 228, 289, 324
Unión de Jóvenes Comunistas (UJC), 272
Unión Europea, 19
Unión Soviética: colectivización forzosa en, 225, 229; y Cuba, 69, 168-69, 283; declive económico, 223, 225-27; su desintegración, 17, 164, 167, 206-7, 222; e imperialismo norteamericano, 22, 160-61, 163, 166-68, 169, 190; intervención en Afganistán, 178, 206, 242, 281; problema nacional en, 202-8; represión en, 216-17, 221, 229; ruptura de continuidad comunista en, 237-38, 261; en Segunda Guerra Mundial, 21, 229, 233-34. *Ver también* Estalinismo; Estados obreros, deformados y degenerados
UNITA (Angola), 172, 178, 179, 180, 186

V

Varsovia, pacto de, 163, 164, 166, 174
Vietnam, 31-32, 227, 234, 325

Vietnam, guerra de, 160, 225; movimiento contra, 291, 325
Viraje a sindicatos industriales, 123–24, 133, 308–9, 328; antecedentes históricos, 124, 324–25; su conquista, 322–23, 327, 330, 333, 335, 339, 341, 347, 363–64; contrarrevolución en Cuarta Internacional, 376–78; su importancia central, 132–33, 331, 362, 373, 375–78, 386

W

Wall Street enjuicia al socialismo (Cannon), 290
Women and the Cuban Revolution (La mujer y la Revolución Cubana—Castro, Espín, Stone), 274
Workers and Farmers Government, The (El gobierno de trabajadores y agricultores—Hansen), 276
Workers and Farmers Government in the United States, The (El gobierno de trabajadores y agricultores en Estados Unidos—Barnes), 276
Workers of the World and Oppressed Peoples, Unite! (¡Trabajadores del mundo y pueblos oprimidos, uníos!), 205

Y

Yablonski, Jock, 101
Yeltsin, Boris, 23, 167, 227
Yemen del Sur, 281
Yugoslavia: guerra en (década de 1990), 21, 38, 164–65; su revolución en la posguerra, 234, 236, 266

Z

Zinóviev, Gregorio, 5

La construcción de un
PARTIDO PROLETARIO

El socialismo en el banquillo de los acusados
Testimonio en el juicio por sedición en Minneapolis
JAMES P. CANNON

El programa revolucionario de la clase trabajadora, tal como fue presentado en respuesta a cargos fabricados de "conspiración sediciosa" en 1941, en vísperas del ingreso de Washington a la Segunda Guerra Mundial. Los acusados eran dirigentes del movimiento obrero en Minneapolis y del Partido Socialista de los Trabajadores. Incluye la respuesta de Cannon a críticos ultraizquierdistas. US$16. También en inglés, francés y persa.

Revolutionary Continuity (Continuidad revolucionaria)
Liderazgo marxista en Estados Unidos
FARRELL DOBBS

"Generaciones sucesivas de militantes proletarios han participado en los movimientos de la clase trabajadora y sus aliados y han luchado para conducirlos por el camino correcto... Los marxistas de hoy no solo les debemos tributo por sus acciones. También tenemos el deber de aprender de lo que hicieron mal y de lo que hicieron correctamente para que sus errores no sean repetidos". —Farrell Dobbs
En inglés. Dos tomos: *Los primeros años, 1848–1917*, US$20; *El nacimiento del movimiento comunista, 1918–1922*, US$19.

La historia del trotskismo americano, 1928–38
Informe de un partícipe
JAMES P. CANNON

"El trotskismo no es un movimiento, una nueva doctrina, sino la restauración, el renacimiento del marxismo genuino tal como se expuso y se practicó en la Revolución Rusa y en los primeros días de la Internacional Comunista", dice Cannon. En 12 charlas en 1942, él habla sobre el trabajo de forjar un partido proletario en Estados Unidos. US$22. También en inglés y francés.

¿Qué hacer?
V.I. LENIN

La decisiva importancia de crear una organización disciplinada de revolucionarios proletarios capaces de actuar como "el tribuno popular, que sabe reaccionar ante toda manifestación de arbitrariedad y de opresión, dondequiera que se produzca, para explicar a todos y cada uno la importancia histórica universal de la lucha emancipadora del proletariado". Escrito en 1902. En *Obras escogidas*. Un tomo. US$14.95

En defensa del marxismo
Contra la oposición pequeñoburguesa en el Partido Socialista de los Trabajadores
LEÓN TROTSKY

Al escribir en 1939–40, Trotsky responde a elementos dentro del movimiento obrero revolucionario que se replegaban de la defensa de la Unión Soviética ante el ataque imperialista que se cernía. Explica por qué solo un partido que luche por integrar a números crecientes de trabajadores a sus filas y a su dirección puede mantener un firme curso revolucionario.
US$25. También en inglés.

La lucha por un partido proletario
JAMES P. CANNON

"Los trabajadores de Estados Unidos tienen fuerza suficiente para tumbar la estructura del capitalismo aquí en este país y para levantar con ellos al mundo entero cuando se yergan". Folleto de la serie Educación para Socialistas.
US$12. También en inglés y francés.

Su Trotsky y el nuestro
JACK BARNES

Para dirigir a la clase trabajadora en una revolución exitosa, se necesita un partido revolucionario de masas cuyos cuadros han asimilado, con mucha antelación, un programa comunista mundial, son proletarios en su vida y su trabajo, derivan una satisfacción profunda de la actividad política y han forjado una dirección con un agudo sentido de lo próximo por hacer. Este libro es sobre la construcción de tal partido.
US$16. También en inglés, francés y persa.

www.pathfinderpress.com

Nueva Internacional
UNA REVISTA DE POLÍTICA Y TEORÍA MARXISTAS

NUEVA INTERNACIONAL N°. 6
Ha comenzado el invierno largo y caliente del capitalismo
Jack Barnes

La actual crisis capitalista global es la etapa inicial de décadas de convulsiones económicas, financieras y sociales y de batallas de clases. Los trabajadores con conciencia de clase necesitamos trazar un curso revolucionario para afrontar esta histórica coyuntura del imperialismo.

US$16. También en inglés, francés, persa, árabe y griego.

NUEVA INTERNACIONAL N°. 8
Revolución, internacionalismo y socialismo: El último año de Malcolm X
Jack Barnes

"Comprender el último año de Malcolm es ver cómo, en la época imperialista, una dirección revolucionaria de la más alta capacidad política, valentía e integridad converge con el comunismo. Esa verdad tiene un peso aún mayor en la actualidad, en tanto la violenta expansión del capitalismo mundial arroja a miles de millones de personas por todo el mundo, en las ciudades y el campo, desde China hasta Brasil, a la lucha de clases moderna".
—Jack Barnes

El número 8 incluye "El legado antiobrero de los Clinton: Raíces de la crisis financiera mundial de 2008", "La custodia de la naturaleza también recae en la clase trabajadora: En defensa de la tierra y del trabajo" y "Para dejar claro el historial sobre el fascismo y la Segunda Guerra Mundial".

US$14. También en inglés y francés.

NUEVA INTERNACIONAL N°. 7
Nuestra política empieza con el mundo
Jack Barnes

Las enormes desigualdades existentes entre los países imperialistas y los semicoloniales, y entre las clases dentro de casi todos los países, son producidas, reproducidas y acentuadas por el funcionamiento del capitalismo. Para que los trabajadores de vanguardia forjemos partidos capaces de dirigir una exitosa lucha revolucionaria por el poder en nuestros propios países, dice Jack Barnes, nuestra actividad debe guiarse por una estrategia para cerrar esta brecha.

El número 7 incluye "La agricultura, la ciencia y las clases trabajadoras" por Steve Clark y "Capitalismo, trabajo y naturaleza: Un intercambio" por Richard Levins, Steve Clark.

US$14. También en inglés, francés, persa y griego.

NUEVA INTERNACIONAL N°. 1
Los cañonazos iniciales de la tercera guerra mundial: el ataque de Washington contra Iraq
Jack Barnes

La guerra asesina de Washington contra Iraq en 1991 anunció conflictos entre las potencias imperialistas, una creciente crisis capitalista y más guerras. El pueblo trabajador en la región —desde los kurdos hasta Palestina e Israel, Irán, Iraq y Siria— luchan por espacio político para defender sus derechos nacionales y sus intereses de clase.

US$16. También en inglés, francés y persa.

NUEVA INTERNACIONAL N°. 2
Che Guevara, Cuba y el camino al socialismo

Artículos por Ernesto Che Guevara, Carlos Rafael Rodríguez, Carlos Tablada, Mary-Alice Waters, Steve Clark, Jack Barnes

Intercambios de los primeros años de la Revolución Cubana y actuales sobre las perspectivas políticas que Che Guevara reivindicó al ayudar a dirigir al pueblo trabajador a impulsar la transformación de las relaciones económicas y sociales en Cuba.

US$14. También en inglés.

WWW.PATHFINDERPRESS.COM

OBRAS BÁSICAS DEL MARXISMO

The Origin of the Family, Private Property, and the State
(El origen de la familia, la propiedad privada y el estado)
FEDERICO ENGELS

Explica cómo el surgimiento de la sociedad de clases dio origen a los organismos estatales y estructuras familiares represivos, los cuales protegen la propiedad de las clases dominantes, permitiéndoles preservar su riqueza y sus privilegios. Examina las consecuencias de estas instituciones de clase para el pueblo trabajador: desde sus formas iniciales hasta las modernas. En inglés.
US$18

El capital
CARLOS MARX
Marx explica cómo funciona el sistema capitalista y cómo produce las contradicciones irresolubles que generan la lucha de clases. Demuestra el carácter inevitable de la lucha por la transformación revolucionaria de la sociedad en una donde gobierne, por primera vez, la mayoría productora: la clase trabajadora.
Tres tomos. Tomo 1, US$38; tomo 2, US$38; tomo 3, US$48.
También en inglés.

El imperialismo, fase superior del capitalismo
V.I. LENIN
El imperialismo no solo aumenta el peso de la esclavitud de la deuda y el parasitismo en las relaciones sociales capitalistas, escribe Lenin. Sobre todo, torna la competencia entre rivales capitalistas —nacionales y extranjeros— más violenta y explosiva. En medio del creciente desorden mundial del capitalismo, este folleto de 1916 sigue siendo piedra angular del programa y actividad del movimiento comunista.
US$10. También en inglés y persa.

WWW.PATHFINDERPRESS.COM

NUEVA INTERNACIONAL EN EL MUNDO

Nueva Internacional también se edita en inglés como *New International* y en francés como *Nouvelle Internationale*. Pathfinder Press los distribuye a nivel mundial.

Obténgalos en
www.pathfinderpress.com
y en los locales siguientes

ESTADOS UNIDOS
(y América Latina, el Caribe y el este de Asia)
Libros Pathfinder, 306 W. 37th St., 13⁰ piso
Nueva York, NY 10018

CANADÁ
Libros Pathfinder, 7107 St. Denis, suite 204
Montreal, QC, H2S 2S5

REINO UNIDO
(y Europa, África, Oriente Medio y el sur de Asia)
Libros Pathfinder, 83 Kingsland High St., 2⁰ piso
Dalston, Londres, E8 2PB

AUSTRALIA
(y el sureste de Asia y Oceanía)
Pathfinder, 1ᵉʳ nivel, 3/281–287 Beamish St., Campsie, NSW 2194
Dirección Postal: P.O. Box 164, Campsie, NSW 2194

NUEVA ZELANDA
Pathfinder, 188a Onehunga Mall Rd., Onehunga, Auckland 1061
Dirección Postal: P.O. Box 13857, Auckland 1643